U0690729

明清长江流域的节日词语与文化

湖北文理学院文传学院中国语言文学省级重点学科资助项目成果

张彦林 著

武汉大学出版社

WUHAN UNIVERSITY PRESS

图书在版编目(CIP)数据

明清长江流域的节日词语与文化/张彦林著.—武汉：武汉大学出版社,2021.12

ISBN 978-7-307-21895-6

Ⅰ.明…　Ⅱ.张…　Ⅲ.长江流域—节令—风俗习惯—研究—明清时代　Ⅳ.K892.18

中国版本图书馆 CIP 数据核字(2020)第 214140 号

责任编辑:李　琼　　　责任校对:李孟潇　　　版式设计:马　佳

出版发行：**武汉大学出版社**　　(430072　武昌　珞珈山)
（电子邮箱：cbs22@whu.edu.cn　网址：www.wdp.com.cn）
印刷:武汉中科兴业印务有限公司
开本:720×1000　1/16　　印张:16.25　　字数:241 千字　　插页:1
版次:2021 年 12 月第 1 版　　　2021 年 12 月第 1 次印刷
ISBN 978-7-307-21895-6　　　定价:58.00 元

前　　言

"地方志"素有"地方百科全书"之称，"地方志"蕴含着丰富而全面的原始资料。《中国风土志丛刊》与《中国地方志民俗资料汇编》两部志书中所录的方志较完整地覆盖了长江流域上、中、下游整个区域，为研究明清时期长江流域的民俗文化词语提供了宝贵的资料。

全书共分为六章：

第一章，绪论。主要介绍本书的选题缘由及意义、研究方法、语料的选取、学术研究的现状等内容。

第二章，明清时期长江流域岁时节令民俗文化词语的界定、分类及发展。本章定义了岁时节令的内涵，梳理了岁时节令从先秦到清代的发展概况。按照岁时节令内容、音节、词性、语法结构，对民俗文化词语进行分析、分类，并简析分类后分布状况形成的原因。

第三章，明清时期长江流域岁时节令民俗文化词语的特点。民俗文化词语的特点表现在：形式上的多样性与多重对应性；系列性包括有语素标记的类聚、同义词语类聚、反义词语类聚、上下位词语的类聚，共同显示了岁时节令民俗文化词语构成方式的规范性、层次性及系统性；岁时节令民俗文化词语的稳定性是相对的，变异性是绝对的。

第四章，明清时期长江流域岁时节令民俗文化词语的词义分析。岁时节令民俗文化词语的词义构成主要有理性意义与色彩意义两方面，词义的发展和演变主要有词语意义的"扩大""缩小"和"转移"三种形式。把长江流域相同、相近、相关、相属的词语进行类聚，形成一个个词群，可以反映出明清时期长江流域人民的思维方式及文化心理。

第五章，明清时期独具长江流域地域特色的岁时节令民俗文化词语考释。从空间角度筛选长江流域上、中、下游具有地方特色的岁时节令民俗文化词语，对其进行考证，探究其来源、发展及现状，并分析其共性和差异形成的原因。其中，共性的形成与移民有很大关系；差异的形成主要是方言差异、自然环境、民间信仰、经济原因、政治原因等因素综合作用的结果。岁时节令民俗文化词语同中有异展现了中国传统语言文化互融互通、丰富多彩。

第六章，结语。简单总结全书，概括了明清时期长江流域岁时节令民俗文化词语的特征，并指出本书研究中的不足，以及今后努力的方向。

目　　录

第一章　民俗文化词语研究概论

　　语言反映社会生活。所以，我们可以通过语言的记录探究人类社会各方面的发展演变。语言中最为活跃的部分是词汇，作为词汇系统中颇具特色的一类——民俗文化词语，则因其蕴含大量的文化内涵而为广大语言研究者和文化研究者所关注。本书利用民俗文化词语语料这一语言文化研究重要的资源，研究民俗文化词语特点，探究其蕴含的文化内涵，有效地把语言和文化相结合，揭示人类文明发展。

第一节　词语研究对象

　　明清时期(1368—1912)是我国一个特殊的历史发展时期。在这一阶段，中国在政治、经济、文化上都达到了又一个发展顶峰，特别是在文化的继承发展方面有着突出的表现。明清时期，南方国家经济中心的地位得到继续巩固和发展，经济因素正是影响风俗变迁的物质基础和强大动力。在明清时期，岁时节令民俗的元素更加丰富，功能越发多元化。明清是一个社会大转型的时代，它在继承了前代的基础上，在社会的变革下又涌现了新的元素。直到清代上半段，即鸦片战争前，中国社会基本上是政治稳定、民族融合、社会繁荣，文化生活日趋丰富，传统文化得到了很好的继承和发展，岁时节令习俗发展到此时亦可谓集历代之大成；清代后期，随着西方军事、经济和文化的侵入，对中国社会生活产生了强烈的冲击，呈现出改革易俗的特点，民俗文化内容也随之发生了一定的变迁。也就是

1

说，由于明清的社会发展特点，社会各方面在这一时期形成了又一个发展高峰的同时，又开启了大的变革开端，继而形成了对民俗文化既有很好的传承又有切实革新的局面。

如上所述，中国社会发展到明清时期，已处在了一个大变革的转折点。一方面，封建制度下的各种要素依旧在传承延续；另一方面，世界现代文明的不断渗入冲击，对社会各方面影响很大，这其中当然也对风俗文化的继承和发展影响至深。

中华文明按地域可以划分为南方文明和北方文明。南方以长江文明为代表。长江文明因为长江流域自然地域的迥然差异而形成了具有鲜明特征的巴蜀文化区域、荆楚文化区域、吴越文化区域三支重要文化圈。长江自西向东奔流不息，长江文化源远流长，仿佛一条纽带，串起自成一系的璀璨文明。长江流域文化即自成一脉，明显有别于可与之媲美的黄河文明，又在其内部有着细节差异的上中下游三段区域文化，相连而不同，更凸显长江流域文化的独有多彩魅力。

明清长江流域的行政区划与现在大致相同。由于长江上游的青海、西藏地区涉及的岁时节令民俗文化词语较少，所以，本书研究地域涉及的长江流域主要包括长江上游的四川、云南、贵州、重庆；长江中游的湖南、湖北、江西；长江下游的安徽、江苏、浙江、上海等地区。就中国范围来说，文化的分界通常大分为以黄河流域地区发源的北方文化和以长江流域地区发源的南方文化。长江流域是中华文明的发源地之一，一直以来，以长江流域地区发源的长江文化在人类文明的历史长河中都占据着重要的一席之地。长江文化和黄河文化南北呼应，形成奔涌不息的伟大中华文化巨流。作为亚洲第一大河，长江流域包括长江干流和支流流经的广大地区，横跨中国西部、中部和东部共计19个省市自治区，流域总面积180万平方公里，占中国国土总面积的18.8%，人口约4亿，占全国人口的30%。随着国家长江黄金水道经济带战略的实施，长江区域文化研究再次蓬勃兴起，极大地促进了对中华文化起源、发展的探索，而且对从整体上认识长江流域的政治、经济、文化发展，探究其与周边地区文化的渗透融合，进而推动长江文化的衍生与发展，都有着特殊的意义和价值。

　　岁时节令民俗文化词语蕴含着丰富的文化内涵。之所以在诸多类的民俗文化词语中选取岁时节令民俗词语进行研究，是因为在岁时节令文化词语中高度凝聚了劳动人民在长期的生产和生活实践中所积累起来的文化财富，蕴含了各类民俗文化、民间宗教、民间文学、民间艺术以及天文历法等文化遗产，内容全面、多样，囊括范围广泛，也可以说是各类文化现象的总汇，全面而真实地折射出时代的生活面貌，价值甚高。

第二节　民俗文化词语研究意义

　　国内外有诸多学者对民俗文化词语进行了研究。在研究对象上多是对一地或一书进行专题式的探究，或者是辞书类的专辑；在语料的来源上多是依靠方言语料或专书资料，所得到的研究成果多是能够反映某一个具体地方的民俗文化状况，比较零散，不全面，不系统。利用明清长江流域较有影响的风土志、地方志资料来完整展现这一时期长江流域的民俗文化事象的研究文章和论著并不多见，特别是从民俗语言学、人口学中的移民学、历史学、地理方言学等角度进行研究，几乎为空白，应该是一项极具意义的工作。

　　以民俗文化词语为分析考察对象，将《中国风土志丛刊》（张智主编，广陵书社 2003 年版）、《中国地方志民俗资料汇编》（丁世良、赵放主编，书目文献出版社 1989 年版）作为主要研究语料来源，辅以明清时期代表性名著名典语料，穷尽性地筛选出长江流域典型的岁时节令民俗文化词语，对其进行统计、描述、归纳、对比、分析，可让人们对明清时期长江流域岁时节令民俗文化词语的基本面貌及发展变化情况有整体性认识，为今后长江流域岁时节令民俗的横向、纵向的进一步研究提供一些参考，弥补岁时节令民俗文化词语区域性综合研究的不足。

第三节　研究方法

本书以明清朝时期长江流域的岁时节令民俗文化词语为研究对象，探究其面貌与特点，展示其词语所反映的明清时期长江流域风俗。主要研究方法如下：

其一，定量分类统计，定性分析法。本书对收集到的岁时节令民俗文化词语语料进行统计、分类，为深入研究提供翔实、全面、丰富的论据支撑。并分析其规律、特点，解释其面貌及发展状况。在统计分析时力求科学、严谨。

其二，静态描写法。蒋绍愚先生提到："近代汉语词语研究应该包括以下几个方面：（1）词语的考释；（2）构词法的研究；（3）常用词演变的研究；（4）专书词汇研究；（5）各阶段词汇系统的研究；（6）近代汉语词汇发展史的研究。"①于此，著者遵循词语研究的规律，完备地呈现明清长江流域岁时节令民俗文化词语内容、内涵。

其三，文献考证法。文献考证法是史学研究的基本方法之一，也是本书重点部分所使用的研究方法。本书在鉴别、整理长江流域方志、名著时，借助大量的文献资料，对长江流域一些代表性岁时节令民俗文化词语的起源、演变进行考证，对其意义进行考释，深入揭示出具有长江流域区域特色的岁时节令民俗文化词语的发展规律以及其蕴含的文化价值。

其四，比较研究法。比较研究法包括共时比较法与历时比较法。在整体把握明清时期岁时节令民俗的背景下，着重突出长江流域的区域研究，比较长江流域上、中、下游岁时节令民俗文化词语的差异，分析其原因。而历时性比较则用于探究长江流域岁时节令民俗文化词语演变及其发展规律。

总之，本书综合运用了语言学、词汇学、民俗学、历史文献学、人口

---

① 蒋绍愚：《近代汉语研究概要》，北京大学出版社 2005 年版，第 287 页。

学、地理学等学科理论，以明清时期为时间经度、以长江流域为地域纬度，多角度、多层次地分析岁时节令民俗文化词语，以期清晰地呈现出这一地区岁时节令民俗文化词语全貌以及所反映的民俗文化特征。

第四节　研究材料

地方志素有"地方百科全书"之誉，古人亦云"方志乃一方之全史"。我国的方志除各地官修的府、县志外，还有大量的专志，这之中有寺观志、名胜志、山水志、风土志等。风土志、地方志，因其民生实用的内容、突出的地方特色越来越引起人们的关注。本书选取反映明清长江流域民俗风貌影响较大、价值较高的两部汇集志书《中国风土志丛刊》和《中国地方志民俗资料汇编》作为主要语料来源进行研究，见图1-1～图1-2。

图1-1　《中国风土志丛刊》书影

图 1-2　《中国地方志民俗资料汇编·中南卷上》书影

　　2003 年 5 月，张智主编的《中国风土志丛刊》(广陵书社)出版，全套书一共 62 册，搜集、影印了宋元至民国时期有关中国各地风俗的志书 132 本，覆盖了北至内蒙古、北京、天津，南至广东、岭南一带，西至新疆、陕西，东至江浙、上海等中国大陆大部分地区，是目前我国第一次对历史上被认可的一地之风土佳志进行辑录的丛刊，记录详尽，资料丰富，在民俗学、文化学、语言学、文学、史学等方面有相当高的价值。而且所录风土志几乎都是"仅用纂录，不易一字"。虽然竖排繁体无断句的原版资料给语料整理带来一些不便，还有大量没有明显标志的民俗文化词语散见于各篇章中，增加了语料筛选的难度，但是正如梁启超所言："夫方志之著述，非如哲学家、文学家之可以闭户瞑目骋其理志而遂有创获也，其最主要之工作，在调查事实搜集资料"①，正是这些才使我们的语料更贴近原始状况，研究才更具科学性。

对于张智主编的《中国风土志丛刊》选取语料的优劣问题，著者在对比众多资料后，认为其收录的资料最贴切实际，较能反映当时的语言面貌。例如《清嘉录》现存版本数量很多，《中国风土志丛刊》收录的是道光庚寅年刻本。其他版本如：（清）顾禄撰，王湜华、王文修注释：《清嘉录》，中国商业出版社1989年版；（清）顾禄撰，王迈校点：《清嘉录》，凤凰出版社1999年版；（清）顾禄撰，王稼句点校：《清嘉录 桐桥倚棹录——清代史料笔记丛刊》，中华书局2008年版。各版本间还存在很多异文，有异体字的不同、语气词的差别等。如"行春"条："摸摸春牛腿，赚钱赚得著"与"摸摸春牛腿，赚钱赚得者"不同，此外还有"叫鸡"与"叫鸡"，"鐙市"与"燈市""灯市"，"社夥"与"社伙""社火"，"垂簾"与"垂帘"，"炫服靓妆"与"炫服睹妆"等的区别。经过对比，发现《中国风土志丛刊》收录的道光庚寅年刻本更能再现当时的原始语言面貌。

此外，《中国风土志丛刊》中收录的风土志主要以明清风土志典籍居多，涉及83本，占《中国风土志丛刊》总量的62.9%。这83本明清风土志典籍刚好较完整地覆盖了长江流域上中下游整个流域，为研究明清时期长江上中下游整个流域的民俗文化词语提供了难得的资料。《中国风土志丛刊》中有较大的词汇容量，能够反映当时当地的词汇特点。可以确定的是以此风土志作为语料来源对长江流域地区民俗文化词语进行研究，具有较高的价值。

《中国地方志民俗资料汇编》由丁世良、赵放主编，书目文献出版社1989年出版，编者们利用北京大学图书馆收藏地方志丰富的有利条件，对几千种方志进行分门别类地搜集、梳理，除去类同，保留优本，最终才汇编成此书。书中资料丰富、全面、科学，类目齐全，是民俗研究及相关学

---

① 梁启超：《中国近三百年学术史·清代学者整理旧学之总成绩》，天津古籍出版社2003年版。

科研究的必不可少的参考资料。全套分华北卷、东北卷、西北卷、西南卷、中南卷、华东卷六卷，即每一大区为一卷。每卷收录的地方志按现在行政区划省、市、区、县的顺序排列，每种志书前标明卷书及版本年代，保持资料原貌，减少了再次核实的麻烦。每卷民俗资料下有七部分："礼仪民俗""岁时民俗""生活民俗""民间文艺""民间语言""信仰民俗"等，一些区县根据当地特点，辑录了风俗的一部分或几部分。

书中所收录的地方志基本上是明清时期的刻本。其中，西南卷、中南卷、华东卷三卷覆盖了长江流域的上、中、下游。本书对《中国地方志民俗资料汇编》的西南卷、中南卷、华东卷中的岁时节令民俗文化词语进行了穷尽统计，与《中国风土志丛刊》中的 83 本明清风土志中的岁时节令民俗文化词语一起作为本书研究的主要语料。《中国地方志民俗资料汇编》的西南卷、中南卷刚好也弥补了《中国风土志丛刊》中载录的长江上游、中游资料相对较少的不足，解决了长江上、中、下游资料不平衡的问题。

明清时期长江流域的岁时节令，不得不提中国古代四大名著之一的《红楼梦》和我国古代讽刺文学的典范《儒林外史》。红学研究有所谓的"南北之争"。曹雪芹早年在南京江宁织造府的生活极尽奢华，后曹家因亏空获罪被抄家迁回北京。小说虽是在北京写出来的，但生活基础却在南京。《红楼梦》的节日描写内容丰富，几乎涉及一年中的所有节令，亦南亦北，水乳交融，难辨满汉，广泛、深入和全面地反映了清朝社会各个生活领域的风俗，堪称"清代风俗的百科全书"。著者于此选取一些《红楼梦》具有南方代表性的岁时节令民俗文化词语加以补充。

《儒林外史》是一部不以故事情节创设的散文化的杰出讽刺小说。鲁迅先生将其视为具有永恒生命力的伟大作品。《儒林外史》主要描述长江下游地区的文人和普通人的日常生活，吴敬梓一生也主要在皖苏等地度过，除了几回描写山东、广东外，其他主要集中在以南京为中心的苏、浙、皖三省的长江下游地区。所以，作为中华文学经典的《儒林外史》中的语料也很具有代表性和特征性。

通过文本细读，本书筛选出了《红楼梦》《儒林外史》中的岁时节令民俗文化词语(《中国风土志丛刊》和《中国地方志民俗资料汇编》所涉及的岁时节令词语在此不再复录，于下文例证中呈现)，如表1-1所示：

表1-1 《红楼梦》涉及的岁时节令民俗文化词语补充

序号	岁时节令词语	岁时节令	相关岁时节令内容	备注
1	赶围棋	正月	第十九回："袭人的母亲又亲来回过贾母，接袭人家去吃年茶，晚间才得回来。因此，宝玉只和众丫头们掷骰子赶围棋作戏。" 第二十回："彼时正月内，学房中放年学，闺阁中忌针，却都是闲时。贾环也过来顽，正遇见宝钗，香菱，莺儿三个赶围棋作耍。" 第五十三回："所有贺节来的亲友一概不会，只和薛姨妈李婶二人说话取便，或者同宝玉，宝琴，钗，玉等姊妹赶围棋抹牌作戏。"	
2	炸供	三月十五日	第一回："不想这日三月十五，葫芦庙中炸供，那些和尚不加小心，致使油锅火逸，便烧着窗纸。"	油炸供神用的食品。
3	饯花会	芒种	第二十七回："至次日乃是四月二十六日，原来这日未时交芒种节。尚古风俗：凡交芒种节的这日，都要设摆各色礼物，祭饯花神，言芒种一过，便是夏日了，众花皆卸，花神退位，须要饯行。……如今且说林黛玉因夜间失寐，次日起来迟了，闻得众姊妹都在园中作饯花会，恐人笑他痴懒，连忙梳洗了出来。"	花神退位

续表

序号	岁时节令词语	岁时节令	相关岁时节令内容	备注
4	虎符	端午	第三十一回："这日正是端阳佳节，蒲艾簪门，虎符系臂。"	
5	斗草	端午	第六十二回："外面小螺和香菱，芳官，蕊官，藕官，豆官等四五个人，都满园中顽了一回，大家采了些花草来兜着，坐在花草堆中斗草。这一个说：'我有观音柳。'那一个说：'我有罗汉松。'那一个又说：'我有君子竹。'这一个又说：'我有美人蕉。'这个又说：'我有星星翠。'那个又说：'我有月月红。'这个又说：'我有《牡丹亭》上的牡丹花。'那个又说：'我有《琵琶记》里的枇杷果。'豆官便说：'我有姐妹花。'众人没了，香菱便说：'我有夫妻蕙。'"	本段写的是所谓"文斗"，即对花草名，女孩们采来百草，以对仗的形式互报草名，谁坚持到最后，谁便赢。
6	赏桂花	中秋	第三十八回："湘云次日便请贾母等赏桂花。贾母等都说道：'是他有兴头，须要扰他这雅兴。'"第七十五回："贾母便命折一枝桂花来，命一媳妇在屏后击鼓传花，若花到谁手中，饮酒一杯，罚说笑话一个。"	
7	螃蟹宴	重阳	第三十八回："林潇湘魁夺菊花诗，薛蘅芜讽和螃蟹咏中薛宝钗作诗：'桂霭桐阴坐举觞，长安涎口盼重阳。眼前道路无经纬，皮里春秋空黑黄。酒未敌腥还用菊，性防积冷定须姜。于今落釜成何益，月浦空余禾黍香。'"	江南九月，蟹正开始上市

续表

序号	岁时节令词语	岁时节令	相关岁时节令内容	备注
8	平安醮	正月	第二十八回："袭人又道：'昨儿贵妃打发夏太监出来，送了一百二十两银子，叫在清虚观初一到初三打三天平安醮，唱戏献供，叫珍大爷领着众位爷们跪香拜佛呢。'"	
9	买画儿	除夕	第四十回："贾母倚柱坐下，命刘姥姥也坐在旁边，因问他：'这园子好不好?'刘姥姥念佛说道：'我们乡下人到了年下，都上城来买画儿贴。时常闲了，大家都说，怎么得也到画儿上去逛逛。'"	
10	散金银锞、合欢汤、吉祥果、如意糕	除夕	第五十三回："两府男妇小厮丫鬟亦按差役上中下行礼毕，散押岁钱，荷包，金银锞，摆上合欢宴来。男东女西归坐，献屠苏酒，合欢汤，吉祥果，如意糕毕，贾母起身进内间更衣，众人方各散出。"	

表 1-2　《儒林外史》涉及的岁时节令民俗文化词语补充

序号	岁时节令词语	岁时节令	文本相关岁时节内容	备注
1	送帖子	正月	第二回："吩咐过了和尚，把腿跷起一只来，自己拿拳头在腰上只管捶，捶着说道：'俺如今到不如你们务农的快活了！想新年大节，老爷衙门里，三班六房，那一位不送帖子来?我怎好不去贺节?'"	

序号	岁时节令词语	岁时节令	文本相关岁时节内容	备注
2	豆腐饭	正月	第二回："申祥甫道：'新年初三，我备了个豆腐饭邀请亲家，想是有事不得来了？'"	豆腐饭，取其谐音"都福"，有福气的意思。
3	吃春酒	正月	第十一回："正月十二日，娄府两公子请吃春酒。"	
4	年团子	正月	第二十一回："拜过了，留在房里吃酒，捧上糯米做的年团子来，吃了两个，已经不吃了，侄女儿苦劝着，又吃了两个。"	
5	闹龙灯	元宵	第二回："新年正月初八日，集上人约齐了，都到庵里来议'闹龙灯'之事。"	
6	社火、看灯踏月	元宵	第十一回："到十五晚上，蘧公孙正在鲁宅同夫人、小姐家宴。宴罢，娄府情来吃酒，同在街上游玩。湖州府太守衙前扎着一座鳌山灯。其余各庙，社火扮会，锣鼓喧天，人家士女都出来看灯踏月，真乃金吾不禁，闹了半夜。"	
7	杂剧、荷包、诗扇	端午	第三十回："慎卿念道：安庆季苇萧、天长杜慎卿，择于五月初三日，莫愁湖湖亭大会。通省梨园子弟各班愿与者，书名画知，届期齐集湖亭，各演杂剧。每位代轿马五星，荷包、诗扇、汗巾三件。"	

续表

序号	岁时节令词语	岁时节令	文本相关岁时节内容	备注
8	鲥鱼、烧鸭、洋糖	端午	第四十四回："这日是五月初三，却好庄耀江家送了一担礼来与少卿过节。小厮跟了礼，拿着拜匣，一同走了进来，那礼是一尾鲥鱼，两只烧鸭，一百个粽子，二斤洋糖，拜匣里四两银子。"	
9	悬挂佛像、铺设经坛、烧香看会	地藏会	第四十一回："转眼长夏已过，又是新秋，清风戒寒，那秦淮河另是一番景致。满城的人都叫了船，请了大和尚在船上悬挂佛像，铺设经坛，从西水关起，一路施食到进香河，十里之内，降真香烧的有如烟雾溟蒙。那鼓钹梵呗之声不绝于耳。到晚，做的极精致的莲花灯，点起来浮在水面上。又有极大的法船，照依佛家中元地狱救罪之说，超度这些孤魂升天，把一个南京秦淮河变做西域天竺国。到七月二十九日，清凉山地藏胜会——人都说地藏菩萨一年到头都把眼闭着，只有这一夜才睁开眼，若见满城都摆的香花灯烛，他就只当是一年到头都是如此，就欢喜这些人好善，就肯保佑人。所以这一夜，南京人各家门户都搭起两张桌子来，两枝通宵风烛，一座香斗，从大中桥到清凉山，一条街有七八里路，点得象一条银龙，一夜的亮，香烟不绝，大风也吹不熄。倾城士女都出来烧香看会。"	

续表

序号	岁时节令词语	岁时节令	文本相关岁时节内容	备注
10	霜降祭旗	九月霜降	第四十二回："前日还打发人来，在南京做了二十首大红缎子绣龙的旗，一首大黄缎子的坐纛。说是这一个月就要进京。到九月霜降祭旗，万岁爷做大将军，我家大老爷做副将军。"	
11	烧卖、饺儿、索粉八宝攒汤	腊八	第十回："十二月初八……陈和甫坐在左边的第一席。席上上了两盘点心，一盘猪肉心的烧卖，一盘鹅油白糖蒸的饺儿，热烘烘摆在面前，又是一大深碗索粉八宝攒汤，正待举起箸来到嘴，忽然席口一个乌黑的东西的溜溜的滚了来，乒乓一声，把两盘点心打的稀烂。"	饺儿即饺子。清朝时，出现了诸如"饺儿""水点心""煮饽饽"等有关饺子的新的称谓。

总之，本书以《中国风土志丛刊》《中国地方志民俗资料汇编》为主要研究语料来源，辅以明清时期长江流域的名典名著为补充语料，对明清时期长江流域地区的岁时节令民俗文化词语进行封闭式、穷尽性的考量。

第五节 岁时节令民俗文化词语研究概述

一、关于《中国风土志丛刊》的研究

《中国风土志丛刊》一共收录了132本各地风俗志，出版于2003年，到目前为止，还没有关于《中国风土志丛刊》中岁时节令民俗文化词语综合研究成果问世，以《中国风土志丛刊》作为文献语料来源进行某一方面的历

时、共时研究也很少。2014 年石汝杰先生曾在其博客上对丛刊编撰者在每个风土志前面所加的摘要进行了汇集整理，使读者能直接了解到整个丛刊所录志书书目以及每本志书的朝代、作者、所记录的地区以及反映了这一地方的哪些风土人情。

由于《中国风土志丛刊》收录的是中国历代的风土佳志，时代横跨宋元至民国时期，地域从北到南从东到西，几乎覆盖全中国，加之收录的都是历史上被认可的一地之风土佳志，这些志书在民俗学、文化学、语言学、文学、史学上都具有很高的地位和价值，所以，一直以来，并不缺乏从不同的学术视野对其中一本志书的研究与探索。通过梳理，丛刊收录的描写明清时期长江流域的风土佳志一共 83 本。对这 83 本专书作语言学领域、民俗学领域、文化学领域、历史学领域研究的不少，具体而言：

（一）对《土风录》的研究

董晓萍（1985）的《俗语辞书〈土风录〉》，介绍了《土风录》的作者以及《土风录》概况。并与《通俗编》《恒言录》二书作比较，肯定其在清代辞书史上独树一帜的地位，认为其对后来的民俗学研究也极有帮助。

刘慧（2010）的《〈土风录〉研究》，主要对《土风录》中的词汇进行了全面的梳理和研究，并从辞书编纂角度论述了其对大型辞书编纂的价值。

钟芸（2012）的《〈土风录〉研究》，也以其所收俗语词汇为研究对象，以了解吴地民俗的起源及发展。在研究中，作者介绍了《土风录》作为辞书在体例上的特点，可以为后世辞书提供重要参考。

曲彦斌（2014）的《〈土风录〉摭议》，全面地介绍了《土风录》的特点以及价值。

马恕凤（2014）《俗语辞书〈土风录〉对大型语文辞书失收词条的补正》，选择几例为《汉语大词典》所漏收的词条，分为同物异名词失收、异形词失收两类 9 例进行考释、补正。

袁啸波（2015）《〈土风录〉最忆是江南》，简要介绍了《土风录》概况及江南民俗与俗语。

（二）对《证俗文》的研究

张子才（1990）《郝懿行的〈证俗文〉》，辩证看待《证俗文》的资料价值和不足。

廖宏艳（2011）《俗语辞书〈证俗文〉》介绍郝懿行的生平、《证俗文》成书背景及研究现状，分析《证俗文》的立目与分类，还以《证俗文》的释文内容为研究对象，分析书中的注音和释义方法及部分词条。

李莹莹（2011）的《〈证俗文〉研究》探讨了《证俗文》的词汇概貌及释词特点，并从民俗语言学的角度分析俗语词所蕴含的社会民俗风貌。此外，还研究了《证俗文》对《汉语大词典》的价值。

曾昭聪（2012）《明清俗语辞书中的外来词研究——以〈证俗文〉为例》，认为《证俗文》汇集了历代典籍记载的外来词数百条，引文出处翔实可靠，释词有其特点，略具外来词词典性质，可供当代研究外来词或编纂外来词典者参考。

张丽霞（2013）的《郝懿行〈证俗文〉“东齐”方言考》，把东齐方言与今山东东莱片方言进行对比研究，指出东齐方言的演变呈现两种情形：与今东齐方言基本相合；今东齐方言已不用或暂不可考。

曲彦斌（2013）的《郝懿行与〈证俗文〉》，分四个部分介绍了《证俗文》：夫妇著述，一家两先生；慕服《通俗文》兼取《儒林传》：疏通证明；博采民俗语汇，探究民俗语源；疏通俗雅，互为辩证。

（三）对《俚言解》的研究

韩佳琦（2008）的《〈俚言解〉研究》进行民俗语言学研究，把条目本身与生活背景紧密联系起来，力图对辞书的民俗语言学研究抛砖引玉，做了一些筚路蓝缕的工作。

刘玉红（2010）的《〈俚言解〉中的民俗》，列举端午百锁、投刺拜年、晬日试周、儿童打睡几例进行解说。

曾昭聪（2010）的《明清俗语辞书的语料价值与缺失——以〈俚言解〉为

例》，不仅从四个方面介绍《俚言解》的语料在辞书编纂的参考价值，还从五个角度指出其存在的问题，提醒运用者要辩证分析。

王新生（2013）的《〈俚言解〉整理与研究》，首先初步分析作者、成书背景及体例和训释特点，其次从训诂学的角度界定了俗语词并研究了部分俗语词，再次分析了《俚言解》的价值与不足，最后标点了《俚言解》，为《俚言解》的深入研究提供帮助。

（四）对《扬州画舫录》的研究

对《扬州画舫录》的研究成果主要有：

一是研究该书的版本，有史梅（2001）《〈扬州画舫录〉版本初探》、王伟康（2008）《〈扬州画舫录〉版本初探》。

二是研究扬州的戏曲文化，有王伟康（2003）《〈扬州画舫录〉中的戏曲文化试探》、王伟康（2006）《〈扬州画舫录〉与扬州清曲》、王伟康（2010）《从〈扬州画舫录〉看清中叶地方戏曲的发展》、冯丽弘（2014）《李斗及其〈扬州画舫录〉研究》、吴民（2015）《康乾时期戏曲生态嬗变：以〈扬州画舫录〉之卷五〈新城北路下〉为例》、穆阳（2018）《从〈扬州画舫录〉看经济繁荣对扬州戏曲发展的推动》、习译之（2018）《试论"唱口"——从清人笔记〈扬州画舫录〉谈起》、李媛莉（2018）《〈扬州画舫录〉里的音乐类非物质文化遗产》等。

三是研究《扬州画舫录》与清代徽商的关系，如卞孝萱（2000）《从〈扬州画舫录〉看清代徽商对文化事业的贡献》、王伟康（2011）《〈扬州画舫录〉与徽学——以两淮徽籍盐商为主体观照》、吴莉莉（2015）《从〈扬州画舫录〉看两淮盐商对扬州文化发展的作用》。

四是介绍扬州的饮食文化，如张蕊青（2001）《乾隆全盛时代扬州文明的实录——〈扬州画舫录〉》、张旗（2002）《从〈扬州画舫录〉看康乾时期的扬州餐饮》、裴永桢（2007）《从〈扬州画舫录〉评析清代扬州文人菜》、陆学松、何宸（2017）《浅谈清代扬州宴游文化》。

五是研究《扬州画舫录》建筑类词语，如朱晓敏（2012）《〈扬州画舫录〉

建筑类词语研究的意义》，提出采用数量统计法，从共时和历时相结合的角度对《扬州画舫录》中所含的建筑类词语进行穷尽式研究，对该书所含的建筑类词语有整体的把握。朱晓敏(2012)《浅谈〈扬州画舫录〉建筑类词语的特点》认为建筑类词语往往蕴含着丰富的文化信息、建筑物的构件名称通常都是以材料及声旁来组成、建筑类词语大多是偏正结构、建筑类词语有着时间上的继承性。朱晓敏(2013)《〈扬州画舫录〉建筑类词语研究》，对《扬州画舫录》建筑类词语进行分类考察，并探讨建筑类词语的文化内涵。徐兴无(2018)《乾隆盛世的城市指南——〈扬州画舫录〉中的园林与游赏》等。

(五) 对《清嘉录》的研究

近年来关于《清嘉录》的研究成果主要有来新夏(1983)的《清人笔记随录——〈清嘉录〉》，该文高度评价了《清嘉录》，视其为清代风土杂著中的翘楚，同时又批评书中"所引多误""固不得言其严谨"。作者还对《清嘉录》的传播和刻本进行了说明。

张紫晨(1993)主要从《清嘉录》的写作体例、特点方面肯定了它的价值。

黄锡之(2003)《顾禄对清代江南民俗的记述与研究——〈清嘉录〉、〈桐桥倚棹录〉述评》介绍顾禄著述两本书的背景，肯定其史料价值的同时也指出两书的不足之处。该文述评客观公正、有理有据。

对《清嘉录》所作最有系统的研究是吴静瑾(2005)的硕士论文《〈清嘉录〉与清代中期江南地区岁时民俗生活》，该文从岁时民俗文献角度描述了作者个人经历、生活环境和《清嘉录》成书背景，考察其版本源流、作者的编撰思想及相关著述方法，并对书中所记录的内容，结合现代田野作业进行个案分析，尝试对《清嘉录》中记录的清代中期江南地区岁时民俗生活进行初步的民俗史研究，从而比较客观地评价了《清嘉录》在中国民俗文献史上的价值和作者顾禄在中国民俗史上的贡献。

日本学者稻畑耕一郎(2006)的《〈清嘉录〉著述年代考——兼论著者顾

禄生年》，在参阅大量文献的基础上考证了该书的创作年代，认为该书创作始于嘉庆二十三年，初稿约完成于道光二年（1822）末，初刊于道光十年（1830）六月，顾禄则生于乾隆五十年（1785），卒年不详，最晚是道光末年。对一直悬而未知的《清嘉录》的著述年代和作者生卒年提出了有价值的观点。

王祖霞（2009）的《〈清嘉录〉的语言学资料及辞书编写价值》，从三个方面强调了《清嘉录》中语言学资料的丰富性，并肯定了它在辞书编写上的价值。

刘欣欣（2018）《〈清嘉录〉俗语词研究》一文通过对《清嘉录》一书中的俗语词进行归纳整理，根据语义内容将其分为衣食住行类、社会生产类、精神生活类、天地万物类和其他五大类和若干小类，并对"痘夏""爪""浴""佘"等俗语词进行考释。在前文研究的基础上，通过分析考察《汉语大词典》中引用《清嘉录》的条目，发现《汉语大词典》引用《清嘉录》的例子共有 30 个，其中单独以《清嘉录》为例证的有 13 例，以《清嘉录》为首证的有 7 例，《汉语大词典》在引证《清嘉录》时存在书证有误、解释不确等问题。《清嘉录》可为《汉语大词典》已有条目补充例证、增加新义项，还可提供《汉语大词典》中部分词语的例证，为《汉语大词典》的进一步完善提供资料。

（六）对《吴下方言考》的研究

徐复、唐文（1981）《方言词汇探源大有可为——读〈吴下方言考〉》，指出《吴下方言考》的成就与不足，呼吁编写大方言区的方言词典应吸收《吴下方言考》的一些方言词。

黄敏（1984）《〈吴下方言考〉略述》介绍了其书的一些基本概况。

陈真（1984）《〈吴下方言考〉的作者胡文英》详述了胡文英的生平事迹。

沈伟（2014）《〈吴下方言考〉研究》从注音、书证、条目设立，并与同类著作进行横向和纵向的比较四个方面对《吴下方言考》进行较为系统的研究，比较全面客观，为学界更好地认识、利用该书提供坚实的基础。

倪琳(2019)《〈吴下方言考〉拟声词试探》，认为《吴下方言考》是一本方言词汇书，其中收纳了很大比例的拟声词，对《吴下方言考》中的拟声词进行统计，以这些拟声词作为材料，探讨拟声词的共同特点，以及吴方言拟声词呈现出的特有面貌。

(七)对《越谚》的研究

侯友兰(2006)等《〈越谚〉点注》一书，是记录清代越地(绍兴)方言的作品。此书主要做了标点、整理字体、注释三方面的工作，为读者阅读提供了很大方便。

侯友兰(2006)的《〈越谚〉的构成》，分为《越谚》辑录的语词与《越谚》辑录的熟语两部分来介绍《越谚》这部著作。

侯友兰、徐阳春(2007)合著《〈越谚〉词语的结构、注音与释义》，从词汇的角度探讨《越谚》的词语结构、注音与释义，从中可看出《越谚》著者范寅是一个了不起的音韵学、词汇学及语义学家。

王敏红(2009)《〈越谚〉与绍兴方俗语汇研究》，通过对《越谚》的系列研究，揭示了绍兴方言的文化层面、语法特点方面、方言研究的贡献方面的学术研究价值。

刘佳慧(2009)《〈越谚〉民俗语汇的绍兴地方特色研究》，介绍了《越谚》作者及版本、研究《越谚》中所辑释的民俗语汇所体现的绍兴民俗特色。

吴子慧(2010)《从〈越谚〉看绍兴方言词汇一百年来的变化》，利用清人范寅的《越谚》，对比绍兴不同年龄层的词汇使用情况，从而考察绍兴方言词汇的变化。

周志锋(2011)《论〈越谚〉方俗字》，对《越谚》中的方俗字来源进行了考察，分析了《越谚》方俗字的使用特点，并结合《汉语大字典》重点讨论了《越谚》方俗字在辞书学方面的价值。他的(2011)《〈越谚〉方俗字词考释》对《越谚》若干疑难条目进行考辨，考释了一些冷僻方俗字词，纠正了《〈越谚〉点注》及大型辞书中的一些错误。另外，其(2011)《〈越谚〉方俗字词选释》选取《越谚》若干疑难方俗字词进行考释，兼与《〈越谚〉点注》商榷。

沈莹（2017）《俗语词考释》从"先生""嫑伻""漤浸""鏖糟"等词语中，窥视一个世纪前绍兴的风土人情。

（八）其他

《三省山内风土杂识》研究：何道明（2014）《汉水风俗文化研究的生态型范本——〈三省山内风土杂识〉内涵解读》，对《三省山内风土杂识》的内涵进行了解读，揭示出其事象亲历、文化续接、思想另指等特征，对研究汉水流域风俗文化颇具启示意义。据此，可言《三省山内风土杂识》是汉水风俗文化研究的生态型范本。刘桂海、马强（2015）《流民群体的选择与秦巴山地社会——以〈三省山内风土杂识〉为中心》以《三省山内风土杂识》为基础开展清代中期流民群体选择与对秦巴山地的挑战研究，增强对流民与山地开发的理性认识。

《邗江三百吟》研究：顾农（2009）《邗江三百吟》一文介绍了《邗江三百吟》的特点及价值，以考见清代中叶扬州一带的民情风俗。居再宏（2011）《从〈邗江三百吟〉看乾嘉时期的扬州曲艺》认为，《邗江三百吟》记录了清代乾嘉之际扬州的经济、社会、文化等多方面的内容，对于研究清代中期扬州的文化及社会具有重要的价值。《邗江三百吟》分"播扬事迹门""大小义举门""俗尚通行门""家居共率门""周挚情文门""新奇服饰门""趋时清赏门""适性余闲门""名目饮食门""戏谑方言门"等10个门类，共306题，诗350首。吴昊（2012）《〈邗江三自吟〉与清代扬州娱乐文化》考察《邗江三百吟》中关于扬州娱乐文化的记载，并研究了《邗江三百吟》的艺术特色，肯定了其书的社会文化价值。

《扬州竹枝词》研究：蔚文、任如（1989）《董伟业和〈扬州竹枝词〉》论述了《扬州竹枝词》毁誉不一、褒贬各异的原因：董伟业大胆地运用《竹枝词》诗体，对当时扬州盐商骄奢淫逸、世态炎凉进行了无情的揭露与抨击，并且将《竹枝》中的"纪土风"，提到"讽习俗"这一高度，开创了《竹枝》讽刺诗的新时代，堪称划时代的绝唱。郜晶（2014）的《董伟业与〈扬州竹枝词〉研究》，以董伟业及其《扬州竹枝词》为切入面，整体把握竹枝词在扬州的发展状况，以揭示扬州在城市的形成、发展、衰落、复兴等一系列历程中的城市化元素。

《直语补证》研究；曾昭聪（2013）《清代俗语辞书〈直语补证〉研究》，认为《直语补证》虽本身也有一些不足，但是在多个方面可以对《通俗编》作出补证，对当代语文辞书的编纂亦有重要参考价值。

二、关于《中国地方志民俗资料汇编》的研究

杨扬（1989）的《〈中国地方志民俗资料汇编〉问世》，概略性地介绍了民俗资料的分类、成书背景以及其供相关学科研究者的参阅价值。

刘卓英（1992）的《中国民俗学研究的基础文献——〈中国地方志民俗资料汇编〉》，简单介绍了《中国地方志民俗资料汇编》编辑背景，概括其资料全面、资料翔实、内容丰富等特点。此外，除对汉族民俗进行介绍，还对满族、蒙古族、回族、藏族等少数民族民俗活动有所反映。最后充分肯定了其文献价值及学术价值。

李达仁（2003）《湖南民间土地歌研究》，立足土地歌资料，研究南楚特色的湖南民间文化现象。文中引用《中国地方志民俗资料汇编》中南卷资料论述赞土地的湖南年俗。

庄福林（2006）《论萨满教"神"的实质》，节选《中国地方志民俗资料汇编（东北卷）》辽宁省、吉林省、黑龙江省三省中关于满族宗教信仰萨满教的相关内容，来揭示萨满教"神"的实质。

刘倩（2011）《中国地方志中的民间演剧活动研究》，主要依据《中国地方志民俗资料汇编》东北卷记述的民间演剧活动，总结规律，研究黑吉辽甘宁浙赣等地民间演剧活动，从而揭示出其戏剧研究价值，进一步认识中国古代"主流化"戏剧形式在民间的衍生状态。

张艳敏（2013）《〈中国地方志民俗资料汇编〉所载民俗探微——以山东莘县和河南新乡为例》，立足于《中国地方志民俗资料汇编》这一专科性民俗资料的类书，研究河南新乡同一地区不同时期风俗考究，通过与山东莘县对比在生育礼仪方面、岁时民俗方面的异同，更加全面深入地了解风俗

的变迁。文章最后强调民俗资料考究的当代意义。

郭夏云（2015）《近代华北妇女婚姻心理的发展演变》，主要为以地方志民俗资料为中心的研究，其中转引《中国地方志民俗资料汇编（华东卷）》来透视婚姻风俗传承演变背后的社会发展脉络。

左福光（2017）《试论四川民俗"冠礼"单独社会功能》根据《中国地方志民俗资料汇编（西南卷·上）》收录的西南各省区地方志中有关礼仪民俗"冠礼"的内容进行研究。

徐永安（2018）《湖北各地的青苗会及其相关祭祀习俗》，通过归纳《中国地方志民俗资料汇编》（中南卷·上）、《湖北民俗志》中的湖北各地青苗会文献，再现其历史上曾经存在的概貌和大致规律。

娄扎根、娄莎莎（2019）《怀川风俗史料辑录》对《中国地方志民俗资料汇编》中怀川风俗方面的相关内容加以摘录、整理，以期对相关研究有所帮助。

三、关于岁时节令民俗文化词语的研究

民俗学视野的民俗语汇研究发端于 20 世纪初日本民俗学界的"柳田国男时代"。日本明治四十二年（1909），"日本民俗学之父"柳田国男自费出版了《后狩词记》，在这本书中提出了"民俗语汇"的概念，并进行了民俗语汇的搜集研究。他通过深入的田野调查和细致的文献梳理，以搜集的民俗语汇为索引，整理、考订民俗事象，并加以分类解说和汇编，这本书被称为日本民俗学的第一个纪念碑。

中国学术史上从语汇的角度，对语言与民俗进行记录、整理、研究，则要从中国第一部方言辞典——西汉一代大儒扬雄的《輶轩使者绝代语释别国方言》（简称《方言》）算起。从汉代到明代，一千多年期间，专门搜集、整理、研究民间俗语方言的著书流传下来的甚少，到明清才出现了《土风录》、《证俗文》等几部辞书。从 20 世纪 80 年代民俗语言学兴起之后，民俗文化词语研究成果丰富，民俗语言学的创立者曲彦斌认为国内迄今为止尚未对历代的民俗语汇进行过比较全面的系统梳理，而各地民俗语

汇大多渊源有自，因而，编纂《中国民俗语汇集成》是对中国古今民俗语汇的一次大规模的、全面的系统发掘、抢救和梳理。

方言学家侯精一(1995)的《平遥方言民俗语汇》是中国当代迄今所见的第一部以"民俗语汇"作为书名的方言词典性质的专著。《平遥方言民俗语汇》按照意义大致分为婚丧、游艺、饮食、交际、自然现象、时令时间等28个大类，每大类又分若干小类，共计118类，基本涉及了平遥人生活的方方面面。共计收录方言民俗词语四千余条。《平遥方言民俗语汇》以辑录为主，可以说是当地方言词典的一个框架。

谭汝为(2004)主编《民俗文化语汇通论》是一部在民俗词汇研究中有重要分量的专著。刘叔新为其作序说"大胆地越出传统学科研究的固有格局，走出一条融合词汇学、熟语学、文化语言学和民俗学的崭新研究路子，提出一个极富创新性的、自成系统的特殊学科内容"。全书共八章，内容为民俗语言的理论探索、熟语与民俗文化、社会交际词语与民俗文化、民俗文化词语、命名与民俗文化等。

近些年来，关于民俗文化词语的研究很多，而针对岁时节令民俗文化词语的研究则屈指可数。

1. 辞书

周一平、沈茶英(1991)伉俪共同编撰《岁时纪时辞典》，收入中国自古及今流传的各族传统节日、风俗日、天文历数专名、宗教斋戒诞忌等方面的语汇。全书参考征引诸多文献，根据简化字笔画多少次序编排，为民俗学、文化史的深入发掘提供有益的帮助。

乔继堂、朱瑞平主编(2011)的《中国岁时节令辞典》收录我国各时代、各民族有关岁时节令的辞目达2000余条，包括历法、时令、节日、节俗、节物以及有关岁时节令的典籍。《中国岁时节令辞典》侧重节日事象的描述，从中可以了解我国各类节日的名称含义、历史由来、节俗活动、节日物品、节日信仰等，为探究岁时节令民俗提供了较为完善的民俗资料。

2. 专书研究

谈辉(2009)《清代苏州岁时节日文化研究——以〈清嘉录〉、〈吴郡岁华纪丽〉为基础》，在对春节、清明、端午、中秋、冬至五个节日进行个案分析的基础上，总结出清代苏州岁时节令具有地域性明显、宗教迷信色彩浓厚、商业化色彩浓郁、节庆旅游繁盛的特点。究其原因，可从苏州鲜明的水乡生态环境、繁荣发达的经济环境、尚文精巧的文化氛围三个方面进行考察。

李珊珊（2012）《〈北平风俗类征〉"岁时"部分民俗词语研究》，对"岁时"部分的民俗词语从语言学角度和民俗学角度进行了划分，探讨了这些民俗词语的结构特征与语义分析。并对《汉语大词典》进行了订正补充。

童琴（2017）《从地方志看鄂州岁时民俗词语变化》，从鄂州不同时期的地方志出发，分类整理《武昌县志》《鄂州市志》地方志中的岁时方言词语，归纳出岁时民俗词语的构成方式和特点，历时比较了古今岁时民俗词语的差异，并分析了岁时民俗词产生变化的原因。

何荣（2018）《〈荆楚岁时记〉民俗用语研究》，采用共时与历时相结合、数据统计、语义分析、语义系统分析、民俗探究等方法，多角度地对《荆楚岁时记》中的 140 个民俗用语进行研究。

3. 以文体来分类的研究

王宝红（2005）《清代笔记小说俗语词研究》在清代笔记小说的基础上，对所选的俗语词进行分类整理与释义、分析，总结清代俗语词发展的特点。

李寅生（2009）《从汉诗看中国节日习俗对日本的影响》是一篇关于中国节日习俗对外影响的专作。

吴玉凤（2011）《明清华南竹枝词民俗文化词语与熟语研究》中第二章深入研究了华南竹枝词岁时节令民俗词语。首先界定了岁时节令民俗词语，并按照内容、词性、音节、语法结构四个方面对岁时节令民俗词语进行分类，从十个方面探究岁时节令民俗词语的语源，分析词义，归纳岁时节令民俗词语特点，总结岁时节令民俗词语所体现出的民族心理。

赵娟（2011）的《云南竹枝词民俗词语研究》归纳出"云南竹枝词民俗词语"的定义，进而从民俗学角度将民俗词语进行分类，然后总结云南竹枝词的特点，包括音节结构的特点、构词的特点、词义类聚的类型化特点、系列性特点等。

周帅(2019)《巴蜀旧志所载信仰民俗词汇研究》，取 117 部巴蜀旧志，梳理出其中的信仰民俗词汇，并对词汇的系统性进行了论证。文章将收集到的部分信仰民俗词汇，结合巴蜀地域文化进行考察，并与巴蜀地区的文学、歌谣、田野材料相互印证。

4. 按朝代的研究

单长梅(2008)《从岁时语词看古代风俗》从记录岁时节令的词语入手，根据古代典籍资料，借鉴地方志，重点考察了中国古代"冬至""腊八""七夕""除夕"几个重要的岁时节日。

梁雯雯(2010)的《近代南京岁时节日民俗变迁研究》，以潘宗鼎的《金陵岁时记》、夏仁虎的《岁华忆语》和叶楚伧、柳诒徵编写的《首都志》卷十三中的"岁时习俗"部分为主要参考文献，以春节、元宵节、清明节、端午节、中秋节与重阳节这六个节日在近代南京的变迁为研究对象，探析其变迁的原因，揭示节日民俗变迁的深刻内涵。

刘若涵(2011)《唐宋春季岁时节日民俗词语研究》，讨论了唐宋时期岁时民俗词语的一些主要特征，就这一时期的民俗词语的研究进展情况进行了梳理总结，同时着重对唐宋时期春季的民俗节日的名称变化进行了探究，还讨论了春季岁时节日的用语的礼仪性色彩与地方性色彩。

贺闱的(2013)《宋代节日词研究：一个文献综述》，以《全宋词》中节日题材作品为对象，对宋代节日词的创作情况、文本特征和发展动态作出系统而深入的探讨，考察节日词的文学风貌和审美特质，揭示其中所蕴含的两宋社会生活和文化形态等深层次意义。

5. 中外对比研究

刘晓峰(2007)《东亚的时间：岁时文化的比较研究》，立足中日韩节日的比较，考察中国古代岁时文化对日本的影响，扩大了节日研究的范围。

胡鹤宁(2012)《跨文化视角下对外汉语教学中节日类名词研究》，主要就对外汉语教学中如何进行节日类名词教学指出了清晰的教学方法和手段，指出了节日类名词在对外汉语文化教学中的意义和作用。

奥德玛(2015)《蒙古国与中国民俗词语对比研究》对蒙古国与中国的民俗词语进行对比研究，其中探究了春节词语、清明节词语，折射出蒙古国与中国不同的节日民俗，增进两国人民的相互了解。

蔡艺、陈凌(2019)《中韩古代岁时体育风俗比较研究》，通过史料梳理，对中韩古代岁时体育风俗进行比较分析。结果表明：中韩古代岁时体育风俗虽然在节日主题、精神性质上存在差异，但开展的时间和内容大致相同，且都具有浓郁的农耕文化色彩和稳定的传承性；中韩古代岁时体育风俗存同诸多的现象，是中国传统体育文化东传朝鲜半岛的历史见证。

第二章 明清时期长江流域岁时节令民俗文化词语的界定、分类及发展

第一节 岁时节令民俗文化词语的界定

就字面而言，"岁"的字形为甲骨文（𣥂）、金文（𣥺）、小篆（歲）。甲骨文字形是一把有弯刀的大斧的样子，斧上有两点，象征原始装饰物，后变成两"止"。一说"岁"为"割"，庄稼每年收割一次，所以引申为"年岁"义。《说文》："歲，木星也。越历二十八宿，宣遍阴阳，十二月一次。"古人认识到的最长的天文周期是木星的周期，它长达十二年，因此又把木星称作岁星。岁星行一次为一年。"岁"引申表示"年成"和"岁数"。岁时是指一年，四季。《周礼·春官·占梦》："掌其岁时，观天地之会，辨阴阳之气。"郑玄注："其岁时，今岁四时也。"

"节令"二字为概念确定的中心要素。节，甲骨文（𦫼），金文（𠂤）、小篆（𥸸），甲骨文字形像人跪坐之形，突出其膝关节部分。金文"𠂤"是"巾"字的一半，"巾"字是权杖的象形，它的一半表示授予部分权利，由此产生"符节"（又叫"瑞信"，证明身份的信物）义。篆文加"竹"，由"竹"和"即"构成。"即"是跪坐着的人面向盛着事物的器皿，意为"就食"，饭饱、肚子变大与竹子上变大的部分有相似之处，"节"产生竹节的含义。《说文·竹部》："节，竹约也。从竹，即声。"段玉裁注："约，缠束也。竹节如缠束之状。"竹引申指两段之间连接的部分。中国历法把一年分为二十四段，每

段开始的名称为节气、节令。节令指节气时令，某个节气的气候和物候。如清昭梿《啸亭续录·大戏节戏》："乾隆初，纯皇帝以海内升平，命张文敏制诸院本进呈，以备乐部演习，凡各节令皆奏演。"

岁时节令是一种内容宽泛、涵盖面比较广的社会文化现象。钟敬文先生认为："岁时节令，主要是指与天时、物候的周期性转换相适应，在人们的社会生活中约定俗成的、具有某种风俗活动内容的特定时日。不同的时节，有不同的民俗活动，且以年度为周期，循环往复，周而复始。"①"无论是拆分解释，还是作为一个整体理解，岁时节令都表现出其特殊性和区别性，能够与其他普通时间和日期区分开来。岁时节令民俗主要由以下三项组成：一是有相对固定的日期；二是有祭祀或纪念的对象，包括相关的神话、传说、俗信、禁忌等观念性因素；三是举行相沿成习的仪式性、社交性以及娱乐性的民俗活动。当这三项要素有机地结合的时候，一定的历日就成为节日，人们在这期间的有关活动就成为节日民俗。"②

《荀子·正名》："名无固宜，约之以命，约定俗成谓之宜，异于约则谓之不宜。"中国是世界农业的主要发祥地之一，有着上千年的农业文明传统。炎黄子孙植五谷，饲六畜，农桑并举，耕织结合。农业生产就是古代中国经济生活的主要内容，创造了灿烂辉煌的农耕文明。中国岁时节令的孕育、产生、发展、传播、演变历程都和中国的农耕文明密不可分。岁时节令是由人们经过长期社会实践而确定或形成的，是人们祈求神佛保佑、五谷丰登、吉祥平安的心理反映。

"民俗"一词，《汉语大词典》有两个义项：①人民的风俗习惯。②民众的生活、生产、风尚习俗等。根据第二个义项，我们可知，"民俗"一词具有两个要素：第一，从对象上看，指的是民众，也就是普通的老百姓。第二，从内容上看，主要包括生活、生产、风尚习俗等。基于此，所谓"民俗性"，指的就是具有反映普通民众生产、生活、风尚习俗、宗教信仰等

---

① 钟敬文：《民俗学概论》，上海文艺出版社 2009 年版。
② 贺闱：《宋代节日词研究：一个文献综述》，《重庆社会科学》2013 年第 2 期，第 79 页。

内容的性质。具体说来主要包括以下几层意思：

第一，从对象来看，"民俗性"所体现的对象或者主体是底层民众，是相对于上层统治阶级、上层文人而言的。

第二，从内容来看，"民俗性"所反映的内容主要是底层民众的生产、生活、风尚习俗宗教信仰等，带有很强的实用目的。

第三，从语言风格来看，用词简洁、通俗，不追求典雅，不用通语雅言；少用虚词、句式简单；多普通词汇，多当时的口语词、方言词等。用的语言带有浓厚的世俗色彩，与正统的文言文有明显区别。

综上，所谓明清时期民俗性文字资料指的就是明清时期出现的反映了民间广大底层老百姓生产、生活、风尚习俗、宗教信仰等内容的实物文字资料。这些材料用词简单、通俗，不追求典雅，句式简单，口语化明显，接近当时口语的真实面貌，与文学作品、史书等使用的文言文截然不同。材料收集过程中，我们以语言风格作为主要判定标准，其他几项作为参考标准，凡是语言通俗、口语化特征明显，不追求典雅，又反映了民间广大老百姓社会生活、民间信仰的文字资料都在本书的收集范围之内。

"民俗语言学"是一门新兴的学科。1984 年，曲彦斌《从民俗语源略谈"大锅饭"》的发表，提出建立一门民俗与语言交叉的学科——民俗语言学，以破解来自民俗的语言现象。他的《民俗语言学发凡》(1984)首次提出了民俗语言学这一学科术语，并提出了民俗语言学学科的基本理论框架。另外，他的《民俗语言学》(1989)是我国第一部反映民俗语言学研究成果的学术专著，标志着中国民俗语言学作为独立学科建立起来了。

对"民俗语言学"的研究，主要集中在民俗词语方面。

关于"民俗文化词语"，曲彦斌在《民俗语言学概说》一文中提到："民俗语汇，是指那些以某种民俗形态或具体民俗事象的概念、性质、源流、特征乃至名称等为语义内容，或与民俗有着某种特定联系的词语。"①这一点在他的《中国民俗语言学》一书中作了补充，更明确指出民俗词汇包含内

---

① 　曲彦斌：《民俗语言学概说》，《语文建设》1993 年第 12 期，第 18 页。

容："民俗语汇是各种民俗事象和民俗要素的语言载体，包括方言土语、謦言、俗语词、隐语行语、民间流行习语、口头禅、非隐语性行业习惯语等，以及秽语等粗俗语词、禁忌语、口彩语、语词形态的谚语、民间秘密语等语类。"①孙宜志在《民俗词语刍议》，杨振兰在《民俗词语与民族色彩》和《民俗词语探析》中都对民俗词语进行过界定，大体类同，归纳起来即：民俗词语即表示或反映民俗仪式、活动及相关事象的词语。从形式上看，负载民俗概念的语言单位主要表现为两种形式：民俗词和民俗短语，两者合称民俗词语。民俗词是由一个或两个以上的语素构成，具有特定的民俗意义的词，如：立夏、蚕豆、菖蒲酒、浴佛、乞巧等；而民俗语是由词构成，构成能综合体现民俗意义，包括惯用语、谚语、歇后语、禁忌语、谜语、口头禅等，如：染红指甲、放水灯、送寒衣、斗鹌鹑、冬至大如年、干净冬至撬蔺年、处暑十八盆等。

第二节　岁时节令民俗文化词语的分类

一、按照节令内容分类

高丙中根据岁时节日的时间顺序将其分为春季节日民俗、夏季节日民俗、秋季节日民俗、冬季节日民俗四类。②

李建中根据岁时节令产生和发展的影响因素将其分为三种类型，即农事祭祀节日、宗教节日和纪念节日；又从岁时节令的内容方面，分为纪念节日、庆贺节日、祭祀节日和社交游乐节日四类。③

叶涛《岁时节日风俗综述》中将岁时节令风俗大致分为：祭祀节日、纪念历史人物和历史事件而演变成的节日、与宗教有关的节日、与农业生产

---

①　曲彦斌：《中国民俗语言学》，上海文艺出版社1996年版，第62页。

②　中华文化通志编委会编，高丙中撰：《中华文化通志·民间风俗志》，上海人民出版社1998年版，第249~321页。

③　李建中：《中国文化概论》，武汉大学出版社2005年版，第309~311页。

有关的节日和庆贺节日五类。①

赵玉东将综合性的传统节令分成生产类节庆、宗教祭祀类节庆、驱邪祛病类节庆、纪念类节庆、喜庆类节庆、社交娱乐类节庆六大类。②

乌丙安先生在其《中国民俗学》一书中，把岁时节令民俗词语分为农事节日民俗词语、祭祀与纪念节日民俗词语、庆贺节日民俗词语和社交游乐节日民俗词语四类。③

本书对岁时节令民俗文化词语的分类，主要参考了乌丙安的分类标准。把岁时节令民俗文化词语分为五类：农事活动节令民俗词语、信仰禁忌节令民俗词语、庆贺祈福节令民俗词语、季节变化民俗词语、社交游乐节令民俗词语。

(1)农事活动节令民俗词语主要是以农业、林业、牧业、渔业等生产习俗惯制为标志的节令词语。如：立春、谷雨、田鸡报、白露、茶贡、芒种、秋分、立冬、狗毛雨、祈蚕、煠蟹等。

(2)信仰禁忌节令民俗词语主要是祭祀天地、祭礼神灵、祭拜祖先、缅怀英雄之类的词语，是以驱灾避邪等信仰习俗活动为标志的节令词语。如：寒食节、鬼节、天妃诞、端午节、墓祭、浴佛节、斋元坛、重阳节、龙华会、标坟、小年、纸锭等。

(3)庆贺祈福节令民俗词语主要是以庆贺五谷丰登、人畜两旺、平安幸福为标志的节令词语，表达来年吉祥如意、招财纳福的美好愿景。如：元旦、元宵节、了秧会、除夕、灯市、走三桥、放烟火等。

(4)季节变化民俗词语主要是反映天时、物候以一年为周期的有规律的变化、不以人的意志为转移的季节变化的词语。如：神鬼天、麦秀寒、落灯风、木犀蒸等。

(5)社交游乐节令民俗词语主要是以各种比赛、游戏、表演和欣赏等为标志的节令词语。这一类节令与庆贺节令最大的不同是比较单纯地以社

---

①　叶涛：《岁时节日风俗综述》，《民俗研究》1986年第1期。

②　赵玉东：《中华传统节庆文化研究》，人民出版社2002年版，第11~19页。

③　乌丙安：《中国民俗学》，辽宁大学出版社1985年版，第328~342页。

交为目的，群体参与性更强。如：踏青、纸鹞、说书、投琼、斗鹌鹑、乘风凉、曲局等。

当然，在对岁时节令民俗词语进行分类的过程中，有些民俗词语同时出现在几个节令中，如"爆竹"出现在元旦、元宵、除夕等节令中。"烧香"出现在元旦、清明节及其他市会中。本章采取的方法是以在某节令的出现频率较高或以其在例句上下文的含义为主。如"爆竹"主要出现在庆贺祈福类的元旦，"烧香"主要出现在信仰禁忌类的正月祭祀活动。

（一）农事活动节令民俗词语

立春：立春、迎春、行春、讲春、点春、打春、打春牛、买芒神、看风云、春牛图、小春牛、土牛、开春

元宵节：称水、百草灵、验水表

谷日（正月初八）：看参星、头八二八、谷王诞辰（谷王生日）

二月：惊蛰、惊蛰闻雷米似泥、龙抬头、二月十二、老和尚过江

三月：田鸡报、谷雨、茶贡、卜蛙鸣、三月三、插柳、祈蚕

四月：立夏、立夏三朝开蚕党、小满动三车、卖新丝、卖时新、七日八夜、神仙花、四月十六、四眠、赏花

五月：芒种、麻花雨、分龙雨、夏至、三时

梅雨：梅雨、黄梅天、雨打梅头无水饮牛、梅水、拔草风、旱黄梅、时梅、脱花、三霉

六月：小暑、六月弗熟五谷弗结、狗面浴、晒书、晒衣、翻经、凉冰、合酱

七月：叫浜瓜、看天河、烧青苗、斗量花、棉花生日、秋谷碌收秕谷、立秋西瓜、天收

八月：白露、稻生日、秋兴、秋分、霶天雨、狗毛雨

九月：祭钉靴、唤黄雀、霜降

十月：液雨、收租完粮、五风信、煠蟹

十一月：冬春米、起荡鱼、乳酪、冬至、干净冬至邋遢年、九九、散荡

十二月：腊雪(瑞雪)

(二)信仰禁忌节令民俗词语

正月：行香、财神会市、烧十庙香、回头香、九品、山川坛迎喜、拜香、拜像、桃符、乞火、挂喜神、出方(出天方)、出行(出天行)、粉丸、糍糕、拜喜神、拜牌、上年坟、开门爆仗、五辛盘、喜神、烧香、九品烛、开门、小年朝、开井、送元宝、财神日、接路头、开市、接财神、元宝鱼、鲤鱼、送穷、五路财神、鬼车、斋天、窃九、七宝羹、发糕、鬼鸟、九头鸟、补天穿、长寿会、面具、平安醮、香炉、七人八谷九天十地

元宵节：上元节、祭猛将、大蜡烛、待猛将、越猛将、点灶灯、圆子、油堆、接坑三姑娘(迎紫姑)、煎饼、拜坟岁、床公床母、鼠嫁女、掼油肩

二月：土地公公生日、彩画土地庙、祀土神、田公田婆、掌腰糕、煎糕烛豆、文昌会、张大帝诞、请客风、送客风、冻狗肉、百花生日、赏红、花朝、挂红、双林会、观音生日、观音素、观音香市、观音山荞子、木林柴、大士成道及诞、大士生日

三月：斋元坛、元坛神诞辰、龙华会、白龙生日、东岳生日(岳帝诞)、借寿、请喜、草鞋香、天妃诞、天后诞、城隍夫人诞、天赦日、兰花会、钱幡会、赛会、下沙、新清明、炸供

上巳节(三月三)：上巳日、野菜花、眼亮花、眼亮糕、荠菜花、戴柳

清明节(包括寒食节)：清明市、焚纸钱、挂青、上墓、挂墓、墓祭、龙祭、坟钱、上坟、叶公坟、标坟、戴杨柳球、过节、鬼节、青团朽熟藕、上花坟、纸锭、白纸锭、青白汤圆、挂钱、山塘看会、督祭、神赦、巡风、转坛会、犯人香、保福、还愿、暗犯、回残烛、野火米饭、烧笋、烹鱼、三节会、抢桥、草坛、青龙圆子、攒盒、杨柳枝、粉犬、撒螺蛳壳、迎煮、袱子

四月：放生会、阿弥饭、乌米糕、释迦生日、蛇王生日、神仙生日、神仙糕、九神仙、毗卢帽、药王生日、药王会、立夏见三新、草子头、蚕豆、嫁毛娘、嫁毛虫、建昭忠祠、饯花会

五月：毒月、挂钟馗图、修缮月斋、符金、拜安、关帝生日、关王磨刀雨、纳将、磨刀水、蒲丝饼

端午节（农历五月五日）：端午节（端节、端午、白赏节、端五）、端午龙舟、端午景、裹粽子、弔艄、抢鸭、龙船、玫瑰花糖、百索（百锁、寿索、长命缕）、龙船市、五毒菜、秤锤粽、雄黄豆、雄黄酒、绿豆糕、馒头、雄黄荷包、蓬鞭、采百草、健人（健人扶）、艾虎、虎符、袅绒铜钱、老虎头、老虎肚兜、独囊纲蒜、食蒜头、长寿钱、五毒符、门饰、辟瘟丹、划龙船、拔龙头、下水、门徒、贴门符、蒲酒、蒲剑、菖蒲、悬蒲艾、蒲黄酒、桃结、彩索、豆娘、端阳符、雄黄袋、旱龙船、五毒扇、诗扇、蟾酥、书王、贴天师符、急脚子、缚艾人、浮菖蒲酒、抹雄黄、芭蕉扇、凉枕、凉席、草头方、敬节、鲥鱼、石首鱼、烧鸭、熏术烟、洋糖、杂剧、香料、夏衣、五谷袋、蚊烟

六月：观音香市、封斋开荤、天贶节、晒袍会、馄饨汤、火神诞、火神素、谢灶、谢灶素菜、雷尊诞、雷斋、雷祖诞、半年福、二郎神生日、白雄鸡、荷花生日（荷诞日）、辛斋、星回节、火把节、送渴汤

七夕节（农历七月七日）：七夕、乞巧、巧果、皙巧、染红指甲、乞巧会、蛛盒、针影、穿针、巧云、丢巧针

中元节（农历七月十五日）：中元节、新七月半、盂兰盆、盂兰盆会（乌蓝盆拿）、太平公醮、盂兰市、造盂兰盆、拜墓、斋孤、放假鬼、迎神、放荷花灯、放水灯、烧白果、青龙戏、看闲戏、斋田头、水旱灯、祭赛神、看青苗、冥衣、香树、南瓜饼、七月半、放兵、收兵

地藏王生日（农历七月三十日）：地藏会、地藏王生日、寄库、地藏灯、地灯、狗屎香、莲船、荷灯、送亡、接亡、铺设经坛、悬挂佛像、烧香看会、烧袱子、脱裙

八月：天灸、灶君生日、灶君素、千秋节（八月端午）、天长节、八字娘娘生日、金饭箩、石湖串月、糍团、缠脚、青苗会、开稻门

中秋节（农历八月十五日）：中秋、八月半、闹中秋宝塔、小摆设、斋月宫、烧斗香、走月亮、塔灯、月饼、小烧饼、菱藕、月华

九月：信爆、听信爆、看旗纛、霜降祭旗

重阳节（农历九月九日）：重九、登高、插重阳旗、重阳市、菊花山、看菊花、菊花酒、菊花会、剥巨蟹、螃蟹宴、重阳信、重阳糕、博羊会、栗糕花糕、骆驼蹄、栗糕、茱萸酒

十月：十月朝、新十月朝、烧寒衣（烧衣节、烧纸衣）、糍粑饭、炉节、开炉、天平山看枫叶、九枝红、冬酿酒、十月白、三白酒、生泔酒、盐菜、藏菜、水菜、醃菜、春不老、下元节、韩婆风、菜饼、朝墓

十一月：弥陀生日

十二月：腊月、跳灶王、跳钟馗、年糕、方头糕、糕元宝、条头糕、条半糕、冷肉、祭山猪、做年、浴佛、腊八粥（佛粥、七宝粥）、喂树、烧卖、油麦、索粉八宝攒汤、口数粥、接玉皇、烧松盆、烧富贵、赤豆粥、天穿日、冬至团、作福

小年（腊月二十四日）：二十四夜、廿四糖、祀灶、灶马、灶门、灶饭、送司命、祭百神、圆炉炭、廿四夜、送灶、糖元宝、接元宝、谢灶团、汤团、马料豆、灯挂、挂锭、善福、冬青、柏枝、送灶柴、打秋风、胶牙饧、醉司命、善富桥、祭灶、灶糖、分祭灶果、送灶神

除夕：贴门神钟馗、悬天师像、送财神、门神、驼猪、猪头肉、盘龙馒头、封井、接灶（接灶君）、祭床神、掌门炭、馈岁、祀年神、镜听、听谶、易桃符、赛迎神、新春交春、作福、唱像、青龙马、代图、橘荔、银杏（白果镫宵、煮果儿）、元宝火

其他：五腊、三元、三官诞辰、三官素、花三官、三巡会、正五九月、月忌、望节、万寿圣节、人节、烧羹饭

（三）庆贺祈福节令民俗词语

一月：正月（初月、端月、一月）、新年、空帖百年、贴宜春、接福、飞帖、投刺、拜节帖、空帖拜年、送帖子、黄连头叫鸡、迎喜市、状元筹、升官图、春官、年节酒（节酒）、头醵、请春酒、吃春酒、豆腐饭、年团子、年规戏、熟果、赤豆、灯头、拜岁、贺节、拜春、灯假、耗磨日、

走百病、渣澤灯、爆孛娄、试锅、灯圆、灯夜、灯节盒、落灯节、拜夜节、放魂、放魂、葛根会

元旦：元旦、岁始、岁朝、出门见喜、屠苏、春饼、糕粽、粉糍、糍粑、饵块粑、堆绢挂落、元宝火锅、插旗杆米斗、请春卮酒、卓面、茶泡、拜年、拜灯节、行春词、春帖(贴宜春)、打围、贺节、太平萧、年鼓、门簿、岁假、淘潆米、打灰堆、乞如愿、大吉年谶、讴顺流、饭盏饼、赶鸡瑰、拜节帖、拜节钱、果子茶、新年酒、开口橘、瓯兰花、长春花、元宝花、竹喇叭、爆仗、爆竹、看牛游寺

元宵节：元宵(团子)、上灯节、传柑节、汤团、元宵茧团、炸麻虫、元宵节、灯市、走三桥、放烟火、社火、闹元宵、闹龙灯、荡元宵、走马锣鼓、灯节、灯宴、造灯桥、跳龙灯、龙抢珠、花神灯、送灯、前灯头、后灯头、凉伞灯、船灯、炭茅糖、秧歌、摆供、鳌大头、糖粽、花筒、爆花、赛月明、流星、滴滴金、放花、灯棚、买桥钱、龙灯、马儿灯、大头和尚、灯戏、看灯踏月、走马灯、纱灯笼、面鬼、竹龙、赶鱼儿、赶门狗、风筝、灯鹞、鞭子、相思版、春毯、哈哈笑、百花图、九九消寒图

二月：春台戏(演剧)、催钱量、解天饷

四月：蕺千年蒀、交好运、秤人、青精饭(乌饭、乌米饭)、立夏饭、猫狗饭、七家茶、摊栖、麦蚕、馈节

五月：歇夏、了秧酒、了秧会

八月：送瓜、摸秋、懒大嫂、罂粟花、潮头生日、送潮辞

十月：庆牛、饷牛王、艾油、牛王会、接牛角

十一月：饧糖、葱管糖、窖花

冬至：冬至盘、拜冬、肥冬、消寒会、分冬酒、馄饨、饺儿、冬至大如年

十二月：隔年陈、送历本、送宪历、叫火烛、报旺鞭、年物、年市、绣鞋底、笼蒸、归账、卖春联、买画儿、春盘、二十夜、打埃尘(扫尘)、索节账、富贵弗断头

除夕：除夕、岁除、三十日夜、年头年尾巴、过年、分岁、辞年、别

岁、守岁、守岁烛、打醋坛、散糕馒、散金银锞、如意糕、十香菜、元宝弹、炒米、如意菜、洪福齐天、欢喜团、欢乐团、合欢汤、照田财、照田蚕、赶毛狗、送年盘、年夜饭(合家欢)、安乐菜、煖锅、压岁盘、压岁钱、压岁果子、吉祥果、老虎花、柏子花、过年鞋、神荼郁垒、春联、节节高、兴隆、万年粮米、画米囤、听响卜、瓶花、三节帐、小年夜大年夜、小节夜大节夜、种火、太平丹、兜凑、照虚耗、包财、荷包、包蚤虱、开门炮、乌金、花元宝、金团、隔年饭、年饭、岁烛、封门甘蔗、鼠饭、吉利、鲞冻肉、欢乐图、天花、门彩、柏枝、生圆炉、松棚柴、聚宝盆、糖糕、元宝糕、烧菜、箓笋、红萝卜丝、八宝菜、芥辣菜、柿饼、风菱、吉祥丹、将军炭

(四)季节变化民俗词语

雨头春、神鬼天、落沙天、落灯风、立夏、三伏天、麦秀寒、溽暑、山糊海慢、龙挂、麦超风、夏东风、舶趠风、立秋日雷、预先十日作秋天、朝立秋凔飕飕、夜立秋热哗哗、木犀蒸、处暑十八盆、风潮、迎潮辞、入夜、出液、三朝迷路发四风、连冬起九、冬至有霜年有雪、九里天、冬东风

(五)社交游乐节令民俗词语

打灯谜、谜赠、元墓看梅花、放断鹞(放纸鸢、放鹞鞭)、游春玩景、谷雨三朝看牡丹、踏青、花会、珠兰茉莉花市、赏桂花、乘风凉、曲局、说书、看戏、虎邱灯船、荷花荡、消夏湾看荷花、木犀市、赏月、养叫哥哥、斗鹌鹑、开圈、阳山观日出、纸鹞、投琼、赛花会、斗牌、升仙图、赶围棋

在节日内容分类中，首先，我们发现，明清长江流域岁时节令民俗文化词语有着鲜明的农业文化的烙印。“农，天下之大本也，民所恃以生也。”在农耕时代，农业生产基本上是一种生活方式，而不是追求利润的手段。岁时节令的最终确定是以天文、历法为标准，而天文和历法的观察是

农业生产的需要。所以，中国传统民间岁时节令有很大一部分为农事活动或与农业有关，这无疑是中国悠久的农耕文明的必然产物。明清长江流域的人们在长期的农业生产中，怀着强烈的求知欲，孜孜不倦地探索着季节和气候的变化，渴望丰收、追求幸福生活。此外，传统岁时节令也是对单调农耕生活的一种心理补偿，百姓们用不同的庆贺方式和纪念仪式来调剂生活、增加乐趣。从立春到岁末，几乎所有节令与农事生产有千丝万缕的联系。中国的岁时节令风俗是依据一年四季农作物生产安排的，表现出鲜明的农业文化特色，充分彰显了农耕文化在中国传统思维方式孕育和形成中的重要作用。

其次，一年当中，节日比较密集期主要有两个。由于年末与年初是首尾相连、不可分割的，算一个完整的节日链。第一个节日密集期是从冬至、腊月开始到寒食、清明春天万物复苏结束。第二个节日密集期是五月端午至九月重阳节。这个阶段节日之间间隔时间长。在这两个密集节日链条中，"元旦""元宵节""清明节""端午节""中秋节"是关键节点：元旦祭神祭祖、除旧布新；元宵节张灯结彩、团团圆圆；清明节扫墓祭祖、追思先人；端午节驱毒避邪、竞渡游艺；中秋节庆贺丰收、合家团圆。从其纷繁复杂的民俗仪式及丰富多彩的民俗事象可以看出人们对其重视程度。这也是 2008 年"清明节""端午节""中秋节"被纳入国家法定节假日的原因所在。

再次，几乎每个月都有一个节令，值得关注的是多数节令是以农历月份和与月份同数的重合来命名的。如二月二、三月三、五月五、六月六、七月七、九月九。在古人看来，它们可以被视为阴阳之数，其真实意义在于凶吉之辨、生克之理、人事之宜。如二月二日为龙抬头之日，古人谓有地震之凶，是日举祭龙之礼，可避阴气浸剋；咸丰《武定府志》："以（二月）二日为春龙节，取灶灰围屋如龙蛇状，名曰引钱龙，招福详也。"九月九日，为重阳，俗信有火灾，是日举行郊外登高可免火伤，等等。①

最后，传统的岁时节令大多是集体性的参与活动。街市、郊外、会

---

① 武文：《中国民俗学古典文献辑论》，民族出版社 2006 年版，第 371 页。

馆、宗教场所成为一种广场性质的社会空间，为巡游娱乐等集体狂欢提供了平台和便利。明清时期各种"会""市"除给市民们提供丰富的商品外，人们还习惯于在这种公共空间开展民间娱乐活动，热闹非凡、盛大隆重。

二、按照音节分类

笔者对搜集的 957 个民俗文化词语按照双音节、三音节、四音节、多音节进行分类，统计如表 2-1：

表 2-1

音节	数量	比率	举例
双音节	378	39.5%	"赤豆""菖蒲""蟾酥""敬节""入液""汤团""摊粞""喂树""蚊烟""作福""豆娘""社火"
三音节	436	45.6%	"走三桥""拜喜神""剥巨蟹""烧白果""打埃尘""送灶柴""烧松盆""照田蚕""五毒菜""菊花酒""葱管糖""年夜饭"
四音节	96	10%	"山糊海慢""空帖拜年""堆绢挂落""百花生日""修缮月斋""雄黄荷包""盘龙馒头""万年粮米""霜降祭旗""大吉年谶"
多音节	47（五音节 25、六音节 12、七音节 7、八音节 3）	4.9%	"城隍夫人诞""秋穀碌收秕谷""三朝迷路发四风""干净冬至撤齑年""雨打梅头无水饮牛""六月弗熟五谷弗结"
小计	957	100%	

从以上数据统计看，双音节和三音节为明清时期长江流域的岁时节令民俗词语主要音节结构形式。其中，民俗词主要是双音节的，民俗语主要是三音节的。民俗固定语主要是动宾支配式的结构，如"走三桥""拜喜神""剥巨蟹""烧白果""打埃尘""送灶柴""烧松盆""照田蚕"等，还有一些偏

正式的结构，如"元宝火""五毒菜""菊花酒""葱管糖""年夜饭""过年鞋"。而有些三音节民俗语可以转化为双音节民俗词，且意义不变，例如："端午节""出天方""乌米饭"可以分别简称"端午""出方""乌饭"，且两者意义相同。

出现上述现象是有原因的：

首先是"尚偶"心理对汉语词语音节的影响。① 汉语词语在发展过程中，一个突出的特点是双音节化趋势。关于汉语词语双音节化的动因，语汇学界有几种不同的说法。王力先生认为这是汉语语音简化的结果，另一观点认为，词语的双音节化是表义明确的需要。其实，这两种看法实质上是一致的，它们都着眼于语言传递信息的功能。有人对此提出质疑，从文化的角度解释汉语词语双音节化的动因。杨琳指出，在古代文献中，有大量运用衬音助词、简缩音节、连类而及、同义连文等现象。② 之所以会这样，是因为汉民族自古以来在讲话作文时，尤其是在作文时，惯于以两个音节为一节拍，喜欢成双作对地使用词语，而语言工作者在确定词的身份的时候也以双音作为十分重要的原则，客观使用与主观认同两相结合，就有了汉语词汇复音化的结果。究其根源，喜欢对称均衡是人类的普遍心理，而自古以来，人们比较崇尚和追求"成双作对"，且认为"好事成双"。在中华民族传统文化中，"对偶""对称"的观念已成为华夏民族的文化"基因"，且渗透到人们生活的方方面面，代代相传。

文化以不同的方式影响着语言中的语汇，并在语汇的成员中留下一定的印记。词汇不只是被动地受文化因素的影响，它还能传承文化，从而可以进一步发展文化。

以上，双音节化趋势无论是汉语语音简化的结果，表义明确的需要，还是文化因素、社会发展影响，都对语言中的词语留下印记，而明清时期岁时节令词语也更体现这一特征。

---

① 卢英顺：《现代汉语语汇学》，复旦大学出版社 2007 年版，第 162 页。
② 杨琳：《汉语词汇与华夏文化》，语文出版社 1996 年版，第 182~197 页。

其次，民俗词语主要来源于民间，是人们约定俗成的。一个新生的岁时节令民俗产生之初，需要经过漫长的加工、扩散、传承，逐渐得到人们的普遍认可，并以一种模式沉淀、固定、延续下去。在这个过程中，人们选取具有代表性或有表现力的词语作为民俗事象的代称，并将这个符号作为民俗事象传承、扩大的工具。例如，"风筝"，最初它的材质是竹子，叫"风鸢"。随着纸的发明，改名叫"纸鸢"。再后来，在纸鸢上缚以竹哨，"以竹为笛，使风入竹，声如筝鸣，故曰风筝"，始有风筝之称。明清时期，放风筝固化为清明节的习俗活动。最初选择"风鸢"的叫法是偶然的，但是在后来的使用过程中，逐渐被大众认可，成为民俗事象的专属称谓。最初形成的语言单位凝练性不高，随着使用频率的加大，便易且能反映其本质的的称谓最终演变成民俗文化词。但是有很大一部分的固定语无法再作进一步的浓缩。"草鞋香"是乡下人烧的香。乡下人多穿草鞋，故用以借指乡下人。《清嘉录》卷三："关内外吏胥奉香火，好事者安排社会，设醮酬神，俗以诞日前后进香者，乡人居多，呼为草鞋香。"《姑苏竹枝词》："草鞋香会近清和，六十间坊笑语多。共办饯春添案物，曹公梅子右军鹅。"若把词语改成"草香"或"鞋香""草鞋"，意义虽然成立，但是不能准确表达"草鞋香"的内涵。

最后，是由岁时节令民俗文化词语的性质决定的。民俗文化词语的主要作用是记载民俗事象，反映民俗活动。但是民俗事象是一种复杂的民俗现象，与此同时，需要用精准的语言去描述与标记。而复杂概念的岁时民俗文化语比单纯概念的岁时民俗文化词更能承担表达需求。但是民俗语并不同于自由短语，并不是成分越多越好，它有承载传播清楚、凝练的语言要求，也具有相当强的整体性与稳固性。如"送财神""烧羹饭""祭猛将""开稻门""照田蚕"等内容具有丰富性与完整性。

三、按照词性分类

本书所收民俗文化词语从词性上主要可分为五种：名词、动词、名词性短语、动词性短语及其他。统计见表2-2：

表 2-2

音节	数量	比率	例子
名词	575	60.1%	土牛、春帖、风筝、灶马、灶门、三元、重九、窃九、初月、端月、秤锤粽、盂兰盆、骆驼蹄、压岁钱、升官图、卯时酒、霜天雨、狗毛雨
动词	112	11.7%	打春、迎春、挂墓、踏青、烧香、墓祭、贺岁、贺年、送灯、接灶、登高、送穷、拜年、守岁、馈岁、贴宜春、烧羹饭
名词性短语	32	3.3%	端午龙舟、元宵茧团、正五九月、床公床母、七家茶、封门甘蔗、端午龙舟、黄连头叫鸡
动词性短语	212	22.2%	插柳、晒霉、放水灯、放纸鸢、送寒衣、烧寒衣)、走三桥、打灰堆、打春牛、听响卜、划龙船、丢巧针、焚纸钱、空帖拜年、插重阳旗、贴门神钟馗、悬天师像、撒螺蛳壳
其他	26	2.7%	龙祭、月忌、鼠嫁女
小计	957	100%	

表 2-2 比率栏数值显示，名词类民俗文化词语占据绝大部分，其次是动词性短语。也可以说明明清长江流域岁时节令民俗文化词语 80%以上都是名词或动词性短语。世间万物呈现出不同的形态，每种形态都需要相应的词语来记录。名词、动词、形容词、副词、连词等都各司其职、联动协作，来清晰呈现所概括的事物或事象。而明清时期长江流域岁时节令民俗文化词语的名词、动词、名词性短语、动词性短语占有绝对性的优势，其他词类形式极少近乎没有，这是由岁时节令民俗文化词语包含事物类和事件类两类所决定的。名词是指民俗事象所涉及的人(紫姑)、物(骆驼蹄)、时(正月)、地(十庙香)、概念等实体或抽象的词，民俗事物往往都比较具体且词义固定、适用度较广，一般名词即可完整、准确概括，所以名词占

比 60.1%；名词性短语指在语法上相当于名词的短语，主要有偏正式短语（端午龙舟）、名词构成的联合短语（床公床母）等；动词指民俗活动的动作或动状，如"登高""送穷""打春"等；动词性短语包括动宾短语（插重阳旗）、动补短语、连动短语等。民俗事件一般比较复杂，要想全面、精准地描述某一类活动，动词性短语比动词更能承担表达需求，所以动词性短语占比 22.2%。但是动词性短语也要受到表达经济、内容整体性和稳固性的制约。

四、按照语法结构分类

构词法属于语法的范畴，但与词汇密切相关。各个时期构词法的不同，对各时期词汇的面貌有很大的影响。

袁宾在《近代汉语概论》中把近代汉语词分为单纯词和合成词两大类。具体细分见表 2-3：

表 2-3　词的构成简表

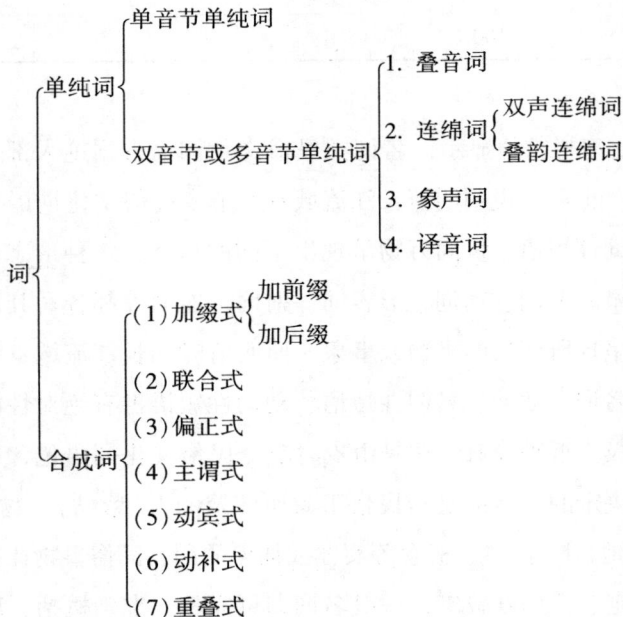

```
        ┌ 单纯词 ┬ 单音节单纯词
        │        │                      ┌ 1. 叠音词
        │        │                      │
        │        │                      │              ┌ 双声连绵词
        │        └ 双音节或多音节单纯词 ┤ 2. 连绵词 ┤
        │                               │              └ 叠韵连绵词
        │                               │
        │                               ├ 3. 象声词
        │                               │
        │                               └ 4. 译音词
  词 ┤
        │                      ┌ 加前缀
        │        ┌ (1)加缀式 ┤
        │        │            └ 加后缀
        │        │
        │        │ (2)联合式
        │        │
        │        │ (3)偏正式
        └ 合成词 ┤ (4)主谓式
                 │
                 │ (5)动宾式
                 │
                 │ (6)动补式
                 │
                 └ (7)重叠式
```

（一）单纯词

单纯词首先是以意义标准确立的，也就是说一个语言复合单位意义单一、不可分割，由一个语素构成的词，叫单纯词。可分为单音节单纯词和双音节或多音节单纯词。而单纯词中的多音节者，又可将其分为叠音词、连绵词、象声词、译音词等。

1. 叠音词

（1）叠音词的含义。

叠音词，是指那些构成某个词的某个音节重叠的词，如"奶奶""妈妈"，前一个是"奶"的音节的重叠，后一个是"妈"音节的重叠。

那么，"做作"这样的词是不是叠音词呢？按字面理解，叠音词中的"叠音"是听觉上的，只要由读音相同的两个音节构成的词，都是叠音词，而不管这两个相同的音节的形体是否相同，如"决绝""陆路""逝世""世事"等。但实际上，叠音词对"叠音"的要求，不仅仅是听觉上的"叠"，而且是视觉上的"叠"，即两个音节之间不仅同音，而且同形；从写出来的汉字来看，必须是两个相同的汉字。因此，"决绝""逝世"等，不是叠音词；尽管"决"和"绝""逝"和"世"等读音都相同。这样看来，像"奶奶""妈妈"这样的词，与其称之为叠音词，不如称之为"叠形词"更确切。

另外，我们还经常碰到这样的现象，如"看看""试试""遛遛"，它们是不是叠音词呢？不是的。因为这些重叠形式不是构词上的，而是语法上的。判断一个重叠形式是不是构词上的，可以运用以下两种方法：第一种方法，要看看这个重叠形式中的单个音节能不能独立成词，不能独立成词的显然属于构词上的。比如，"奶"不能单说，"她是我奶"这样的句子是不能说的，必须说成"她是我奶奶"才可以。可见，"奶奶"这个重叠形式是叠音词。或许你马上想到，"她是我妈""妈，再见！"这样的句子都可以说，那么，"妈妈"这个重叠形式是不是就不是叠音词呢？可见，光靠这一种方法来判断还不够，这就需要第二种方法：如果某个重叠形式的单个音节可以独立使用，如"妈"，这时要看看这个音节重叠时和不重叠时在词汇意义或语法意义上有没有什么变化，没有变化的是叠音词，有变化的不是叠音词。"妈"和"妈妈"的词汇意义相同，它们之间没有语法意义上的差别："看"和"看看"则不然，它们在词汇意义上虽没有什么不同，但"看看"增加了语法意义：表示"尝试"。因此，"妈妈"是叠音词，而"看看"不是。

（2）叠音词的种类。

叠音词中，重叠的音节的性质在不同的词中是有区别的。如前所述，"妈妈"中的"妈"是有意义的，而且能够独立作词用。"蔼蔼"中的"蔼"与"妈"有点不同，"蔼"有自己的意义——繁茂，但不能作为词来用。"彬彬"中的"彬"又有所不同，单个的"彬"，既不能独立成词，也没有意义。根据这些情况的不同，双音节叠音词实际上可以分出以下三种不同的类别。

A类　单个的音节有意义，并且可以作词用。例如：

爸爸/妈妈/常常/蠢蠢/暗暗/沉沉

B类　单个的音节有意义，但不能作为词独立使用。例如：

匆匆/葱葱/伯伯/单单/鼎鼎/怅怅

C类　单个的音节，既不能作词用，也没有意义。这类中有一部分是拟声词。例如：

彬彬/憧憧/叨叨/嗷嗷/喋喋/淙淙

以上这些叠音词，重叠以后是两个音节。语汇学论著在谈及叠音词时一般都举这类例子。

（3）叠音词与单纯词和合成词、拟声词的关系。

叠音词与单纯词和合成词是从不同角度命名的，因此，不能把它们简单地对应起来。叠音词是从音节的角度来说的，从上述所举的例子中，我们已经知道，就只有两个音节的叠音词而言，有的单个的音节是有意义的，如"爸爸"中的"爸"，"弟弟"中的"弟"，"比比"中的"比"，"匆匆"中的"匆"，等等，像这样的叠音词应该算是由两个语素构成的。它们与"陌生""悲观""时间"等比较起来，所不同的是，前者是由两个相同的语素构成的，而后者是由两个不同的语素构成的。因此，把这类叠音词看作合成词应该是没问题的。

　　另一类只有两个音节的叠音词，像"喳喳""铮铮""隆隆"等，其单个的音节要么没意义，如"喳""铮"，要么虽有意义，但这样的意义在构成该叠音词时不起作用，如"隆"，这就像"巧克力"中的"巧"或"克""力"一样。这些音节只有在重叠以后才能表示一定的意义，可见，这类叠音词只能算作由一个语素构成，所以，它们属于单纯词。

　　综上所述，叠音词，无论它由多少个音节组成，都有单纯词和合成词之分。所以，我们既不能把叠音词等同于单纯词，也不能把它们等同于合成词，要具体情况具体分析，不能一概而论。

　　叠音词与拟声词之间也不能画等号。拟声词是从造词的方式上来说的，它不涉及音节的多少，也不涉及音节与音节之间的关系。拟声词，有的是单音节的，如"砰""咣""汪"等，也有的是双音节的，如"叮当""咩咩""沙沙"等，有的甚至是四个音节的，如"噼里啪啦"。就两个（或以上）音节的拟声词而言，这两个音节不必是相同的。而叠音词则有所不同，它至少是两个音节，而且至少有两个音节是相同的。

　　我们在这里主要指的是单纯词类的双音节叠音词，即由两个相同的音节相叠而成、不能分解的词语。例如：

　　蝈蝈：单独一个"蝈"字没意义，蝈蝈音节重叠，意为一种像蝗虫的昆虫。俗称叫哥哥。雄的借前翅基部摩擦发声。《清嘉录》卷九："秋深笼养蝈蝈，俗呼为叫哥哥，听鸣声为玩。藏怀中，或饲以丹砂，则过冬不僵。笼刳干葫芦为之，金镶玉盖，雕刻精致。"《瓶花斋集》云："有一种似蚱蜢而身肥者，京师人呼为蝈蝈儿。南人谓之叫哥哥，喜捕养之。"《红楼梦》："忽见宝玉进来，手中提了两个细篾丝的小笼子，笼内有几个蝈蝈儿，说道：'我听说老太太夜里睡不着，我给老太太留下解解闷。'"

　　2. 连绵词

　　连绵词在西周中晚期已被记录下来，春秋以来，急速增多，蔚为大观。宋代张有《复古编》下卷附辨正六门，其一为"连绵字"，收连绵字五十八个，辨正字体的正俗。这是有史以来，第一次将连绵词类聚在一起，冠以"连绵字"之名。王力先生主编的《古代汉语》(1962 年初版)谈到连绵词时说："单纯的复音词绝大部分是连绵字。连绵字中的两个字仅仅代表单纯复音词的两个音节，古代注家有时把这种连绵字拆成两个词，当作词组加以解释，那是绝大的错误。"①郭在贻教授在《训诂五讲》中说："所谓连语(又写作謰语，又叫作联绵词)，是指用两个音节来表示一个整体意义的双音词，换句话说，它是单纯性的双音词。"②蒋礼鸿、任铭善二教授在《古汉语通论》中介绍"什么叫謰语"时说："用两个音节表示一个整体意义的双音词，其中只包含一个语素，不能分拆为两个语素的，古人管这种词叫做謰语或连绵字。简单地说，謰语是单纯性的双音词。"③这种界说表述更加清楚，支持了王力先生等人的看法。即，只包含一个语素，不能分拆为两个语素的双音词为连绵字。

综上，连绵词指两个音节连缀成义且不能拆开的词。两个音节韵母相同的连绵词，称为叠韵连绵词。例如：

馄饨：两个音节的韵母相同，都为"un"。意为一种面食。用薄面片包馅做成。《越谚》："或芝麻糖或醃肉裹以面粉，冬至时食。"《水浒传》第三回："郑屠道：'却才精的，怕府里要裹馄饨，肥的臊子何用?'"

屠苏：两个音节的韵母相同，都为"u"。最初是草庵名。居草庵的人每到除夕馈乡人一囊，让它们浸入井中，到元旦取药酒，合家饮之，能除邪气，避瘟疫。因此，屠苏是一种用来防病瘟的酒。清马之鹏《除夕得庐字》诗："添年便惜年华减，饮罢屠苏转叹歔。"《鄱阳湖櫂歌》："新年春酒饮屠苏。"《红楼梦》五十三回："男东女西归坐，献屠苏酒，合欢汤，吉祥果，如意糕毕，贾母起身进内间更衣，众人方各散出。"

3. 象声词

象声词的形态大致可分为单独型的象声词和重叠型的象声词，象声词单独型和重叠型在语义上有些差异。象声词重叠有使所摹仿声音加长、多

---

① 王力主编：《古代双语》，中华书局 1985 年版，第 88 页。
② 郭在贻：《训诂五讲》，《训诂丛稿》，上海古籍出版社 1985 年版，第 316 页。
③ 蒋礼鸿、任铭善：《古汉语通论》，浙江教育出版社 1984 年版，第 59 页。

变的作用，可以表示动作或声音的反复、声音程度大，也可以加强所摹仿声音的节奏感。重叠的象声词比单独的象声词更常用。因为所摹拟的动作本身是反复性的，反复的动作以重叠的形式来描写更为逼真、具体。单音的象声词与其他音节数的象声词比起来数量较少。

象声词，重叠形式的多。同音重叠使听者听起来仿佛亲临其境，如闻其声，从而得到鲜明生动的感受。古往今来，世界各种语言里都找得到以重叠的方式造的象声词，常常是叠音形式（AA），例如：

飔飔、哞哞：飔飔，象声词，形容很快通过的声音；哞哞，象声词。形容牛叫声。《清嘉录》卷七："土俗又以立秋时之朝夜占凉燠。谚云：'朝立秋，凉飔飔；夜立秋，热哞哞。'"

4. 译音词

汉民族很早就开始了与周边地区各少数民族的交往，两汉以后，交往的地域扩大了，内容增多了，尤其是佛经的传入，不仅传入了佛家思想，而且带来了他们的文化和语言。用汉语的单音词怎样翻译少数民族与外国的多音词，古代的通事（即翻译员）与学者采用了许多办法，音译、义译、半音译半义译三种办法被广泛采用。于是译音词出现了，但外语词单音节很少，两音节、三音节及三音节以上的词较多。用汉字对译外语词，一个汉字只能充当一个音节，于是，译音词中两音节和复音节词大量增加。译音词因为具有汉语连绵词的不可分拆性、形体多样性等各方面的特点，因而人们便将译音词看作单纯词。例如：

乌蓝盆拿：梵语意音词，梵语 ullambana，意译为救倒悬。旧传目连从佛言，于农历七月十五日置百味五果，供养三宝，以解救其亡母于饿鬼道中所受倒悬之苦。清嘉庆九年《湖北通志》一百卷："蕲俗，七月十五日，士庶家各祭亡者。又自九夜至望日七日内，敛钱作佛事，所谓'乌蓝盆拿'"。

盂兰盆：佛教传统节日。农历七月十五日、"盂兰"，梵语意为"救倒悬"。盆为食器。《清嘉录》卷七："好事之徒，敛钱纠会，集僧众设坛，礼忏诵经。香亭旛盖，击鼓鸣锣，杂以盂兰盆、冥器之属，于街头城隅焚化，名曰盂兰盆会。梵语救倒悬的音译，拯救先人倒悬之苦。"

阿弥饭：阿弥陀佛，其名号梵音为 amitayusa（无量寿）、amitaba（无量光），阿弥饭中"阿弥"译音"ami"。阿弥陀佛与释迦牟尼佛是常说的三世佛。四月八日为"释迦牟尼佛"诞辰，吴中寺院及店肆、人家以糯米加乌饭树叶之法制成糕式，名曰"阿弥饭"，又称"乌米糕"。《清嘉录》卷四："市肆煮青精饭为糕式，居人买以供佛，名曰'阿弥饭'亦名'乌米糕'。"

（二）合成词

由两个或两个以上的语素组合成的词叫合成词。合成词的本质特征在于它是两个或两个以上语素的组合。换言之，一个词是否为合成词，其判别标准就是合成词的本质特征，也就是两个或两个以上语素的有机组合。一个词如果是由两个或两个以上的语素有机组合而成，那么就是一个合成词；反之，如果是由一个语素单独构成，那么就是一个单纯词。这里涉及了合成词确立的理论依据以及实际操作问题。

我们认为合成词确立的理论依据就是合成词的本质属性，即两个或两个以上语素的有机组合，具体来说就是至少存在着两个语素，它们分别以自己的语素义直接地体现了合成词的词义（词汇义或语法义）或间接地体现了合成词的词义。

对合成词确立的理论依据的把握关键在于两个方面：第一，对"语素"的理解；第二，对语素义的确立及语素义与合成词词义之关系的理解。

1. 对"语素"的理解

语素作为一级语言单位，人们对它的说法不完全相同。如：

高名凯、石安石合著《语言学概论》（中华书局 1963 年版）认为："语素就是语言中最小的包含有意义的单位。"

张寿康的《汉语学习丛论》（山东教育出版社 1983 年版）认为："语素就是构成词的具有意义的构词单位。"

吕叔湘的《汉语语法分析问题》（商务印书馆 1979 年版）说："最小的语法单位是语素，语素可以定义为'最小的语音语义结合体'。"

黄伯荣、廖序东的《现代汉语》(高等教育出版社1991年版)说:"语素是语言中最小的音义结合体。"

对语素的说法虽然不完全相同,但对语素本质的理解却已达成共识:第一,它有意义;第二,它是最小的语言(语法)单位。

作为语素必须表示一定的意义,这是毫无疑问的。只是这"意义"是只指词汇意义(或概念义、理性义),还是既指词汇意义,也包括语法意义,很多著作语焉不详。不过,从大家对合成词结构的分析以及词根、词缀、实语素、虚语素之类说法中可知语素必须有意义的"意义",既包括词汇意义,也包括语法意义,否则"桌子""盖儿"之类用附加法构成的词就不是合成词了。

举例来说,"月饼"一词,"月"和"饼"都是语素,因为它们都有意义。《汉语大词典》说"一种圆形有馅的饼饵,为中秋节应时的食品"。"圆子"一词,"圆"和"子"都是语素。因为它们都有意义,只是"圆"具有词汇意义(从中心点到周边任何一点的距离都相等的形),体现了"圆子"一词的基本意义,"子"具有语法意义(作为名词的标志,具有类化作用),体现了"圆子"一词的附加意义。总之,作为语素必须具有意义,不管这种意义是较具体的词汇意义(或曰概念意义、理性意义),还是较抽象的语法意义,如果没有意义就不能叫语素,比如"玻""枇"等。

2. 对语素意义的确立以及语素义与合成词词义之关系的理解

语素有词汇意义或者语法意义,这是词索之所以是语素的前提。现在的问题是一个语素的意义究竟怎样才能确定?我们认为语素虽然具有一定的表意作用,但常常不能表示一个明确的概念。比如"发"作为一个语素,在"发展、发言、发愁、发放、发源"等词中,表意不完全相同。在"发展"里含有"扩大"的意思,"发言"里含有"表达"的意思,"发愁"里含有"流露"的意思,"发放"里含有"交付"的意思,"发源"里含有"产生"的意思。但如果把"发"这个语素单独抽出来,究竟是什么意思,就不很明确了。而且同一个语音形式或书写形式,可能此时是语素,彼时却不是语素,如"布"在"棉布""布匹"等词中是语素,而在"布尔什维克""布尔乔亚""布拉吉"等译音词中只是一个音节符号，根本不具备语素的资格。再如"马"在"马车""马蹄""马路"等词中有意义，是语素，但在"马虎"中则无意义，不是语素，只是一个音节符号。还有像"子"等符号情形也很复杂，在"鱼子"中读 zǐ，是实语素，有词汇意义，而在"桌子""拍子""挑子""盖子"等词中是虚语素，只有语法意义（作名词的标志，有类化作用），读轻声（zi）。

既然同一个符号在甲词中是 A 意，在乙词中则可能是 B 意，而且同一个符号还有可能在甲词中是语素，在乙词中却不是语素，只是个音节符号，所以我们认为语素意义的确立应依据特定的词。换句话说一个符号是不是语素，或者是什么意义的语素应由具体的词来决定，离开具体的词，一个符号是不是语素，或者是什么意义的语素是难以确定的。

就合成词来说，构成合成词的语素义应由合成词这个客观的语言环境来决定，反过来合成词的词义也需要其构成成分——语素的意义来体现，二者相辅相成，辩证地构成一个统一体。

就语素义体现合成词的词义有如下几种表现：

1. 加缀式

加缀式合成词是由词根和词缀构成的合成词。词缀是虚语素，主要有前缀与后缀两种（中缀比较少见）。在明清民俗文化词语中，后缀主要有"子"和"者"。

圆子：即用糯米粉做成，分包馅和实心二种。"子"为后缀。《清嘉录》卷一："上元，市人簸米粉为丸，曰圆子。"

团子：即用米或粉等做成的球形食品。"子"为后缀。《越谚》："团子又名元宵，正月望日，遗新胥家粳粉累成圆颗。"

粽子：一种用竹叶或苇叶等裹米，扎成三角锥体或其他形状煮熟即成的食品。"子"为后缀。《土风录》："菱蒲叶裹秫米为粽子。"《西石域风俗志》："妇家使人以馒头、粽子、凉枕、凉席、芭蕉扇及夏衣报之。"

急脚子：原本指急行传送书信或探送情报的人。"子"为后缀。清光绪八年刻本《黄冈县志》二十四卷："人朱衣、花冠、雉尾，执旗鸣锣，俗名

'急脚子'，比户致祝，大抵法渗祈福之语。"

袱子：意为用以披盖、遮裹的巾幅。"子"为后缀。《红楼梦》第五三回："正面炕上铺着新猩红毡子，设着大红彩绣'云龙捧寿'的靠背、引枕、坐褥，外另有黑狐皮的袱子，搭在上面。"清同治十二年《重修成都县志》卷十六："七月十五日为'中元'，俗称'七月半'。人家缄封纸钱，填祖宗名讳，谓之'袱子'，设供于室，祭毕焚于庭。"

毽子：一种玩具。用布等把铜钱或金属片包扎好，然后装上鸡毛。游戏时用脚连续向上踢，不让落地。"子"为后缀。《武林新年杂咏》："布裹一钱，上缀鸡翎，以足踢之。"

2. 联合式

由两个意义相同、相近、相关、相对或相反的词根以并列的方式组合的词，且两个词根的前后顺序一般不能任意调换，称为联合式合成词。

联合式是汉语里一种极重要的构词方式，起源很早，用处也很大。联合式可以再分为以下各种类型：

a. 两个意义相同或相近的词根相联合。例如："人民""群众""树木""道路""土地""语言""文字""牙齿""牺牲"等（以上，两个都是名词词根，组合成词后大多仍为名词；但也有少数可作动词，如"牺牲"，一般不作名词用，除了在"做了牺牲"和"重大的牺牲"一类的说法里），"生长""消灭""迎接""停止""逃跑""保护""承认""计算"等（以上，两个都是动词词根，组合成词后大多仍为动词。但也有一些可以兼做名词，如"建设""解放""号召""生产"等；也有一些只能用作名词，不再是动词了，如"书记""教授""感想""责任"等），"丰富""坚硬""幼小""弯曲""严密""广大""深奥""正直"等（以上，两个都是形容词词根，组合成词后大多仍为形容词，但也差不多都可以兼做名词。此外，还有些可以兼做动词，如"巩固国防"的"巩固"、"端正态度"的"端正"、"健全组织"的"健至"等，这是新兴的用法）。

b. 两个意义相反或相对的词根相联合。例如："东西""规矩""因果""宇宙""天地""首尾""矛盾""水火"（以上，两个都是名词词根，组合成词后大多仍为名词。但也有少数可兼作动词，如"矛盾"；或只作动词用，如"水火"），"教学""消息""来往""买卖""呼吸""铺盖""开关""出纳"（以上，两个都是动词词根，组合成词后大多已经转成名词，如"买卖"就是"生意"，"消息"就是"普信"或"新闻"。但也有些仍然可以兼作动词，如"呼吸"就可以说"呼吸新鲜空气"，"出纳"就可以说"出纳银钱"），"长短""好歹""利害""老小""甘苦""缓急""是非""高低"（以上，两个都是形容词词根，组合成词后大多已经转成名词，如"是非"就是"口舌"或"争执"，"好歹"就是"危险"或"不幸"）。

联合式合成词有一些特点值得注意：

第一，用联合的方式构成的合成词，它的整个词的意义有各种情形。有的是两个词根的意义相连，如"爱护"是又"爱"又"护"，"轻松"是又"轻"又"松"。这一种可以叫做"连义词"。有的是两个词根的意义相等，如"牙齿"，"牙"就是"齿"，"齿"就是"牙"，"牙""齿"合起来还是"牙"的意思。其余如"道路""树木"等也是如此。这一种可以叫做"等义词"。有的两个词根的意义相近，如"牛马""木石""心腹""骨肉"等，合起来往往便产生一种比喻的意义，如"木石"就是"无知之物"，"心腹"就是"亲近之人"。这一种可以叫做"近义词"。有的两个词根的意义相对或相反，可以叫做"对义词"或"反义词"，又分两式：一式是两个词根之中有一个占了优势，把另一个意义吞并了，如"缓急"实际上只有"急"的意思，"热闹"实际上只有"闹"的意思，这一种可以明做"偏义词"。一式是两个词根合起来之后就产生一个新的意义，它们原来的意义都完全消失了，如"东西"指物件，"东"和"西"原来指方向的意义完全没有了（上举的近义词，词根的原义还没有完全消灭）。此外，如"呼吸""消息""长短""是非"等也是如此。这一种可以叫做"混义词"。由此可见，我们懂得了联合式合成词里的每个词根的意义，有时对于了解这个词的整个意义很有帮助，可是单从词根的意义来了解合成词，有时也会发生很大的错误。所以学习词的时候，一方面需要知道它是怎样构成的，另一方面要把它看作一个整体来理解。

第二，联合式的合成词，它的两个词根是平等的、并列的，照说词根的顺序是可以颠倒的。但是，实际上可以颠倒的，只有极小的一部分，如"喊叫—叫喊""治疗—疗治""士兵—兵士""代替—替代""善良—良善"等。绝大多数不能颠倒，一颠倒之后，有的意义就改变了（如"出发"与"发出"意义不同，"子弟"与"弟子"意义不同），有的词性就改变了（如"现实"是名词，"实现"就成了动词；"和平"是名词，"平和"就成了形容词），有的结构就改变了（如"图画"是联合式，"画图"就成了动宾式；"规定"是"联合式"，"定规"就成了偏正式），有的用法就改变了（如"来到"多用以指"人"，"到来"多用以指"时"或"事"；"剖解"是普通的词，就是"分析"的意思，"解剖"则是科学上的专门术语）。由此可见，联合式合成词的词根顺序是非常固定的，绝不能随便加以颠倒。严格地说，就是结构相同、词性相同的两个词，只要次序不同，它们在意义上、用法上或感情色彩上也多少有些差别。例如"要紧"只是"重要"的意思，"紧要"则有"紧急"的意味；"考查"重在"考"，"查考"则重在"查"；"争斗"只是普通的手打，"斗争"则是一个有政治性的词。诸如此类，我们必须仔细辨别，然后在使用的时候方才不致弄错。

第三，跟联合式合成词意义相同的往往有一个单音词，这个单音词就是联合式的一个词根，例如"牙齿"与"牙"、"道路"与"路"。一般来说，两者意义虽然相同，但合成词往往比单音词显得郑重些、抽象些。我们可以说"睡眠不足"，但不可以说"我睡眠了一个钟头"。这种意义相同的单音词和合成词，在现代口语里有时可以并用，也有时只能用一个。例如应当说"时候""应该"时，就不要贪图省事，只写成"时"和"应"，以免不合口语的习惯；应当说"书""信"的时候，也不要故意拉长，说成"阅读书籍""书写书信"，以致画蛇添足、弄巧成拙（有时为了使语言简洁有力，也往往选用单音词，那是修辞关系，又当别论）。至于意义不相同或不完全相同的，那更不能乱用。例如"打击坏法商人"，如果说成"打击不法商人"，那就要发生误会了。

吉利：谓吉祥顺利。《江乡节物诗》："除夜以朱橘薪枝置枕旁，岁朝取食之，呼之曰吉利，音相近也。"

菱藕：菱为一种水生草本植物，果实有硬壳，有角；藕是莲的地下茎。《西石域风俗志》："中秋节以面为团圆饼盛以节，月饼、菱藕置其上，陈之门前，以祀月，早间必食小烧饼。"

菖蒲：菖是一种草名，蒲也是一种水草。菖蒲意为水生植物，有香气，地下有根茎，可作香料，又可作健胃药。《松江竹枝词》："五日贴门符，缚艾人，浮菖蒲酒，小儿以雄黄抹额，皆云辟邪。"《越谚》："菖蒲雄黄入烧酒，端午节饮，饮后喷壁角门背辟毒。"

摆供：摆即陈列意思，供即供给、供应，两个动词组合。《越谚》："灯戏神会集奇珍异玩、名人书画供神前，以悦众曰名此。"

兜凑：《沪城岁事衢歌》："女尼以糯米之圆洁白者，悬而风之。烈火热锅下，入米于锅，搅之使表里透松，大倍于粒，白如雪，名'兜凑'。岁暮来檀越家送之，宅眷有厚赍。"

3. 偏正式

偏正式两个词根不是平等的、并列的，而是一个是主体，一个是从属；通常都是从属在前，主体在后，用从属的部分来修饰、限制主体。所谓偏正，就是有偏有正，两部分并不相等的意思。偏正式也是汉语里极重要的构词方式，用这种方式构成的合成词数量也非常多。偏正式可以再分为以下各种类型：

a. 形容词词根修饰名词词根。例如"红军""好汉""青年""大衣""细胞""高粱""黑板""白菜"。这种合成词的形容词词根，有一些已经减轻了它的修饰、限制的意味，整个的词有它一定的含义，往往不能照字面上去理解。例如"白菜"不是纯白的菜，"小人"（坏人）不是很小的人。其他如"红花"（药名）"甘草""黄牛""赭石"等，也都已经变成专称，整个词的意义都特殊化了。这一类的合成词，绝大多数仍旧用为名词，只有极少数转成别的词类。例如"同意"已经转为动词，"幸福""热情"可以兼作形容词。这些只可说是例外。

b. 动词词根修饰名词词根。例如"立场""观点"讲台""教师""爱人""渡船""开水""去年"。这种合成词的名词词根，即被修饰的主体，有的是动作的施事者，如"行人"是人行，"走狗"是狗走，"行"和"走"的动作是从"人"和"狗"发出的。此外如"发起人""中立国"等词里的名词词根也都是一些动作的施事者。有的是动作的受事者，如"开水"是烧开的水，"爱人"是恋爱的人，作修饰用的动词词根显然都有被动的意味。被修饰的名词词根是动作的施事者的时候，动词词根后面的受事者也往往省去，如"教师"是教学生的老师，"教"的受事者不出现；"渡船"是渡过客的船，渡的受事者不出现。此外，被修饰的名词词根也可表示动作的工具或处所，如"计算尺"的"尺"是计算的工具，"扩大器"的"器"是扩大(声浪)的工具("渡船"一例，"船"也可以说是供人摆渡的工具)，"宣传部""鼓动站"的"部"和"站"是表示进行宣传工作和鼓动工作的处所的。这一类还有不少。

c. 名词词根修饰名词词根。这类词的偏正两部分关系很复杂，就修饰部分对被修饰的名词词根所起的作用来看，大致有下列几种：第一，表示质料，如："钢笔""铁柜""木箱"。第二，表示动力，如"电灯""风车""水磨"。第三，表示用途，如"墨盒""花瓶""油库"。第四，表示领属，如"鸡蛋""羊毛""日光"。第五，表示类别，如"松树""桃花""鳜鱼"。第六，表示时间，如"春季""夏布""年糕"。第七，表示空间，如"天河""海军""墙报"。第八，表示比喻，如"鱼雷""甲板""人参"。第九，表示行业，如"铁厂""钱店""银匠"。

d. 副词(或能愿动词)词根修饰动词词根。例如："正在""尽管""即使""互助""可爱"。"能干""够受""该死"这一类仍旧作动词用的极少，大部分转成别的词。如上举诸例"正在"已经成为副词，"尽管""即使"已经成为连词，"可爱""能干""够受""该死"已经成为形容词。还可以用为动词的，只有"互助"一词了。

e. 形容词词根修饰动词词根。例如："热爱""冷笑""新闻""短跑""速记""朗诵""优待""轻视"。这类词，有的兼为动词和名词，如"热爱""暗示""广播"等；有的只作名词，不作动词了，如"新闻""小偷""冷战"等。后一种都取得了新的特殊的含义，不能按字面来讲了。

f. 名词词根修饰动词词根。又分两种：一种，如："座谈""巷战""眼见""口试""粉碎""瓜分""无解""电疗"。这一种是组合成词后仍旧作动词用。另一种，如："手套""口罩""牙刷""球拍""书爽""烟卷""门栓""瓶塞"。这一种是组合成词后已经转为名词。在北京话里都可以儿化，即加词尾"儿"，如"烟卷儿""壶盖儿"。在有些方言里，可以加词尾"子"，如"手套子""鞋拔子"。由此可见，这类词的动词词根已经名词化了。所以，即使不带词尾，把它们看做名词也是可以的。

g. 名词词根修饰形容词词根。也分两类：一类，如"雪白""金黄""漆黑""冰冷""火热""笔直"。这一类是组合成词后仍旧作形容词用。另一类，如："花红"（水果名）"草绿""酱紫""天平""饼干""肉松"。这一类是组合成词后已经转成名词了。后一类数目较少。

h. 形容词词根修饰形容词词根。例如："深红""浅黄""嫩绿""老蓝""大红""小便"。这一种组合成词后多半是名词。

偏正式的合成词也有一些特点值得注意：

第一，偏正式的从属部分是非常重要的，它能使主体部分具有鲜明的色彩和精确的意义。它跟主体部分的关系也是多式多样的，从上举的名词词根修饰名词词根那一格式就可以看出，但那也只是说个大概，并没有概括翔尽。由此可见，偏正式是一种极有用的构词方式，它已经起了丰富词量的作用，今后它还是要作进一步的发展的。

第二，上举诸例都是比较单纯的，其实偏正式也还有较为复杂的结构。例如"钟表店""油漆匠""钢铁厂"等偏正式，里面就包含了一个联合式的从属部分。又如"新闻纸""广播站""大红布"等偏正式，里面就各包含了一个偏正式的从属部分。又如"司令台""办事处""防风林"等偏正式，里面就各包含了一个动宾式的从属部分。又如"人造丝""脚踏车""手提箱"等偏正式，里面就各包含了一个主谓式的从属部分。又如"漂白粉""扩大器""放大镜"等偏正式，里面就各包含了一个动补式的从属部分。由此可见，凡是比较长一点的词绝大多数是偏正式，这也是其他的合成词所不能有的形式。

第三，了解偏正式合成词的意义，跟了解联合式的合成词一样，既要了解每个组成部分的意义，又要了解整个词的意义。用偏正式构成的合成词，它的整个词的意义也有各种情形，而这些情形要比联合式的词复杂得多。它只有少数是两个词根的意义是相连的，如"马车"的意思大致就是"马"的意思加上"车"的意思。可是大多数其中的一个词根的意义只跟整个词有关系，如"火车"的意思并不是"火"的意思加上"车"的意思。"火"的意思只是跟"火车"这个词的整个意义有关系。因此，我们要是单从字面上去追究"火"的意义，那就对于了解"火车"的整体的意义反而没有多少好处了。

偏正式合成词即前面的实语素修饰后面的实语素，例如：

盐菜：泛指盐渍的蔬菜。《清嘉录》卷十："比户盐藏菘菜于缸甕，为御冬之旨蓄。冬至开缸，先祀后食，故居节物之一。"

月饼：一种圆形有馅的饼饵，为中秋节应时的食品。《西石域风俗志》："中秋节以面为团圆饼盛以节，月饼、菱藕置其上，陈之门前，以祀月，早间必食小烧饼。"《红楼梦》第七十六回："贾母又命将毡毯铺于阶上，命将月饼、西瓜果品等类都叫搬下去，命丫头媳妇们也都团团围坐赏月。"《老残游记》："原来这贾老儿桌上有吃残了的半个月饼，一大半人房里都有吃月饼的痕迹。"明田汝成《西湖游览志余·熙朝乐事》："八月十五日谓之中秋，民间以月饼相遗，取团圆之义。"

蚕豆：豆荚形状像老蚕，所以叫蚕豆。在江南，人们喜欢在立夏日食蚕豆。《清嘉录》卷四："立夏日，家设樱桃、香梅、稻麦供神享先，名曰立夏见三新。蚕豆亦于是日尝新。"

蓬鞭：用蓬制作的鞭子。《清嘉录》卷五："截蒲为剑、割蓬作鞭、副以桃梗、蒜头，悬于床户，皆以却鬼。"

驼猪：肥肉成驼的猪。驼猪身躯虽小，但是肉细腻香美，一般只在岁末才宰杀，供年节用。《金陵物产风土志》："金陵南乡人善豢之，躯小而肥，俗呼驼猪。岁暮始宰，以祀神、供宾客、给年用，非市中所常有。"

门神：护门之神。旧俗在门上贴其画像，用来驱逐鬼怪。《清嘉录》卷十二："夜分，易门神，俗画秦叔宝、尉迟敬德之像，彩印于纸，小户贴之。《荆楚岁时记》载：'绘二神户左右，左神荼，右郁垒，俗谓之门神。'"

赤豆：一种草本植物，茎直立，叶互生，花黄色。种子一般呈暗红色，可供食用及入药，食之使人身强力壮。"赤"字修饰"豆"。《南汇县竹枝词》："灵辰人日岁时详，煮饭缘何赤豆香，尚武精神齐用力，南方强等北方强。"

毗卢帽：毗卢帽是放焰口时主座和尚所戴的一种绣有毗卢佛像的帽子。《采风类记》："郡西有吕仙庙名福济道观，相传四月十四日为诞辰，至期群往进香，庙前鬻毗卢帽，小儿戴之免灾。"清吴炽昌《客窗闲话·假和尚》："一日，晨兴，冠毗罗，服紫衣，据大殿之基，跌跏而坐。"

4. 动宾式

动宾式：即一个动词带上一个宾语，在语法关系上构成动宾结构。例如："注意""留神""建议""发言""动员""登陆""请致""得罪"（以上动词词根加名词词根，成为动词，但也有的可用为名词），"司令""主席""理事""革命""卫生""顶针""裹腿""伤风"（以上动词词根加名词词根，成为名词），"有趣""开心""抱歉""吃香""倒霉""痛心""认真""赶快"（以上动词词根加名词词根，成为形容词或副词）。

（1）动宾式复合词语义结构分析。

动宾式复合词词义表示行为动作。中心语素在前一般为动语素，附加语素在后，一般为名语素。其语义结构是：

一个行为动作义类+一个行为动作特征→一个行为动作义

动语素作为中心语素，表示复合词所属的语义类。动语素后的附加语素，从结构上说，与动语素是动宾关系。但是，从构词的角度看，充当宾语成分的附加语素，仍然具有"次范畴化功能"，"动词的强制性附加语（宾语等论元成分），通常已经被认为是动词的次范畴化成分"（陆丙甫，1993）。在复合词中，宾语成分作为行为动作的语义特征，从某一方面对行为动作进行次范畴化。

（2）动宾式复合词语义类分析。

动宾式复合词的语义类范畴为行为动作。邢福义（1991）把动词分为十个小类，这十小类与动词的语义类范畴是基本一致的。这十小类是："行为他动词、行为自动词、心理活动动词、行止动词、使令动词、有无动词、比拟动词、判断动词、能愿动词、趋向动词"。袁毓林（2002）分析动词论元角色，动词表示的事件有：自主性动作/行为、非自主感知性事件、致使性事件、性质、状态或变化性事件。

结合这两种分析，进入复合词中的动语素表示的行为动作的语义类主要可分为两类：

a. 动作行为。

动作性强，有明显的动态过程，主要有邢福义指出的"行为他动词"和"行为自动词"，"行止动词""使令动词""趋向动词"也应该属于动作行为范畴，但进入复合词充当动宾式复合词中心语素的不多。

b. 非动作行为。

动作性不强，更多地表示某种性质、状态、变化，如："塌、坍、破、倒"等。这一类中，有两小类值得注意。一种是感知行为，动语素表示心理活动，如："爱、懂、好（hao）"等。一种是由形容语素充当的，表示使事物达到某种状态，如"甘心、动人、通讯"。

（3）动宾式复合词语义特征分析。

马庆株（1987）根据宾语与动词的不同语义关系为述宾结构分出了以下主要小类："客体宾语、主体宾语、致动宾语、工具宾语、方式宾语、表称宾语、结果宾语、对象宾语、处所宾语、时间宾语、原因宾语、与夺宾语、数量宾语、虚指宾语"等。结合袁毓林（2002）对动词论元角色的分类，下面我们分析动宾式复合词的语义特征类别。动宾式复合词的语义特征主要有以下几个类别。

a. 主体语义特征为行为动作的主体。有些动语素动作性强，表示具体动作，语义特征为动作的发出者，相当于动语素的施事，如：升温、移位、回头、进军、握手、出血、开口、点头。有些动语素动作性不强，不表示具体动作，更倾向于表示某种状态、变化，语义特征为变化的主体，相当于动语素的主事，如：倒嗓、脱发、绝望、变形、发病、发抖、发热、隔壁、生病。

b. 语义特征为行为动作的客体。客体是受到动作行为影响的事物，相当于动语素的受事或感事。如：组稿、并轨、松绑、断奶、转型、示范、随便、冶金、谈话、移民。

有些状态和动作行为会受另一动作行为影响，成为该动作行为的客体，在语法构造上表现为 v+v 结构。如：减肥、看好、防汛、打拐、执导、报到、保健、防盲、导游、防伪。

c. 语义特征为动作行为产生的结果。如：绣花、发誓、结婚、发言、成型、化脓、出活、结果、提议、出版。

d. 这一类动词的中心语素主要表示感知行为。如：爱国、怀古、防疫、对面、图存。

e. 表示行为动作发生的场所。如：出世、入学、返岗、出国、去世、沿岸、到位、通天、落后、上岗、出口、沿海、落地、出席、航海、滑冰、进口、到底、进站、参军、航空、跳水。

f. 表示行为动作发生的原因。如：帮忙、保险、出差、报仇、抱怨、请示、求证、审美、报恩、复辟。

g. 时间表示行为动作发生的时间。如：洗三、点卯。

h. 致动这一类动宾式复合词中心语素主要是形容语素，表示一种使成状态，即"使……"，"甘心"即"使心甘"。语义特征为使成状态的对象。如：甘心、寒心、灰心、惊人、满意、通信。

前后实语素之间有支配关涉关系的词称为动宾式合成词，例如：

拜冬：表示行为动作发生的时间，冬至日相贺的礼俗。《清嘉录》卷十一："至日为冬至朝，士大夫家拜贺尊长，又交相出谒，细民男女，亦必更鲜衣以相揖，谓之拜冬。"《俚言解》"冬至称贺谓之拜冬，然冬至贺而夏至不贺者，汉杂事云：'冬至阳事起，君子道长，故贺，夏至阴事起，君子道消，故不贺。'"

谢灶：中心语素主要表示感知行为，祭祀灶君。《清嘉录》卷六："六月初四、十四、廿四日，比户祀司灶，谓之谢灶。谚云：'三番谢灶，胜做一坛清醮。'祀时以米粉作团，曰谢灶团子，并素羞三簋而已。"

开炉：语义特征为行为动作的客体。十月朔，天气渐冷，吴地开始点火开炉。《田家四时诗》："吴俗十月朔开炉，开炉相约醉倾瓢。"

浴佛：语义特征为行为动作的主体。相传农历四月八日为释迦牟尼的生日，每逢该日，佛教信徒用拌有香料的水灌洗佛像，谓浴佛。《清嘉录》卷四："八日为释迦文佛生日。僧尼香花灯烛，置铜佛于水盆，妇女争舍钱财，曰浴佛。"《土风录》："传经浴佛，四月八日释氏以为如来诞辰，取藏经摊晒，村妪竞宣佛号相传授，谓之传经，又以香水灌铜佛像曰浴佛。"

上坟：表示行为动作发生的场所，到坟前祭奠死者。《清嘉录》卷三："士庶并出祭祖先坟墓，谓之上坟。"《姑苏竹枝词》："蛮樯争携上坟船，殡宫新土筑年年，雅见古墓迷春草，寒食无人送纸钱。"

插柳：语义特征为行为动作的客体，古代寒食节的一种风俗。《清嘉录》卷三："清明日，满街叫卖杨柳，人家买之，插于门上。农人以插柳日晴雨占水旱，若雨主水。"

抢鸭：语义特征为行为动作的客体，端午节一种习俗，争抢鸭子。《邗江三百吟》："富家预买鸭数十百只蓄于笼中，俟龙舟相近开笼抛入水中，驾龙舟者赴水争抢，以博一哂。"

赏月：语义特征为行为动作的客体，意为观赏月色。清光绪二年刻本《罗田县志》八卷："中秋节"，民间以月饼、藕、栗等物相馈。晚设茗筵于中庭，望月罗拜，谓之"赏月"。《红楼梦》第七十五回："贾母点头叹道：'咱们别管人家的事，且商量咱们八月十五日赏月是正经。'"《红楼梦》第七十六回："贾母又命将毡毯铺于阶上，命将月饼、西瓜、果品等类都叫搬下去，命丫头媳妇们也都团团围坐赏月。贾母因见月至中天，比先越发精彩可爱，因说：'如此好月，不可不闻笛。'"

5. 主谓式

主谓式：即一个主语跟上一个谓语，在语法关系上构成主谓结构。例如："年轻""胆小""嘴碎""眼红""民主""国营""水平""自杀"。这一类大多是形容词或动词，数量很少。

主谓式复合词的词义表示行为动作或性质状态。中心语素在后，可以是动语素，也可以是形容语素，附加语素在前，一般为名语素，其语义结构是：

一个行为动作/性状特征+一个行为动作/性状义类→一个行为动作/性状义

主谓式是最不能产的一种复合词结构（张登歧，1997；沈怀兴，1998），语义类和语义特征很受限制。

语义类方面：

第一，中心语素为动语素，表示感知行为或非自主的动作行为。

第二，中心语素为形容语素，表示某种性状。

语义特征方面：

第一，附加语素一般为名语素，一般具有"无生"和"无指"的语义性质。

第二，附加语素表示的事物，是中心语素表示的动作行为/性状的主体特征，从论元的角度说，是主事（董秀芳，2001）。如：地震、胆怯、气盛、手辣、心黑、肠断、位移、眼热、理亏、年少、手重、心慌、头疼、面熟、气愤、眼拙、面善等。

两个表示实语素之间有陈述与被陈述的结构关系。其中表示被陈述的对象是主语，用来陈述的是谓语，例如：

神赦：意为神灵赦免罪行。《清嘉录》卷三："或男女缧绁装重囚，随神至坛，撒柳去杻，以为神赦。"

督祭：即官员祭祀。《清嘉录》卷三："除郡县城隍及十乡土谷诸神之外，如巡抚都土地诸神，有祭事之责者，皆得入坛，谓之督祭。"

夏至：二十四节气之一。在公历 6 月 22 日。这天北半球昼最长，夜最短；南半球则相反。至，指阳气至极，阴气始至和日行北至。《黔语》："春蚕清明后十日上树，夏至毕。"

冬至：二十四节气之一，指冬天到了。在公历 12 月 22 日前后。这一天太阳经过冬至点，北半球白天最短，夜间最长。过了冬至，白天逐渐变长，黑夜逐渐变短，阳气上升，阴气下藏，因此古人认为冬至为吉日，过节庆贺。《清嘉录》卷三："盖土俗家祭以清明、七月半、十月朔为鬼节，端午、冬至、年夜为人节。"《古州杂记》："冬时亦间有冰雪，冬至后阴寒亦需重裘。"

霜降：二十四节气之一，在公历 10 月 23 日左右。霜降即初霜始降、天气渐冷。在农村有"霜降见霜，米谷满仓"之谚。明清出现霜降日祭旗纛的习俗。《古州杂记》："春末夏初即热不可耐，三伏溽暑如在饭甑中，几席均皆灼手，必过霜降始渐凉爽。"《儒林外史》第四十二回："说是这一个月就要进京。到九月霜降祭旗，万岁爷做大将军，我家大老爷做副将军。"《清嘉录》卷九："霜降日，天向明，官祭军牙六纛之神。祭神时，演放火枪阵，俗名信爆。"

龙挂：指龙卷风。远看积雨云下呈漏斗状舒卷下垂，旧时以为是龙下挂吸水。《清嘉录》卷六："浓云中见若修尾下垂，蜿蜒屈伸者，谓之龙挂。"

6. 动补式

动补式即一个动词带上一个补语，在语法关系上构成动补结构。例如："看见""说服""打倒""推翻""指定""击退""提醒""割断"（以上动词词根补充说明动词词根），"搞好""分清""扩大""缩小""放宽""加深""站稳""降低"（以上形容词词根补充说明动词词根）。动补式的后一部分都是说明前一部分的结果的。两部分之间通常可以插进"得"和"不"。这种结构，有人把它看成词组，也有人把它当做合成词。

复合词的词义表示行为动作。中心语素在前，一般为动语素，附加语素在后，一般为形容语素，或者表示趋向的语素，其语义结构是：

一个行为动作义类+一个行为动作特征→一个行为动作义

语义类为行为动作，主要由动语素表示。

语义特征类别主要分两类：

第一，结果表示行为动作造成的结果。如：摆脱、减弱、冷却、提高、打败、阐明、修复、增多、证明、听见、修正、增进、突破、抓紧、学会。

第二，趋向表示行为动作的进行的方向。如：过去、唤起、进入、离开、推出、掀起、减轻、扩散、扩大、缩小、缩短、回去、打开、起来、陷入、推广、延长、集中、失去。

7. 重叠式

就复合法说，联合式和偏正式是两种最主要的方式；就整个构词法来说，附加法和复合法是两种最主要的方式。附加法和复合法之外，在汉语构词法中，还有"重言"和"变读"。重言是两个普义相同的字的重叠，这一种大多是家属的称谓（如"爸爸""妈妈""哥哥""妹妹"等）、物名（如"猩猩""蛐蛐""馍馍""粑粑"等）和拟声、绘景的词（如"唧唧""潺潺""依依""霏霏"等）。这种词起源很早，数量也多。它们虽各有两个组成部分，但其实都是单纯词，因为它们的两个构成部分只是声音的结合，而不是意义的结合，它们是不能拆开来用的。纵然有少数拆开之后有一部分可以单用（如"爸""妈""馍"等），但那些只可算做省称，跟一般能够独立运用的单音词是不同的。"变读"是声调改变，如"爱好"的"好"读去声，"好看"的"好"读上声，写法是一样的，可是读的时候调子变了，这就是变读。用这种方法也能构造新词。

由两个相同的实语素相叠构成。例如：滴滴金：烟火花炮名。有半尺余长，用纸捻做成，里面放上一种火药，点燃后，会嚜里啪啦地响着，均匀地逐渐燃烧。滴滴指每一滴。《武林新年杂咏》："又有作金花坠地者，则名曰'滴滴金'。"清光绪八年刻本《孝感县志》卷二十四："以灯红纸为小筒，实药燃之，有小花。烟火则不恒有，有亦不佳。"

从内部语法结构来看，偏正式、动宾式和主谓式三种结构形式是明清长江流域岁时节令民俗文化词语的主要结构方式。之所以出现这一特征，与岁时节令民俗词语主要表现为事物类和事件类有关。事物类民俗活动主要表现形式为名词性成分，特别是偏正式结构中的定中式偏正结构一般多为名词或名词性质，所以明清时期长江流域岁时节令民俗文化词定中式偏正结构居多，如"月饼""艾虎""梅雨""蓬鞭""赤豆""压岁钱"等都是定中式偏正结构。

事件类民俗事象偏重于动作行为，主要表现形式为动词性成分的结构体。动宾式结构形式占据更大的分量，前一成分支配后一成分，如："拜冬""谢灶""开炉""浴佛""上坟""插柳""抢鸭""赏月""登高"等。

再者，主谓式多强调活动的主体，民俗事象多是人们在实践活动中约定俗成的，活动主体往往省略，主谓式相对前两项稍少一些。主体一般为拟人化的动物或自然季节。如："龙挂""龙抬头""夏至""冬至""霜降"等。

第三节　岁时节令民俗文化词语的发展

每一个事物都要经历萌生、发展、成熟的过程，且每一个阶段都有其鲜明的特征。与之相应，岁时节令民俗词语也经历过这三个阶段。初期，很多岁时节令活动是由朝廷以政令的方式向下推行的，其政治色彩和礼仪成分很浓重，相应的民俗词语也带有政治严肃性与限制性。随着岁时节令的进一步发展，民俗活动的范围逐渐扩大，岁时节令词语也趋向通俗化、平民化、口语化。发展到明清时期，民俗已经发展很成熟，岁时节令民俗语言也进一步完善。①

古人常省写民俗为"俗"。"俗"最早的记载见于周朝的金文。周中期恭王五年正月所作的《卫鼎》(甲)的铭文中，有"白(伯)俗父"之语，似为对人的称呼。周晚期宣王时所作的《毛公鼎》铭文，可见"国俗""井俗"

---

① 刘若涵：《唐宋春季岁时节日民俗词语研究》，山东大学硕士学位论文，2011年。

等字。①

一、岁时节令民俗文化词语的形成与发展

先秦时期是岁时民俗的孕育时期，民俗文化词语基本是四时基础词语。大规模的祭祀活动为传统节日的产生奠定了坚实的基础，一些仪式已大体具备了传统节日的雏形。随着春夏秋冬四时观念的确立，相约成俗。"春社""秋社""元日""迎春""傩祭""立秋""冬至"等岁时民俗词语反映了当时的岁时生活。

秦汉时期是岁时民俗基本定型时期，民俗文化词语多是祭祀类词语。秦汉时期随着夏历历法的恢复确立，为节日风俗文化的定型奠定了基础。反映这一事项的岁时节日民俗文化词有：正月"元日""爆竹""喝桃汤""元日朝会""人日""元宵节""灯节"；三月"上巳节""寒食节"；五月"端午节"；七月"乞巧"；九月"重阳节""插茱萸""登高""饮菊花酒"；腊月"冬至""腊日""除夕"等。这一时期节日几乎都与祭祀有一定的联系。

魏晋南北朝在岁时民俗方面有新的发展，娱乐色彩的民俗文化词语突出。南北朝梁人宗懔的《荆楚岁时记》，是中国现今保存最为完整的一部记录中国古代楚地（以江汉为中心的地区）的汉族岁时节令风物故事的笔记体文集，自正月初一至除夕一年中的岁时节令、风物故事，凡二十余条，保存了一些古代的神话和传说，后世著作多所引用。这一时期，反映人们自我娱乐的成分增加了，人文色彩浓郁。如：正月初一的"贴画鸡""悬苇索""插桃符"，正月初七"人日""剪彩人"，元宵节"迎紫姑""打粪堆"，立春"立春幡""戴春胜""贴春宜""晦日送穷""浴佛节""守岁"等。这时，还未把清明和中秋视为节日。

隋唐时期新节屡现，产生了大量新的民俗文化词语。"晦日送穷"节日被废除，以二月初一为"中和节"，《旧唐书·李泌传》："二月朔，里闾酿春酒以祭句芒神，祈丰年"，二月二为"迎富"，寒食节三天，分为"大寒

---

① 田晓岫：《中国民俗学概论》，华夏出版社 2003 年版，第 76 页。

食""官寒食""小寒食"，立秋"饮秋水""吞赤小豆"，中秋"赏月""吃月饼"，重阳节"登高"等。

五代宋元时期节日民俗基本定型，各类民俗文化词语基本定型。宋代是我国城市发展的高峰期，传统节日也开始从古老的信仰中解放出来，开始向礼仪化、娱乐化方向过渡。如元旦"放炮仗""饮屠苏酒""挂桃符"，上元节"张灯"，元宵"放烟火"，立春"鞭春"，春社"祭灶"，清明"扫墓"，端午"赛龙舟"，中秋"赏月"，重阳"登高"，除夕"贴春联"等。

明代节会日兴，节会类民俗文化词语大量增加。古已有之的岁时节日，在明代仍沿袭下来，并且增加了很多的节会活动内涵，产生了更多的岁时节令民俗文化词语。元宵"灯市"，正月"走三桥""摸钉""跳百索""要大头和尚"，立春"吃春饼""饮春酒"，中和节"熏虫"，端午节又叫女儿节，产生了"躲端午"，冬至、元旦、万圣节"送寒衣""绘制九九消寒图"，除夕"分压岁钱"等。

清代岁时节令风俗日趋丰繁，民俗文化词语种类、数量至盛。清代的岁时节令风俗，无论是一年中节会的数量，还是每个节日的习俗内容，都比以前更为丰富繁盛，且更增加了许多趋吉求福和娱人自娱的活动内容。顾禄《清嘉录》"岁朝开门，放爆仗三声，云辟疫疠，谓之'开门爆仗'"，这一时期还出现"开口果子""拜喜神"等民俗事象及活动。

二、长江流域岁时节令民俗文化词语的形成与发展

长江流域在先秦时期已产生了节日，如"立春""腊日"；秦汉时期岁时节令体系已基本形成。"元日""立春""社日""上巳""夏至""伏日""冬至""腊日"等节令在长江流域普遍流行；魏晋南北朝是一个民族大移动、文化大交流的时期，伴随着新的居民的进入，新的节日也大量出现。受佛教传入影响出现了四月八日的"浴佛节"，七月十五的"盂兰盆节"，北方山西移民带来了"寒食节"，隋唐时期，国家大一统，长江流域的"端午节"成为全国性的节日习俗，一直流传到现在，"拔河"本是流行在荆襄地区被禳、祈年的习俗，后成为民间喜闻乐见的娱乐形式之一；宋代以后，长江流域成

为中国的经济重心，富庶繁华，庆贺类节日很多，从祀神求鬼转变为娱乐自己，节日的综合性和广泛性达到了一个新的阶段。岁时节日风俗的形成与发展均与长江流域自然地理环境、民间信仰、经济文化等因素息息相关。长江流域独特的稻作农业和水文特征，也产生了一些风俗词，如"观潮""糍粑""年糕""赤豆粥""祭蚕神""迎紫姑""接坑三姑娘"等。

从以上节日发展轨迹来看，岁时节令从早期特定人群的祭祀活动演变为全民狂欢，由形式单一到内容复杂，流行区域由局限到普及，从不完善到日臻完善。本书所要研究的是明清时期长江流域的岁时节令民俗文化词语。

第三章　明清时期长江流域岁时节令民俗文化词语的特点

　　众多学者对岁时节令民俗文化词语的特点作了研究。陶立璠在《民俗学概论》中总结岁时节令民俗文化词语的特征有"时间性、地域性和民族性、活动形式的多样性"①。杨景震在《中国传统节日风俗的形成及其特征》一文总结岁时节令民俗文化词语的鲜明特征有：礼仪性、理想性、时代性、民族性、传统性、变异性、群众性和地域性八个方面。② 李惠芳《传统岁时节日的形成及特点》概括性地阐述传统岁时节令民俗文化词语的三大特点：鲜明的农业文化特色；浓厚的伦理观念和人情味；节俗的内容与功能由单一向复合性发展。③ 金毅在《试析民族节日文化的特征》一文中将岁时节令民俗文化词语的特征提炼为：周期性特征、民族性特征、群体性特征、地域性特征、复合性特征、稳定性特征、变异性特征七个特征。④ 韩养民、郭兴文著《节俗史话》认为中国岁时民俗除有与世界各国节日风俗相通的纪念性、传承性、稳定性外，还有自己独具的鲜明特点，如变异性、礼仪性、包容性和融合性等。⑤ 本章结合明清时期长江流域岁时节令民俗文化词语实际情况，总结其具有的特征。

---

　　① 陶立璠：《民俗学概论》，中央民族学院出版社 1987 年版，第 194~199 页。
　　② 杨景震：《中国传统节日风俗的形成及其特征》，《中华文化论坛》1998 年第 3 期。
　　③ 李惠芳：《传统岁时节日的形成及特点》，《武汉大学学报》1994 年第 5 期。
　　④ 金毅：《试析民族节日文化的特征》，《黑龙江民族丛刊》1998 年第 4 期。
　　⑤ 韩养民、郭兴文：《节俗史话》，社会科学文献出版社 2011 年版，第 24 页。

第一节　岁时节令民俗文化词语的多重对应性

人类社会是丰富多彩的，岁时节令也是多彩多姿的，那么，在岁时节令民俗文化词语形式上则具有多样性与丰富性：一种岁时节令民俗事象会产生众多的民俗文化词语，而某个民俗文化词语又不专属于某一类岁时节令，相互是多重对应关系。

首先，一种岁时节令民俗事象产生了众多的民俗文化词语，每一个词语都具有实在的民俗活动内容。

如中国传统节日"春节"。每年农历的正月初一，是中国农历的新年。在中国的传统节日中，这是一个最重要、最热闹的节日。展现春节习俗的民俗文化词语有"开门爆仗""拜像""拜牌""拜年""乞火""挂喜神""烧香""送元宝""接路头""贴宜春""接福""飞帖""打围""打灰堆""上年坟""爆李娄""乞如愿""年规戏""状元筹""升官图""竹喇叭""春帖""年鼓""太平萧"。吃"熟果""五辛盘""年节酒""元宝火锅""淘漉米""粉糍""春饼""粉丸""糍粑""糍糕""饵块粑""糕粽""茶泡""屠苏""饭盏饼""开口橘""果子茶"等。

如"元宵节"。农历正月十五，是中国民间传统的元宵节。《说文解字》："元，始也，从一从兀。"新年的第一个月叫元月。"宵"形声字，宀表意，古文字形像房屋，肖表声，肖有相似义，表示夜晚屋内屋外一样幽暗，本义是夜晚。所以，农历正月十五的晚上的节日就叫"元宵节"。与元宵节有关的词语有："称水""验水表""祭猛将""点灶灯""传柑节""接坑三姑娘""走马锣鼓""赶鱼儿""走三桥""放烟火""风筝""炸麻虫""哈哈笑""赶门狗""闹龙灯""龙灯""跳龙灯""送灯""摆供""走马灯""造灯桥""百草灵""灯市""灯节""纱灯笼""灯宴""灯谜""灯戏""龙抢珠""花神灯""凉伞灯""竹龙""船灯""秧歌""赛大头""面鬼""花筒""爆花""赛月明""流星""滴滴金""灯棚""春毯""百花图""门宝""炭茅糖""煎饼""团子""鞭子""糖粽"等。

　　如"清明节"。清明,是中国的二十四节气之一,也是中国一个古老的传统节日。清明节在农历三月(公历4月5日左右),此时正是春光明媚、空气洁净的季节,因此,这个节日叫做"清明节"。有"上坟""焚纸钱""挂墓""风筝""山塘看会""神赦""巡风""督祭""保福""还愿""三节会""转坛会""犯人香""草坛""杨柳枝""戴杨柳球""攒盒""迎煮""抢桥""烧笋""烹鱼""青团枵熟藕""青白汤圆""粉犬""撒螺蛳壳""野火米饭"等系列词语。

　　如"端午节"。端午即是五月内第一个午日。午五相通,称"端午"。产生的民俗文化词语有"端午龙舟""端午景""弔觞""长命缕""雄黄荷包""雄黄袋""蓬鞭""蒲剑""桃结""健人""艾虎""蟾酥""秤锤粽""袅绒铜钱""老虎头""老虎肚兜""五毒符""门饰""辟瘟丹""五毒扇""芭蕉扇""抢鸭""下水""书王""门徒""采百草""划龙船""旱龙船""草头方""拔龙头""贴门符""端阳符""贴天师符""裹粽子""玫瑰花糖""五毒菜""雄黄豆""独囊纲蒜""雄黄酒""蒲酒"等。

　　如"中秋节"。此日三秋恰过半,故谓之中秋。中秋节自古便有"闹中秋宝塔""斋月宫""烧斗香""走月亮""小摆设""塔灯""月华""月饼""小烧饼""菱藕"等习俗,流传至今,经久不息。

　　如"重阳节"。在中国数字中,九为阳数之极。因此,九月初九被称作"重阳"或"重九"。明清时期,重阳节是一个重要的节日,这一天要举行各种活动,可以从"登高""博羊会""插重阳旗""重阳信""菊花山""看菊花""骆驼蹄""剥巨蟹""螃蟹宴""栗糕""栗糕""重阳糕""菊花酒""茱萸酒"等民俗文化词语中看出其民俗活动的盛大。

　　如"除夕",是农历一年最后一个晚上,旧岁至此夕而除,次日即新岁。汉族民间最为重视。与除夕相关联的民俗文化词语众多:"守岁""打醋坛""送年盘""画米囤""听响卜""叛花""种火""兜凑""照虚耗""包财""开门炮""封门甘蔗""贴门神钟馗""悬天师像""门神""接灶""送财神""祭床神""掌门炭""馈岁""祀年神行""易桃符""赛迎神""新春交春""作福""唱像""代图""压岁钱""老虎花""柏子花""过年鞋""春联""节节高"

"兴隆""太平丹""花元宝""金团""吉利""糖糕""篆笋""柿饼""橘荔""风菱""驼猪""天花""乌金""炒米""煖锅""鼠饭""门彩""银杏""烧菜""封井""柏枝""镜听""生圆炉""松棚柴""聚宝盆""散糕馒""元宝糕""压岁盘""八宝菜""元宝弹""如意菜""欢喜团""年夜饭""安乐菜""十香菜""鲞冻肉""元宝火""青龙马""欢乐图""欢乐团""猪头肉""神荼郁垒""盘龙馒头""红萝卜丝""万年粮米""压岁果子"。

其次，一些民俗文化词语不专属于某一种岁时节令，在传统文化习俗中，作为一种民俗内容的标记、象征，其内涵意义也有不同，见表3-1。

表 3-1

民俗文化词语	岁时节令	注释
爆竹(爆仗)	元旦 正月初五 元宵节 除夕	《清嘉录》卷一："岁朝，开门放爆仗三声，云辟疫痢，谓之开门爆仗。" 《清嘉录》卷一："五日为路头神诞辰，金锣爆竹，牲醴毕陈，以争先为利市，必早起迎之。" 《扬州西山小志》："正月十五夜，村农缚革置爆竹燃于田间冈头。" 《上海县竹枝词》："除日，击锣鼓，烧爆竹，室内遍焚膏。"
骆驼蹄	重阳节 端午节	《土风录》："蒸面为之，其行如骆驼，重阳节物，今俗于端午节卖之。"
祭灶	元宵 八月三日 小年	《清嘉录》卷一："十三夜，悬点灶灯于厨下，凡五夜，至十八夜止。" 《清嘉录》卷八："初三日为灶君生日，家户具香蜡素羞，以祀天王堂及福济观之灶君殿。" 《清嘉录》卷十二："俗呼腊月二十四日夜为念四夜。是夜送灶，谓之送灶界。"

续表

民俗文化词语	岁时节令	注释
上坟	元旦 元宵 清明	《清嘉录》卷一："携糖茶果盒展墓，谓之上年坟。" 《越谚》："上元之前儿孙数人香烛、纸锭、果盒谒墓。" 《姑苏竹枝词》："士庶并出祭祖先坟墓，谓之上坟。" 《越谚》："即扫墓也，清明前后，大备船筵鼓乐，男女儿孙尽室赴墓。"
烧香	元旦 文昌会 清明节 神仙生日 五月朔 地藏王生日 天赦日	《清嘉录》卷一："元旦为岁朝，比户悬神轴于堂中，陈设几案，具香蜡，以祈一岁之安。" 《清嘉录》卷二："三日为文昌帝君诞，大吏致祭于朱堂寺畔之庙。士大夫酬答尤虔，虽贫者亦备分烧香，纷集殿庭，谓之文唱会。" 《清嘉录》卷三："遇清明节，殿前烧香，焚化批文，名犯人香。" 《姑苏竹枝词》："仙诞日，官为致祭于福济观。观中修崇醮会，香客骈集，至日烧香，往往获瘳，谓仙人怜其诚而救度也，谓之扛神仙。" 《清嘉录》卷五："朔日，人家以道院所贻天师符贴厅事以镇恶，肃拜烧香。" 《沪城岁事衢歌》："晦日为地藏王生日，骈集于开元寺之殿，酬愿烧香。" 《胜溪竹枝词》："三月廿八日，梅墩东岳庙烧香观剧，俗谓天赦日。"
风筝 （纸鸢、鹞子）	清明 元宵节 重阳节	《扬州画舫录》卷一："里人于清明时坟上放纸鸢，掷瓦砾于翁仲帽上，以卜幸获，谓之'飞堉'。" 《姑苏竹枝词》："以竹加弦缚于纸鸢之背，清明前放之，因风传响，名鹞鞭。" 《武林新年杂咏》："纸鸢之能鸣者。事物纪原曰其制不一、上可悬灯又以竹为弦，吹之有声如等故日风筝。今亦名琴鹞。"

续表

民俗文化词语	岁时节令	注释
荷灯	七月晦日 盂兰盆会	《江乡节物诗》："七夕晦日，剪纸作灯如荷花遍地然之，谓以照幽冥之苦" 《扬州画舫录》卷六："选僧为瑜珈焰口，造盂兰盆，放荷花灯。"
塔灯	元宵节 中秋节	《清嘉录》卷一："上元各乡社庙，设桥灯、塔灯。" 《清嘉录》卷八："村民于旷野以瓦叠成七级浮屠，中供地藏王像，四围燃灯，谓之塔灯。"
登高	重阳节 人日 元宵节	《姑苏竹枝词》："吴山治平寺，重九登高者，牵羊赌彩，为摊钱之戏。寺僧不守清规，为延抚陈榕门奏办。" 《土风录》卷一："古人登高不止重阳。石虎《邺中记》：'正月十五日有登高之会。'桓温参军张望有《七日登高》诗，韩退之有《人日城南登高》诗，盖即《老子》所云'众人熙熙，如登春台'之意。"

之所以会出现一种岁时节令下聚集了众多的民俗文化词语，而某种民俗文化词语又不专属于某一类岁时节令的现象，主要是词语的多义性造成的。如果语言中每一个词语都只有一个词形、一个意义和一个读音的话，虽然能使得语言直白、易懂，但是同时也会给语言带来沉重的负担。事实上，一个词语的音、形、义三个方面存在着错综复杂的关系，在汉语中，大多数的词语不是只有一个意义，而是具有两个以上意义、各个意义之间又存在某种联系，这样的词被称为多义词。多义词具有丰富的表现力，灵活多变，正是这些特点才使其在不同的场合扮演不同"角色"。如"爆竹"即是古时在节日或喜庆日，用火烧竹，毕剥发声，以驱除山鬼瘟神。火药发明后以多层纸密卷火药，接以引线，燃之使爆炸发声，也叫"爆仗"。还指供燃爆用之竹。所以"爆竹"能在"元旦""元宵节""除夕"等岁时节令出现，

发挥不同的作用。

第二节　岁时节令民俗文化词语的系统性

把不同的词语的意义进行比较，可以看到某些词语与另一些词语往往有某些共同的特点和联系，词语中各个词不是各不相干，而是相互关联的，人们根据这些词语的共同特点和相互关系把词语分成大大小小不同的类，这就是词语的聚合，也称为系列词语。"系列"指相互关联的成组成套的事物或现象。岁时节令民俗文化词语中具有系列性特征的数量很多，即是以某一语素为基础构造的相互关联的成套的词语。"汉语民俗语素是民俗语言里最小的音、义结合体单位。"①一些民俗语素具有较强的构词能力，表现在岁时节令民俗文化词语中，即呈现出明显的系列性。

一、同素词语类聚

（一）标志性语素在前

古代中国节日的祭祀对象以及庆贺方式比较简单，也比较野蛮。进入文明社会后，物质的丰裕使祭祀礼节越来越复杂，民俗词语往往由"拜""烧""上""挂""打""送""接""迎"等这些具象可感的动作词构成；庆贺的活动也日益丰富，"看""走""放"等动作词体现了节日生动多彩性，并有了一定的规范。

1. 祭～：祭灶、祭旗、祭赛神、祭猛将、祭钉靴、祭山猪、祭百神、祭床神、祭赛神

2. 拜～：拜香、拜安、拜冬、拜墓、拜春、拜牌、拜像、拜年、拜岁、拜夜节、拜灯节、拜喜神、拜坟岁、拜节帖、拜节钱

3. 烧～：烧白果、烧青苗、烧斗香、烧衣节、烧纸衣、烧寒衣、烧松

---

① 曲彦斌：《中国民俗语言学》，上海文艺出版社 1996 年版，第 64 页。

盆、烧富贵、烧袱子、烧羹饭、烧香、烧菜、烧鸭、烧卖、烧笋、烧十庙香

4. 打~：打春、打春牛、打灯谜、打埃尘、打醋坛、打秋风、打灰堆、打围

5. 上~：上墓、上灯节、上坟、上年坟、上花坟、上巳日

6. 挂~：挂墓、挂钱、挂落、挂喜神、挂钟馗图、挂锭、挂红

7. 看~：看端午龙船、看风云、看参星、看天河、看闲戏、看旗纛、看青苗、看菊花、看梅花、看荷花、看枫叶、看牛游寺、看戏、看灯踏月

8. 放~：放荷花灯、放烟火、放断鹞、放纸鸢、放生会、放假鬼、放水灯

9. 送~：送瓜、送财神、送客风、送宪历、送灶柴、送年盘、送元宝、送潮、送灶神、送灯、送寒衣、送帖子

10. 接~：接福、接路头、接元宝、接玉皇、接灶、接财神、接坑三姑娘

11. 开~：开门爆仗、开市、开炉、开稻门、开门炮、开春、开井、开口橘

12. 迎~：迎神、迎喜市、迎紫姑、迎煮、迎春、迎潮辞

13. 走~：走百病、走三桥、走马锣鼓、走月亮、走马灯

14. 春~：春牛图、春饼、春台戏、春不老、春联、春官、春盘、春毬、春帖

15. 年~：年节酒、年糕、年物、年市、年夜饭、年饭、年规戏、年鼓、年团子

16. 灯~：灯市、灯节、灯宴、灯挂、挂锭、灯圆、灯头、灯假、灯夜、灯节盒、灯棚、灯戏、灯鹞

(二)标志性语素在后

(1)民以食为天，中国祭祀与庆贺多以献食、饮食为主要手段。《礼记·礼运》："夫礼之初，始诸饮食。其燔黍捭豚，污尊而抱饮，蒉桴而土

鼓，犹若可以致其敬于鬼神。"①中国人民历来把"食"看成生活中的一个重心，对待"食"这个问题，富有智慧。千百年来，中国人根据独特的生活条件创造了属于自己的灿烂饮食文化，长江流域岁时节令的饮食便是其中的一朵奇葩。参考谭汝为对饮食文化的论述，即"从科学意义上讲，任何国家民族的饮食文化，指这个国家及民族的饮食食物、饮食器具、饮食的加工技艺、饮食方式以及以饮食为基础的思想、哲学、礼仪、心理等而言"②。

负载民俗事象的岁时节令民俗文化词语在饮食方面有集中的体现。

此外，长江流域中下游沿岸平原地区，被称为"鱼米之乡"。老百姓喜爱的美食很多都是用米加工出来的。长江流域人喜欢喝茶，早在西周初期，巴蜀已发现有人工栽培的茶树，到秦汉时期，巴蜀已经有饮茶之风，出现茶市、茶馆茶楼、茶坊、茶肆等。之后还有"善于烹茶的人，亦指卖茶的人或茶馆侍者"，在杭州叫"茶博士"。《清嘉录》卷三："谷雨节前，邑侯采办东山碧螺春茶入贡，谓之茶贡。"

所以，长江流域岁时节令民俗文化词语中以"糕""饼""饭""茶""粥"等语素为基础构造的词语特别多，如：

~糕：发糕、糍糕、掌腰糕、眼亮糕、如意糕、乌米糕、神仙糕、重阳糕、年糕、方头糕、条头糕、条半糕、栗糕、糖糕、元宝糕、夏糕、绿豆糕

~饼：春饼、月饼、煎饼、南瓜饼、蒲丝饼、饭盏饼、柿饼、菜饼、小烧饼

~饭：灶饭、糍粑饭、野火米饭、猫狗饭、阿弥饭、年夜饭、年饭、豆腐饭、烧羹饭

~菜：十香菜、五毒菜、如意菜、谢灶素菜、盐菜、藏菜、醃菜、水菜、安乐菜、烧菜、八宝菜、芥辣菜、谢灶素菜

①　崔高维：《礼记》，辽宁教育出版社2000年版，第76页
②　谭汝为：《民俗文化语汇通论》，天津古籍出版社2004年版，第229页。

~粥：腊八粥、佛粥、七宝粥、口数粥、赤豆粥

~酒：卯时酒、请春厄酒、了秧酒、菊花酒、年节酒、节酒、雄黄酒、蒲黄酒、冬酿酒、三白酒、生泔酒、分冬酒、蒲酒、新年酒、吃春酒

~糖：玫瑰花糖、灶糖、饧糖、葱管糖、廿四糖、炭茅糖、洋糖

~盘：冬至盘、五辛盘、送年盘、压岁盘、春盘

~盆：盂兰盆、处暑十八盆、烧松盆、聚宝盆、造盂兰盆

~茶：七家茶、果子茶、点茶、年茶

（2）长江是中国水量最丰富的河流，它横贯华夏的南国大地，生活在长江流域的人们与水文化息息相关，"桥""船"为语素标记的民俗文化词语也有很多。中国长江流域属于亚热带季风气候，长江中下游地区每年6月中下旬至7月上半月是梅雨季节，梅雨是初夏季节长江中下游特有的气候现象。风是农业生产的环境因子之一，它既可以为人类造福又可以给人类造成灾害，中国先农善于根据风来卜测丰稔。长江流域总体来说春暖秋凉，夏热冬寒，四季分明，很适宜各类花卉的生长，岁时节日也少不了花卉的装扮。

这些元素可以体现在岁时节令民俗文化词语中，如：

~船：看端午龙船、龙船市、虎邱灯船、莲船、旱龙船

~桥：走三桥、造灯桥、抢桥、善富桥

~雨：梅雨、煤雨、霭天雨、狗毛雨、征天雨、液雨、麻花雨、磨刀雨、分龙雨、谷雨

~风：韩婆风、请客风、送客风、巡风、拔草风、三朝迷路发四风、打秋风、麦超风、舶趠风、落灯风、夏东风、冬东风

~花：野菜花、眼亮花、神仙花、窖花、叛花、元宝花、长春花、柏子花、瓯兰花、荠菜花、罂粟花、斗量花、菊花、荷花、梅花、桂花、菊花

（3）明清时期是中国封建社会的晚期，与统一的封建专制帝国的晚期阶段相适应的仍旧是儒学的统治思想。"神""诞""图"等词群都是崇拜神祇的体现。每翻开一本地方志，几乎可以看到"江南之俗……信鬼神，重

淫祀""吴俗尚神而信鬼……病则不问医而问巫""吴俗信鬼好巫"这样的记载。信鬼神的观念已经深深地植入了这个地方的人们的血液之中，不知不觉地渗透在人们的思维方式、情感方式和行为上，同样也表现在岁时节令民俗文化词语中。①

～诞：张大帝诞、三官诞、元坛神诞、火神诞、天后诞、雷尊诞、城隍夫人诞、雷祖诞、大士成道及诞、天妃诞、岳帝诞

～神：送财神、祀土神、买芒神、拜喜神、祭百神、门神、祭床神、祭赛神、送灶神、赛迎神

～图：春牛图、升官图、挂钟馗图、代图、欢乐图、升仙图、百花图

～符：桃符、贴天师符、五毒符、虎符、端阳符

～墓：挂墓、上墓、拜墓、朝墓

（4）明清时期虽然依然坚持重农抑商，但是商品经济空前活跃。每逢宗教节庆、纪念集会更是热闹非凡。"市""会"为居民们提供了丰富的商品，常附带民间娱乐活动。"灯"可以照明，灯红火耀，以粉饰太平，是节日中不可缺少的元素。

～市：财神会市、清明市、龙船市、观音香市、盂兰市、重阳市、迎喜市、开市、灯市、珠兰茉莉花市、木犀市、年市

～会：了秧会、地藏会、文昌会、转坛会、钱幡会、乞巧会、花会、放生会、药王会、盂兰盆会、双林会、博羊会、三节会、三巡会、晒袍会、消寒会、龙华会、菊花会、赛花会、兰花会、饯花会

～节：贺节、拜夜节、拜灯节、上灯节、元宵节、落灯节、鬼节、馈节、端午节、端节、天节、白赏节、中元节、谢天节、千秋节、烧衣节、炉节、下元节、望节、万寿圣节、人节、敬节

～灯：点灶灯、渣澤灯、花神灯、凉伞灯、船灯、送灯、龙灯、马儿灯、走马灯、放荷花灯、地藏灯、地灯、水旱灯、塔灯、闹龙灯、水灯

---

① 谈辉：《清代苏州岁时节日文化研究——以〈清嘉录〉、〈吴郡岁华纪丽〉为基础》，苏州大学硕士学位论文，2009年，第39页。

明清长江流域岁时节令民俗文化词语成系列出现的数量很多，以上统计有 5 大类，涉及 40 小类，共 397 个词语，占词语总数的 41.5%，反映在民俗文化词语中则是大量以某一语素为基础构造的相互关联的成套的词语就形成词语的"聚合关系"。词语的聚合关系是不在同一话语中的，它是以空间扩展为支柱，能引起联想的纵向的连带关系。例如："灯市"这个组合，在头脑中能联想到与"灯"相关的词有："灯节、灯宴、灯挂、灯假、灯夜、灯棚、灯戏、灯鹞"；在头脑中能联想到与"市"相关的词语有："财神会市、清明市、龙船市、重阳市、开市、木犀市、年市"等。它们所表现出来的就是聚合关系，因为以上的词语符合以下几个条件：它们都不在"灯市"同一话语中；它们在"灯市"之一侧的空间中展开；"灯节、灯宴、灯挂、灯假、灯夜、灯棚、灯戏、灯鹞"以及"财神会市、清明市、龙船市、重阳市、开市、木犀市、年市"分别隐藏在"灯市"之一旁，而头脑里呈现的只是"灯市"；每一个成分前一部分或者后一部分相同，能引起联想；这一类成分可以多到无限，它们是一种纵向的连带关系。这种关系最直接的表现就如上文所列举的所有例子：前一语素相同或后一语素相同。

二、同义词语类聚

同义词是汉语词汇学界难得一见的热门话题，研究这个问题的学者之多、论著之丰均是汉语各种词汇现象的研讨中所罕见的。虽然在某些问题上达成了共识，但是分歧依然较多。尤其是在同义词的界定这个关乎同义词理论的科学性和严密性的重大问题上，还是没有取得令人信服的结论。王理嘉、侯学超 50 多年前提出的"什么是同义词""究竟意义相近到什么程度，才能叫作同义词"等问题，至今还没有很好地解决。

关于同义词的界说，目前主要有以下几种意见：

（1）"两个词如果在同一个上下文中可以互相替换而不改变句子的基本意义，那么它们就有意义上的共同性，就是同义词。换句话说，同义词之间都有一定的可替换性。"①

（2）同义词是"意义相同或相近的词。相同的如'乙醇'就是'酒精'，相近的如'赞成'和'同意''坚决'和'坚定''成绩'和'成就'等"。

（3）同义词"就是语音不同、具有一个或几个类似意义的词，这些意义表现同一概念，但是在补充意义、风格特征、感情色彩以及用法（包括取其他词的搭配关系）上则可能有所不同"②。

（4）"不同的词语是否在意义上基本一致，应看它们是不是指称同一事物对象。所指的事物对象同一，它们就是同义词语；所指的对象不一样，它们就没有同义关系。"③

上述几种意见都体现了学界对同义词界说问题的积极的、执着的探索，体现了汉语同义词研究的深度，其中不乏值得借鉴、汲取的精髓，都存在合理的内核，但也无一例外地存在一些欠周密之处。

第一种意见试图从形式上对同义词有一个明确的界定，能够从形式上去界定一种词汇现象自然是再好不过的了。但问题是，"在同一个上下文中可以互相替换而不改变句子的基本意义"这样的同义词是极其有限的，大量的同义词则不具有可替换性。若将可替换性作为同义词的本质属性，那就会将大量的同义词排除在"同义词"之外，这是很难让人接受的，事实上也是行不通的。因此，这种意见遭到了一部分学者的尖锐批评。④

第二种意见是国内目前最为通行的意见，各种语文辞书及《现代汉语》教材均采用此说。这种意见大致没错，但失之笼统、含混，因为它还是没

---

① 参见王理嘉、侯学超：《怎样确定同义词》，《语言学论丛》第五辑，商务印书馆 1963 年版。

② 参见张永言：《词汇学简论》，华中工学院出版社 1982 年版，第 108 页。

③ 参见刘叔新、周荐：《同义词语和反义词语》，商务印书馆 1992 年版，第 31 页。

④ 参见张志毅：《确定同义词的几个基本观点》，《吉林师大学报》1965 年第 1 期；刘叔新：《同义词和近义词的划分》，《语言研究论丛》，天津人民出版社 1980 年版，第 70~77 页；周荐：《同义词语的研究》，天津人民出版社 1991 年版，第 50~57 页。

有明确究竟怎样的词才是"意义相同或相近的词"，有点类似于大白话，并没有告诉人们多少有关同义词界定的信息。

第三种意见将"表现同一概念"作为同义词的本质特征，自然就带来了很多无法自圆其说的麻烦：一是"同一概念"在理解上具有变异性，几个意义类似的词是否属于"同一概念"，各人的理解存在差异，这会给同义词的界定带来不确定性和随意性。二是"概念"本身也是有层次、大小的，比如有属概念、种概念之分，如此，"表现同一概念"就会变得范围奇广，毫无节制，例如"馒头"和"包子"均属于"食品"的概念，意义也"类似"，那岂不也成了同义词？这显然是荒谬的。可见，这种意见理论上的缺陷是十分明显的。

第四种意见将"指称同一事物对象"作为同义词的本质属性，也存在颇多破绽：一是并不是所有的词都能指称事物对象，像一些连词"和、跟、同、与""但是、可是"等，介词"从、自、自从、被、叫"等，副词"经常、常常、时常、稍微、略微"等，它们并不指称事物对象，但它们确乎是同义词。二是有些词，它们是否指称同一事物对象，很难说清楚，如"充足"和"充沛"，"交流"和"交换"，它们指称同一对象吗？恐怕很难说清楚。这样的同义词似乎还不在少数。三是不同意义的词语可以指称同一对象，徐烈炯早在 10 多年前就曾经指出："不同的词语可以指同一对象。'启明星'和'黄昏星'同指太阳系行星金星，太阳升起前的金星称为'启明星'，太阳落山后的金星称为'黄昏星'。两者所指对象相同，意义却不同。"[1]可见，"指称同一事物对象"的并不一定是同义词。

综上，我们初步的意见是：同义词就是语音形式一般不同、主要理性意义相同而次要理性义或附属义有差异的一组词。"语音形式一般不同"是着眼于同义词与异形词的区别这个问题至今没有解决好；"主要理性意义相同"是着眼于同义词与那些主要理性意义不同而次要理性义或附属义相同的词聚的区别。

---

[1]　参见徐烈炯：《语义学》，语文出版社 1990 年版，第 13 页。

蒋绍愚先生认为："同义词是几个词的某一个或几个义位上相同，而不是全部义位都相同。"①明清时期岁时节令民俗文化词语的一个突出特点是在形式上的多样性，也就是一种民俗事象有多种叫法，是一物多名，即异称，所组成的民俗词语是一组等义或近义异称词语，这种现象很多，有以下几类：

（1）相同的民俗事象有不同的称谓，在语言中通常可以换用。

【行春、迎春】"行春"是长江流域沿袭下来的一种古老的习俗，在立春的前一天，男女老少用庞大的仪式迎接春天的来临。《姑苏竹枝词》："立春先一日，郡僚迎春娄门外柳仙堂。前列社伙，梨园百戏，迎芒神，出土牛，谓之行春。"

迎春，古代祭礼之一。古人以春配应五方之东、五色之青，故于立春日，天子率百官出东郊祭青帝，迎接春季到来。《礼记·月令》："（孟春之月）立春之日，天子亲帅三公、九卿、诸侯、大夫，以迎春于东郊。"郑玄注："迎春，祭仓帝灵威仰于东郊之兆也。"《后汉书·祭祀志中》："立春之日，迎春于东郊，祭青帝句芒。车骑服饰皆青。"唐韦缜《读春令赋》："辨色而金貂列位，迎春而玉辂回轮。"

后世地方官例于立春前一日，率士绅僚佐，鼓乐迎春牛、芒神于东郊，谓之"迎春"。《古州杂记》："立春先一日迎春。东郊附郭居民备彩仗台阁，喧阗塞巷，苗数十人抱第琶，率领苗童女歌跳舆前。""行春"也即"迎春"。

【灯节、汀节、元宵节、上元节】唐以来有观灯的风俗，唐代韩偓《元夜即席》诗："元宵清景亚元正，丝雨霏霏向晚倾。"灯节，农历正月十三日至十七日，民间张灯游乐，谓之灯节。亦特指元宵节。

《儒林外史》载有"灯节""汀节"等说法。第十一回："到十四日，先打发他下乡去，说道：'我过了灯节，要同老爷们到新市镇，顺便到你姐姐家，要到二十外才家里去。'"第五回："因此新年不出去拜节，在家哽哽咽

---

① 蒋绍愚：《古汉语词汇纲要》，北京大学出版社1989年版，第94页。

咽，不时哭泣；精神颠倒，恍惚不宁。过了灯节后，就叫心口疼痛。"第十一回："四公子道：'你且住过了汀节，到十五日那日，同我这表侄往街坊上去看看灯，索性到十七八间，我们叫一只船，同你到杨先生家。还是先去拜他才是。'"

《红楼梦》多称为元宵节或上元节。第五十三回"宁国府除夕祭宗祠荣国府元宵开夜宴"："早又元宵将近，宁荣二府皆张灯结彩。"第十八回："次年正月十五上元之日，恩准贾妃省亲。"但是，民间常规称"灯节"。《清嘉录》卷一："正月十五夜，俗又呼为灯节。"

【灯谜、弹壁】灯谜，用精炼词语为谜面粘贴于花灯上（有时也贴于墙上）供人猜测的一种娱乐形式。这是一种文义谜，与事物谜的民间谜语略有不同。相传谜格有24种（一说18种）。常用的有卷帘、徐妃、拆字、解铃、系铃、秋千等格。清梁章钜《归田琐记·灯谜》引《韵鹤轩笔谈》："灯谜有十八格，曹娥格为最古，次莫如增损格。增损即离合也……此外复有苏黄谐声、皓首粉底、正冠正履、分心素心、重门垂柳诸格。"《红楼梦》第二二回："忽然人报娘娘差人送出一个灯谜来，命他们大家去猜。"藏谜语者会弹壁灯，所以灯谜也叫弹壁。《清嘉录》卷一："好事者巧作隐语，拈诸灯，灯一面覆壁，三面贴题，任人商揣，谓之打灯谜。"王鏊《姑苏志》云："上元灯市，藏谜者弹壁灯。"《江震志》云："好事者或为藏头诗句，任人商揣，谓之灯谜，亦曰弹壁。"

【爆花、烟火、筒花】爆花即烟火。《武林新年杂咏》："烟硝铁屑杂置彩筒，点放时作兰慧、梅菊、木樨、水仙之状，闪烁如生，亦名爆花。"南朝梁宗懔《荆楚岁时记》："今正腊旦门前作烟火、桃神、绞索……逐疫礼也。"《老残游记》第二回："这一出之后，忽又扬起，像放那东洋烟火，一个弹子上天，随化作千百道五色火光，纵横散乱。"《清嘉录》卷一引明代沈榜《宛署杂记》云："燕城烟火有响炮起火、三级浪、地老鼠、沙锅儿、花筒、花盆诸制，有为花草、人物等形者，花儿名百余种，统名曰烟火。"《清嘉录》卷一："名乡社庙，或放烟火，有集数十架于庭，次第传弱，媚神以为乐者。"

【花朝、百花生日、赏红、花神诞】花朝也叫百花生日。《土风录》：
"二月十二日曰花朝，以红笺绘黏花枝谓庆百花生日。"《江乡节物诗》中有
花朝节的历史渊源："花朝为百花挂红，即护花幡之遗制也。"百花生日也
可称为赏红。《清嘉录》卷二："十二日为百花生日，闺中女郎剪五色彩缯
黏花枝上，谓之赏红。"《沪城岁事衢歌》对"花朝""赏红""花神诞""百花生
日"节俗的详细描写："花朝，剪采悬枝，为赏红。"农历二月十二为"花神
诞"，也称"花朝"，俗谓"百花生日"。这一天以赏花、种花、赏红为盛
事。爱花者，剪红纸条，或以红绢条粘或扎在各种花卉的枝条上，叫"赏
红"。有些园艺家还举办花神灯，在厅堂上悬挂十二花神像。宴神桌面放
置各种花卉，缤纷可爱。还有的请清曲社前来唱曲娱神。入夜，要放花神
灯，且以纤巧的凉伞灯为主。出灯时笙歌齐鸣，人们手提纸扎的花篮、花
灯，有的妇女还扮采茶女，且歌且舞，令人陶醉。花朝节也是农家木棉成
熟季节。《南汇县竹枝词》："种田十二最关心，但愿今朝免雨淫。齐说百
花生日到，木棉成熟变黄金。"《清嘉录》卷二："虎邱花神庙击牲献乐，以
祝仙诞，谓之花朝。"

【东岳生日、岳帝诞】东岳大帝，道教所奉东岳庙中的泰山神。迷信谓
其掌管人间生死。农历三月二十八日，是纪念东岳大帝的诞辰。善男信女
到庙观烧纸、捧香合手、喃喃不绝于口、叩头以祈圆心愿、保平安。《清
嘉录》卷三："二十八日为东岳天齐仁圣帝诞辰，城中圆妙观有东岳帝殿，
俗谓神权天下人民死生，故酬答尤虔。"《姑苏竹枝词》："三月二十八日为
岳帝诞，乡人赛会极盛。"

【阿弥饭、乌米糕】四月八日为释迦文佛诞辰，吴中寺院及店肆、人家
以糯米加乌饭树叶之法制成糕式，名曰"阿弥饭"，又称"乌米糕"。《清嘉
录》卷四："市肆煮青精饭为糕式，居人买以供佛，名曰'阿弥饭'亦名'乌
米糕'。"

【地藏灯、地灯、莲花灯】地藏王，佛经说他受释迦佛嘱托，在弥勒出
生前，自誓渡尽六道众生，始愿成佛，常现身于地狱之中以救苦难。阴历
七月三十日，地藏王生日时，点"地藏灯"，也叫"地灯"。因其形状像莲花

也称"莲花灯"。《清嘉录》卷七："昏时,比户点烛庭阶,谓之地藏灯。三十日晚,街衢并设香火,剪纸作莲花布地,且有以茜草心编为花篮及瓶盆之属者,名'地灯'。"《儒林外史》第四十一回:"到晚,做的极精致的莲花灯,点起来浮在水面上。又有极大的法船,照依佛家中元地狱赦罪之说,超度这些孤魂升天,把一个南京秦淮河变做西域天竺国。"

【腊雪、瑞雪】腊雪,冬至后立春前下的雪。明代李时珍《本草纲目·水一·腊雪》:"冬至后第三戌为腊,腊前三雪,大宜菜麦,又杀虫蝗。腊雪密封阴处,数十年亦不坏。"唐韩愈《御史台上论天旱人饥状》:"今瑞雪频降,来年必丰。""腊雪"是应时而下的雪,适量的雪能杀虫保温,又能提供庄稼水分,所以被视为丰年的预兆,也称"瑞雪"。《清嘉录》卷十一:"腊月雪谓之腊雪,亦曰瑞雪,杀蝗虫子,主来岁丰稔。"

【送历本、送宪历】历本主要记载一年节气、月令、农事、宜忌等,新的历本有官版、私版的区别,一般由国家统一刊行,为民间农家所必备。宋王谠《唐语林·补遗三》:"僖宗入蜀,太史历本不及江东,而市有印货者每差互朔晦。"《清嘉录》卷十二:"各图地保,以新历逐户分送,人家必酬以钱文,如市价而倍之,号为送历本。"《田家四时诗》:"送历本即送宪历。"

【烧松盆、烧富贵】烧松盆,是一种民间的驱邪祈吉活动。火势旺,象征着来年全家兴旺、富贵满堂。清于敏中《日下旧闻考·风俗》:"除夕五更焚香楮,送玉皇上界,迎新灶君下界……夜以松柏枝杂柴燎院中,曰松盆,煴岁也。"《清嘉录》卷十二:"是夜,乡农人家各于门首架松柴,成井字形,齐屋,举火焚之,烟焰烛天,灿如霞布,谓之'烧松盆'。"《唐栖志略》:"松盆夜搭趁晴檐,多管来朝好接天。满巷通红烧富贵,轻销几个霸王鞭。除夜烧松盆,内架竹灯檠一对,谓之'烧富贵'。"

【元宝糕、糕元宝】元宝糕也即糕元宝。《武林新年杂咏》:"元宝糕亦名粉元宝,黄白磊砢,杰出于诸色点心中。"《清嘉录》卷十二:"为元宝式者曰'糕元宝',黄白磊砢,俱以备年夜祀神、岁朝供先及馈贻亲朋之需。"

【栗糕、栗粽花糕】栗糕是煮栗极烂,以纯糯粉加糖为糕,重阳必食之物。栗糕也称栗粽花糕。《江乡节物诗》："岁时纪二社，重阳皆尚食糕，而重阳为甚。"《姑苏竹枝词》："重九食栗粽花糕"。

【镜听、听响卜、听谶】镜听，又称听响卜、听谶，是一种占卜方法，于除夕或岁首，怀镜胸前，出门听人言，以占吉凶休咎。清蒲松龄《聊斋志异·镜听》："次妇望夫綦切，是岁大比。窃于除夜以镜听卜。"《姑苏竹枝词》："除夕怀镜，投杓釜中，祷于灶神，随勺柄所指，往听人语，以卜吉谶，谓之镜听。"《吴门岁暮杂咏》："除夕更深人静，祷于灶神，以杓投釜中，随杓柄所向，执镜而往，听路人无意之言，以卜来年休咎，谓之响卜，亦名镜听。"《清嘉录》卷十二："或有祷灶请方抱镜出门，听市人无意之言，以卜岁休咎者，谓之听响卜。"清光绪八年《黄冈县志》载："除日，更阑后，或出听人言语，以卜来岁休咎，曰'听谶'"。"谶"是迷信的人所认为的将来要应验的预言、预兆。

(2)相同或相近的民俗事象在不同的地域有不同的称谓。

【团子、汤团、年团子、元宵】元宵，糯米粉制成的球形食品，有馅，一般用水煮食。元宵在浙江绍兴叫"团子"，在南京叫"汤团"。在苏州叫"元宵"。明刘若愚《酌中志·饮食好尚纪略》："自初九日之后，即有卖灯市买灯，吃元宵。其制法用糯米细面，内用核桃仁、白糖为果馅，洒水滚成，如核桃大，即江南所称汤圆者。"《越谚》："团子又名元宵，正月望日，遗新胥家粳粉累成圆颗。"《金陵物产风土志》卷四："汤团谓之元宵，以节名也。"《清嘉录》卷一："厉静香《事物异名录》引《表异录》载宇文护置毒糖堆，谓今之元宵。"

【蚕豆、胡豆】江浙一带称为蚕豆，四川谓之胡豆。有学者考证，阿拉伯人将蚕豆传到云南、四川地区，然后再传播到其他地区。四川方言把蚕豆称作胡豆是从其来源取名。而长江中下游取名蚕豆，是其豆荚像老蚕的缘故。明代李时珍《本草纲目·谷三·蚕豆》："此豆种亦自西胡来，虽与豌豆同名，同时种，而形性迥别。《太平御览》云："张骞使外国，得胡豆种归。指此也。今蜀人呼此为胡豆，而豌豆不复名胡豆矣。"《蜀语》："凡芒种种黄豆时，霜降种胡豆时。"《清嘉录》卷四："立夏日，家设樱桃、香梅、稻麦供神享先，名曰立夏见三新。蚕豆亦于是日尝新。"《金陵物产风土志》："端阳有五毒菜：韭叶、艾草、黑干、银鱼、虾米也。又取蚕豆炒之，谓之雄黄豆。"如四川的歇后语：城隍菩萨吃胡豆——鬼炒。"鬼炒"意为胡豆是鬼炒熟的，谐音"鬼吵"，即胡乱吵闹。

【端五、白赏节、端午】"端"犹首也，有"初始"的含义，因此"初五"就是"端五"。而夏历以寅月为正月，所以称五月为午月，因此"端五"也就渐渐演变成了"端午"。据统计，端午节的别称是所有节日中最多的。按照时间有"端五节""重五节""五月节""端午节""午日节""重午节""天中节""夏节"。按照节日活动又称"端阳节""菖节""蒲节""艾节""龙舟节""浴兰节""粽子节"等。《清嘉录》卷五："五日俗称端五，瓶供蜀葵、石榴、蒲、蓬等物。妇女簪艾叶、榴花，号为端午景。百工亦各辍所业，群入酒肆哄饮，名曰白赏节。"白赏为江浙一带的方言，今多书作"白相"，即游玩、戏耍之意。况周颐《蕙风词话》卷一："'薄相'，犹言游戏，吴间里语曰'白相'。'白'盖'薄'之声转。"《西石域风俗志》："端午节，家家以糯米为粽子，贫者或以粗大麦糗和蚕豆、豌豆裹之应景物而已。日午以雄黄蒜头、菖蒲根浸酒洒诸壁以禁蛇虫，再燃艾室内熏之以禁蝇蚊。艾火之中或纳蒜头熟而食之谓能去湿散毒云。"

【长寿钱、百索、长命缕】用五色丝线编结的索状饰物，五彩丝，是有青、红、白、黑、黄这五种颜色的丝织品。端午节时戴在小孩手上，以辟恶月（五月为恶月）之邪瘟。长江上游叫"辟兵缯"，长江中游叫"续命缕"，苏州叫"长寿线"，扬州叫"百索"，杭州叫"长命缕"。清同治五年《郧县志》卷十："五月五日为'天中节'……又制纱囊，杂彩实香屑系以五色丝线，谓之'续命缕'"。《清嘉录》卷五："结五色丝为索，系小见之臂，男左女右，谓之长寿线。"《扬州西山小志》："端午用五色线系小儿臂上。名百索。"《江乡节物诗》："杭俗，结五彩索系小儿臂上，即古之长命缕也。"端午时系于臂上以祈福免灾的五彩丝。

【健人、健人扶、艾人】端午节妇女皆戴钗头彩胜之类，极其奇巧。江苏称"健人""步摇"。《清嘉录》卷五："市人以金银丝制为繁缨、钟、铃诸状，骑人于虎，极精细，缀小钗，贯为串，或有用铜丝金箔者，供妇女插鬓。又互相献赉，名曰健人。似此则当有驱邪辟疫之作用；一说即古时的步摇，纯为妇女装饰品。"上海称"健人扶"。《松江竹枝词》："妇女制彩绘为人形，簪髻上，名"健人扶"。浙江称"艾人"。用艾蒿扎草人悬门上，以除邪气。南朝梁宗懔《荆楚岁时记》："五月五日……采艾以为人，悬门户上，以禳毒气。"《江乡节物诗》："健人即艾人，而易之以帛，作骑虎状，妇女皆戴之。"

【烧衣节、送寒衣、烧寒衣】农历十月初一，天已渐凉，是给已亡亲人送冬衣的日子，要用纸做成衣服的样子，到坟前烧掉，故又称烧衣节、送寒衣、烧寒衣。《清嘉录》卷十："十月朝，人无贫富，皆祭其先，多烧冥衣之属，谓之烧衣节。"寒衣，即冥衣，多用纸制作。清潘荣陛《帝京岁时纪胜·送寒衣》："十月朔……士民家祭祖扫墓，如中元仪。晚夕缄书冥楮，加以五色彩帛作成冠带衣履，于门外奠而焚之，曰送寒衣。"明刘侗、于奕正《帝京景物略·春场》："十月一日，纸肆裁纸五色，作男女衣，长尺有咫，曰寒衣，有疏印缄，识其姓字辈行，如寄书然。家家修具夜奠，呼而焚之其门，曰送寒衣。新丧，白纸为之，曰新鬼不敢衣彩也。"多汇辑浙江绍兴方言俗语的《越谚》："送寒衣，十月祭墓之名。"清同治十二年《重修成都县志》卷十六："十月朔日，人家祀祖先，折纸衣焚之，谓之'送寒衣'。"《太仓风俗记》有"烧寒衣"条。

【腊八粥、七宝粥、佛粥】腊八粥，是由多种食材熬制而成的粥，也叫七宝五味粥，其传统食材包括大米、小米、玉米、薏米、红枣、莲子、花生、桂圆和各种豆类(如红豆、绿豆、黄豆、黑豆、芸豆等)，用以庆祝丰收。到了宋代，逐渐形成在"腊八"当天熬粥和喝粥的习俗，并延续至今。早年生活在南京的曹雪芹所著《红楼梦》第十九回有关于"腊八粥"的记载："那一年腊月初七日，老耗子升座议事，因说：'明日乃是腊八儿了，世上人都熬腊八粥，如今我们洞中果品短少，须得趁此打劫些个来才好。'"清《房县志》卷十一《风俗》称，"腊八日，以米和麦豆及诸蔬果作粥，谓之腊八粥。"腊八这一天喝腊八粥这一习俗的来历，是和佛陀成佛的故事有关的。清代苏州文人李福曾有诗云："腊月八日粥，传自梵王国，七宝美调和，五味香糁入。"记述了清时苏州的岁时节令《土风录》："十二月初八日，诸僧寺作浴佛会，并送七宝五味粥与门徒，谓之佛粥。"记录浙江江乡一带佛院神祠、街坊琐事、掌故趣闻的《江乡节物诗》："亦名七宝粥。本僧家斋供，今则居室者亦为之矣。"

【馄饨、冬至团、匾食】馄饨在各地有不同的叫法。清施鸿保《闽杂记》卷十引《正字通》描绘馄饨云："馄饨，即饺饼别名。俗屑米面为末，空中裹馅为弹丸形，大小不一，笼蒸啖之。"《儒林外史》第十四回："锅里煮着馄饨，蒸笼上蒸着极大的馒头。"苏州叫"冬至团"。《清嘉录》卷十一："比户磨粉为团，以糖、肉、菜、果、豇豆沙、萝卜丝为馅，为祀先、祭灶之品，并以馈贻，名曰'冬至团'。"在四川方言中，馄饨最早叫"匾食"，见明代李实《蜀语》："馄饨曰匾食，射洪县绝品。"傅嵩矩《成都通览》："馄饨曰匾食。"

（3）相同的民俗事象从不同的角度来命名。

【照田财、照田蚕】很长的历史时期，我国是以农桑立国。记载唐朝历史的纪传体史书《新唐书·韩琬传》有"一夫耕，一妇蚕，衣食百人"之说，一个普通家庭，有一人耕种、一人养蚕丝织，可以养活百人。明清时期，江苏、浙江等地生态条件很适合蚕品种的养殖，江浙蚕区通常以农历四月为"蚕月"，形成家家闭户，不相往来，专心养蚕的壮观局面。可见"蚕"在明清老百姓生活中的地位之重要。同时，"蚕""财"读音相近，故"照田蚕"又称"照田财"，民间祈祷风调雨顺、蚕茧丰产的风俗活动。《清嘉录》卷十二："材农以长竿燃灯插于田，云祈有秋，焰高者稔，谓之照田财。"《采风类记》："岁朝或此日，束薪于长竿，为高炬，视火色赤白以占水旱，争取余烬置床头，谓宜蚕，名照田蚕。"明代方鹏《昆山志》云："岁朝或次日，束薪于长竿，为高炬，视火色赤白以占水旱，争取余烬置床头，谓宜蚕，名照田蚕。"

【走三桥、走百病、游百病】上元夜，妇女走三桥可以免除百病。"走百病"侧重于作用，妇女在元宵或正月十六日夜相率出游，以祛除百病。

"游百病"则强调走的状态。《清嘉录·走三桥》："元夕，妇女相率宵行，以却疾病，必历三桥而止，谓之'走三桥'。案：《长元志》皆载'上元，妇女走历三桥，谓可免百病。'明陆伸《走三桥词》：'细娘分付后庭鸡，不到天明莫浪啼。走遍三桥灯已落，却嫌罗袜污春泥。'"《姑苏竹枝词》："此日男女同游于野，谓之走百病。"清同治十二年《重修成都县志》卷十六载："十六日，武营罗列旗帜、兵仗，出南郊迎喜神。儿童、妇女上城周历，谓之'游百病'。"

【花神灯、凉伞灯】花神，掌管花的神。《红楼梦》第二七回："尚古风俗：凡交芒种节的这日，都要设摆各色礼物，祭饯花神。"二月十二为花神节，挂灯为"花神灯"，又其形似伞形，又叫"凉伞灯"。张春华的《沪城岁事衢歌》称："灯之盛于二月者，俗谓'花神灯'，又名'凉伞灯'。灯作伞形，六角，间有圆者，镂刻人物、花卉、珍禽异兽，细于茧丝。"

【风鸢、纸鸢、鹞子、断鹞、风筝、琴鹞】"风筝"，最初它的材质是竹子，叫"风鸢"。随着纸的发明，改名叫"纸鸢"，俗名叫"鹞子"。清明节后放就叫"断鹞"。再后来，在纸鸢上缚以竹哨，竹哨能鸣就命名为"风筝"，也叫"琴鹞"。

《武林新年杂咏》有详细解释："纸鸢之能鸣者。事物纪原曰其制不一、上可悬灯又以竹为弦，吹之有声如等故日风筝。今亦名琴鹞。春初竞放，清明后乃止。谚云：'正月鹞、二月鹞、三月放个断线鹞。'则风气固殊焉。"《清嘉录》卷三讲述了"放断鹞"的来历："纸鸢俗呼鹞子，春晴竞放、川原远近，摇曳百丝。清明后，东风谢令，乃止，谓之放断鹞"。此外，《田家四时诗》有载："吴俗呼纸鸢为鹞子。春晴竞放，至清明日而止。"清明时节放风筝，在上海地区流行两种说法：一为"踏麦说"，麦田解冻后土质松软，经过风筝反复奔走"踏麦"，将来麦子成长不易倒伏；清明后，麦秆变硬，就不能再踏了。另一为"去病说"，小儿多内热，春天易发病，放风筝时仰观呼喊，张口向上，可以解热。后一解释较之《红楼梦》说林黛玉放风筝断线是放掉了病根更为科学、合理。《红楼梦》第七十回，李纨劝黛玉道："放风筝图的是这一乐，所以又说放晦气，你更该多放些，把你这病根儿都带了去就好了。"

【神鬼天、落沙天】清明节前后，天气忽冷忽热，变幻莫测，称为神鬼天。又因突然大风骤起，仿佛跌入冬天，叫"落沙天"。《清嘉录》卷二："清明前后，阴雨无定，俗呼神鬼天。或大风陡起，黄沙蔽日，又谓之落沙天。"蔡云《吴歈》云："劈柳吹花风作颠，黄沙疾卷路三千。寄声莫把冬衣当，耐过一旬神鬼天。"

【梅雨、霉雨、煤雨】初夏长江中下游流域一带经常出现一段持续较长的阴沉多雨天气。此时，物因久雨或阴湿而青黑，故亦称"霉雨"；又值江南梅黄欲落，蒸郁成雨，故亦称"梅雨"或"黄梅雨"。又衣黑像煤，故称煤雨。明李时珍《本草纲目·水一·雨水》："梅雨或作霉雨，言其沾衣及物，皆生黑霉也。芒种后逢壬为入梅，小暑后逢壬为出梅。又以三月为迎梅雨，五月为送梅雨。"周处《土风记》云："夏至前名黄梅雨。"《俚言解》："夏雨斑衣谓之梅雨。盖梅熟时也，其斑衣惟梅叶可洗，一曰梅雨。又曰煤雨，言衣黑如煤。"清曹寅《雨阻不得入城和梅岑》："霉雨疏还密，霉天暗复明。"

【盂兰盆节、中元节】七月十五日是佛教和道教共同的节日。佛教称盂兰盆节，梵语救倒悬的音译，拯救先人倒悬之苦。道教称中元节。七月十五日建道场，又名太平公醮，有水陆炼度，放焰口诸名目。宋孟元老在《东京梦华录·中元节》对"盂兰盆"有详尽的描述："又以竹竿斫成三脚，高三五尺，上织灯窝之状，谓之盂兰盆，挂搭衣服冥钱，在上焚之。"《扬州西山小志》："中元节，人家设盂兰盆会，又各家具冥镪纸钱，沿途焚化名曰斋孤。"《清嘉录》卷七："好事之徒，敛钱纠会，集僧众设坛，礼忏诵经。香亭旛盖，击鼓鸣锣，杂以盂兰盆、冥器之属，于街头城隅焚化，名曰盂兰盆会。

【月饼、团圆饼】"月饼"是中秋节全国通用的食品，"月饼"由十五月夜祭月节物得名，中秋是团圆的时节，月圆饼也圆，又是合家分吃，象征着团圆和睦，"团圆饼"则强调团圆的寓意。《清嘉录》卷八："人家馈贻月饼，为中秋节物。十五夜则偕瓜果以供，祭月筵前。"《江乡节物诗》："中秋食月饼，夜则设以祭月，亦取人月双圆之意耳"。《红楼梦》七十六回："贾母道：'这还不大好，须得拣那曲谱越慢的吹来越好。'说着，便将自己吃的一个内造瓜仁油松穰月饼，又命斟一大杯热酒，送给谱笛之人。"《扬州西山小志》："土俗酬神以面制饼名团圆饼，中秋节家家制饼，荤素大小咸备。"

【饧糖、胶牙饧、葱管糖、糖元宝】用麦芽熬成的糖叫饧糖。用麦芽或谷芽等熬黏的软糖，具有黏性。古人认为吃胶牙饧，可使牙齿坚固，从而使身体康健。杜公瞻注中说"胶牙者，盖以使其牢固不动，取胶固之义。今北人亦如此"[1]。可见胶牙饧乃取其胶固之义，且在当时，南北地区都盛行此举，可见这种饮食习俗得到了广泛流传。民间传说吃了胶牙饧可以使牙齿坚固，达到长寿的目的，可见，时人已经认识到了牙齿与长寿的关系了。其实，早在《释名·释形体》中，刘熙就对牙齿与年龄的关系作了阐述："齿，始也，少长之别，始乎此也。以齿食多者长，食少者幼也。"[2]以牙齿来判断年龄长幼。杨泉的《物理论》也对牙齿的重要性作了阐述，"夫齿者，年也，身之宝也。藏之斧凿，所以调谐五味，以安性气者也。"《清嘉录》卷十一："土人以麦芽熬米为糖，名曰饧糖。寒宵担卖，锣声铿然，凄绝街巷。"用麦芽制成的糖，食之黏齿，故名胶牙饧，旧俗常用作送灶时的供品。《姑苏竹枝词》："祀灶用花饧粉团，饧名胶牙饧。"清袁枚《随园诗话补遗》卷七："〔谢学墉〕《送灶》云：……莫向玉皇言善恶，劝君多食胶牙饧。"《南汇县竹枝词》："取胶牙关，免奏人间过失。"有些糖制成细长者，形似葱管，命名为葱管糖。《武林新年杂咏》："清异录葱曰和事草，汪桐元有卖。"《越谚》："形如葱管，麦糖躯芝麻，堕贫做卖。"用作祭祀的胶牙饧做成元宝状，叫糖元宝。《清嘉录》卷十二："比户以胶牙饧祀之，俗称糖元宝。"

　　（4）相同的民俗事象用不同的语体色彩词语表达，有了古今、雅俗词

---

①　谭麟译注：《荆楚岁时记译注》，湖北人民出版社 1985 年版，第 6 页。

②　（汉）刘熙：《释名》，中华书局 1985 年版，第 28 页。

语差异。

【爆仗、爆竹】古时在节日或喜庆日，在没有火药和纸张时，古人使用火烧竹子，使之爆裂发声，以赶走山臊、驱逐疫邪。火药发明后以多层纸密卷火药，接以引线，燃之使爆炸发声，亦称为"爆竹""爆仗""炮仗"。相传蜀汉扶风人马钧用纸裹硫磺发明爆仗。但在清代文献记载中，"爆仗""爆竹"同用。南朝梁宗懔《荆楚岁时记》："正月一日……鸡鸣而起，先于庭前爆竹、燃草，以辟山臊恶鬼。"《武林新年杂咏》："仗字本武林旧事而府志又作杖，其类有单响、双响、遍地锦霸王鞭、一本万利、春雷百子、明目不同声响斯别。"《姑苏竹枝词》："吴俗纸裹硫磺曰爆仗。"《扬州画舫录》卷六："银花火树，光焰竞出，爆竹之声发如雷，一时之盛也。"《红楼梦》第五十四回："说话之间，外面一色一色的放了又放，又有许多的满天星，九龙入云，一声雷，飞天十响之类的零碎小爆竹。"

【桃符、春联、春贴】"桃符"指用桃木雕刻成桃梗，亦即人形，就是把桃木驱鬼辟邪的功能形象化、人化。有在桃木板分别写上"神荼""郁垒"二神的名字，或者用纸画上二神的图像，悬挂、嵌缀或者张贴于门首，意在祈福灭祸。《扬州西山小志》："古以桃木削板画神像钉门两傍旁，以除邪魅。"《武林新年杂咏》："春联即古桃符板也，蜀梼杌载孟昶自题桃符板云新年纳余庆佳节。"春节时用红纸书写吉祥或祝颂语句贴于门上，称为春联，其源出于古之桃符。清代，贴春联演变成一种自上而下的全民性民俗活动。清富察敦崇《燕京岁时记·春联》："春联者，即桃符也。自入腊以后，即有文人墨客，在市肆檐下，书写春联……或用朱笺，或用红纸，惟内廷及宗室王公等例用白纸，缘以红边蓝边，非宗室者不得擅用。"清阮葵生《茶余客话》卷十二："明太祖都金陵，于除夕前诏公卿士庶家门外悉加春联，帝微行出观以为乐。"《清嘉录》卷十二："居人更换春帖，曰春联，先除夕一二十日，塾师与学书儿书写以卖。"《土风录》："新年门首贴宜春字。"《清嘉录》卷十二："居人更换春帖，曰春联。"

【开市、烧利市】旧时迷信者烧纸祭神，以求吉利或感谢神的保佑。《清嘉录》卷一"开市"："是日，市估祀神，悬旗返肆，谓之开市。……

案：《长、元、吴志》皆云：'五日祀五路神，始开市以祈利达。'《昆、新合志》云：'俗呼为烧利市。'"明代冯梦龙《喻世明言》第二卷中田氏道："宁可终身守寡，也不愿随你这样不义之徒。若是休了倒得干净，回去烧个利市。"《易·说卦》："为近利，市三倍。"

【接坑三姑娘、迎紫姑、厕神】紫姑，本为人家妾，为大妇所嫉，每以秽事相次役，正月十五日死于厕所。故世人以其日作其形，夜于厕间或猪栏边迎之。坑三姑娘即"厕神"。《清嘉录》卷一："望夕，迎紫姑，俗称接坑三姑娘。问终岁之休咎。"《鄱阳湖櫂歌》："小妇扶其赛紫姑，一岁生涯烦问训，卖鱼多少得钱无。"《田家四时诗》："元夕，迎紫姑神。"《土风录》："正月十六夜祀厕神，俗云坑三姑娘，即宗懔岁时记所谓紫姑神也。案紫姑，何姓名媚字丽娘，莱阳人，寿阳李景之妾，不容于嫡，常役以秽事，于正月十五日感激而死。"

【荠菜花、野菜花、眼亮花】"荠菜花"的俗名叫"野菜花"，它有驱虫、明目的功效，也叫"眼亮花"。《清嘉录》卷三："荠菜花，俗呼野菜花。因谚有'三月三，蚂蚁上灶山'之语。三日，人家皆以野菜花置灶陉上，以厌虫蚁。侵晨，村童叫卖不绝。或妇女簪髻上以祈清目，俗号眼亮花。"《江乡节物诗》云："杭俗，上巳日置荠菜花于灶上，可驱虫蚁。"

【舶趠风、麦超风】苏轼："三时已断黄梅雨，万里初来舶趠风。"吴中梅雨过后骤然凉爽数日，这个时候海舶初回，渔人认为此风与舶自海上一起来。沿海地区多称"舶趠风"，农人俗称"麦超风"。《沪城岁事衢歌》："既小暑矣，忽有高风凉爽数日，名'舶趠风'，俗讹为'麦超风'。

【七家茶、猫狗饭】疰夏为天气炎热、不思饮食、精神倦怠、眠不安宁之症状。立夏日，索取左邻右舍的茶叶饮用，或小儿吃猫狗吃剩的食物，可以免疰夏，令人健壮。疰即蛀，犹如树木为虫蛀也。《清嘉录》卷四："凡以魇疰夏之疾者，厨丁立夏日取隔岁撑门炭，烹茶以饮，茶叶则索诸左右邻舍，谓之七家茶、或小儿嗜猫狗食余，俗名猫狗饭。"

【中元节、七月半、鬼节】中元节，定于农历七月十五日，俗称七月半，民间传统节日。这一天，家家超度亡故亲人，俗话说"七月半鬼过节"

"七月半鬼乱窜"等。《清嘉录》卷七:"中元俗称七月半,官府亦祭郡厉坛。"《越谚》:"中元之名。"《扬州画舫录》卷六:"盖江南中元节,每多妇女买舟作盂兰放焰口,然灯水面,以赌胜负,秦淮最盛。"

【秋兴、斗赚绩】斗"赚绩"是姑苏的一种时令地方风俗。每年白露过后,"赚绩"这种奇妙的昆虫就成为玩乐的宠物。清代冯雪云曾赞扬过,赚绩有五德:"鸣不失时,是其信也;遇敌必斗,是其勇也;寒则归宇,识时务也;伤重致死,是其忠也;败则不鸣,知耻辱也。"可见时人对"赚绩"的喜爱。《清嘉录》卷八:"白露前后,驯养蟋蟀,以为赌斗之乐,谓之秋兴,俗名斗赚绩。"

【赏菊、看菊花】看菊花意为看热闹,赏菊就有鉴别的意味。《沪城岁事衢歌》:"重九,其名色不下数百种。花时两两招集,动以累月,名"看菊花"《清嘉录》卷九:"畦菊乍放,虎阜花农已千盎百盂担入城市。居人买为瓶洗供赏,而茶肆尤盛。"《红楼梦》第三十九回:"探春因问他'昨日扰了史大妹妹,咱们回去商议着邀一社,又还了席,也请老太太赏菊花,何如?'"

相同或相近的民俗事象有不同的称谓,也体现了各地方言词汇间的差异。其差异的形成往往会经历一个复杂的过程,差异的成因与人口的迁徙、民族的融合、地理的阻隔、造词心理、语言发展不平衡等因素相关。这在长江流域民俗文化词语中有很好的印证。

首先,地理因素。长江流域大多水乡泽国,古代交通不便,在河流两侧的居民有可能一生没有交集。长江上游地区重峦叠嶂,急湍甚箭,加之交通不便,就会导致人们生活习惯和语言习惯的日趋分歧。长江中游的湖北两岸的江汉平原一带方言差异不大,而鄂东南山峦起伏,有的县内也可能存在不同的方言。长江下游的浙江省,西部山区方言分歧比东部平原要大得多。如端午节系小儿之臂的五色丝,在长江上游叫"辟兵缯",在长江中游叫"续命缕",在长江下游苏州叫"长寿线",扬州叫"百索",杭州叫"长命缕"等。

其次,方言的影响。方言是一种蕴含着文化认同和归属感的机体,各地方言的不同，反映在岁时节令民俗文化词语上也不同。如"欢喜团"是用炒熟的糯米和饴糖搓成的一种球状食品。《金陵物产风土志》："蒸而干之，和以饴糖，掬之使圆，曰欢喜团。"有的地方简化求便，也叫"欢团"。《儒林外史》第三回："申祥甫听见这事，在薛家集敛了分子，买了四只鸡，五十个蛋和些炒米、欢团之类，亲自上县来贺喜。"汤团圆圆滚滚，象征团圆、圆满，四川地区为表示喜爱的感情色彩，常在其后加儿化音。四川有些地区常把"团儿"读成讹音"头儿"，成了"欢喜头儿"。再如：五月初五百工辍业，庆贺端阳。江浙一带方言为"白赏节"，今多书作"白相"，合吴音当书作"勃相"，即游玩、戏耍之意。况周颐《蕙风词话》卷一："'薄相'，犹言游戏，吴间里语曰'白相'。'白'盖'薄'之声转。"

再次，造词心理差异。相同的民俗事象从不同的角度来命名，选用语素不同，就会有不同的表达方式。"霉雨""梅雨""煤雨"是通过外形的不同观察去命名的。"烧松盆"与"烧富贵"反映了人们对客观世界的认识水平，这是社会心理对语言的影响。

最后，语言发展不平衡。汉语方俗词语中保留很多古词语。虽最初是同源关系，但是在后来的发展中就形成异流。如"春联"源于古代人们在门户上挂"桃符"之举。有的地方称"春联"，而有的地方仍然保留古语词"桃符"。这种不平衡性就表现为各地方言发展速度的不同。

三、反义词语类聚

一般说反义词是意义相反的词。但什么叫意义相反呢？需要解释它的逻辑意义。意义相反首先指所表达的概念意义在逻辑上有矛盾关系。什么叫矛盾关系？就是肯定一方必否定另一方，否定一方必肯定另一方的关系，这叫绝对反义关系。例如：真—假、动—静、存—亡、男—女等词语是绝对反义关系词语。其次还指所表达的概念意义在逻辑上处于反对关系的两个极端。什么叫反对关系，即肯定一方必否定另一方，但否定一方不能肯定另一方的关系，这叫相对反义关系，如：大—小，上—下，开始—结束。

岁时节令民俗文化词语有很多意义相反或相对的词。这些民俗活动词语概念的形成往往是在同类现象中相对命名，其民俗活动的内在含义恰巧是相反的。例如：

【迎潮辞、送潮辞】每年的八月十八日，长江下游的江浙一带，江潮奇特卓绝、蔚为壮观，游客咸集，文人赋诗，争睹奇景。《南汇县竹枝词》："八月十八潮生日。潮进闸港至鲁汇而潮头益壮。东市搭高台唱迎潮送潮辞，诚浦东大观也。"

【迎神、送神】每年到岁末，那些监察人间疾苦的诸神都要例行返回天庭向玉皇大帝汇报人间善恶，以决定人们的吉凶祸福。所以这一天格外重要，多多准备祭品送神上天，过些时日再迎接神灵来降，以祈多福免灾。《扬州画舫录》卷六："都土地庙例于中元祀之，先期赛会，至期迎神于城隍行宫，迓城隍会回宫。迎神于画舫。"《武林新年杂咏》："除夕备迎神，至元旦烧纸开门见。"《清嘉录》卷十二"过年"条："神前开炉炽炭，俗呼圆炉炭。锣鼓敲动，街巷相闻。送神之时，多放爆仗，有单响、双响、一本万利等名。"

【迎富、送穷】迎富习俗由来已久，上古时期二月二日，一人要一孩归家养活，从而家境渐渐富有，自此每年这天人们便到郊外采摘蓬叶代子，门前祭祀，祷祝人寿年丰。明谢肇淛《五杂俎·天部二》："秦俗以二月二日，携鼓乐郊外，朝往暮回，谓之迎富……大凡月尽为穷，月新为富，每月皆然，而聊以岁首举行之故，正月晦送穷，而二月二日迎富也。"清钱大昕《十驾斋养新录·迎富》："今人但知送穷，不知迎富亦有故事。魏华父有《二月二日遂宁北郭迎富故事》诗：'才过结柳送贫日，又见簪花迎富时……里俗相传今已久，谩随人意看儿嬉。'此蜀中旧俗，不知今尚行之否。"清嘉庆二十年《三台县志》卷八："初五日，每家将室内所积灰土渣滓盛于竹筐，携至静僻无人之处，焚香烛埋之，谓之'送穷'。"清同治十二年《瑞州府志》卷二十四："三日侵晨，束刍像人，以爆竹、锣鼓欢噪逐鬼，送至河边，曰'送穷'，即古傩遗意也。"清嘉庆二十年《三台县志》卷八："初五日，每家将室内所积灰土渣滓盛于竹筐，携至静僻无人之处，焚香烛埋之，谓之'送穷'。"

【请客风、送客风】二月八日为张大帝生日，必有风雨酿寒。有请客风、送客风。《清嘉录》卷二："张大帝诞，相传大帝有风山女、雪山女，归省前后数日，必有风雨，号请客风、送客风。"

【接亡、送亡】新鬼孤魂未定，人们于七月十三日为厉鬼践行，希望其早日安息。祭奠先祖，以祈全家安康。清同治十二年《溆浦县志》卷二十四载："七月十三日，夜半具酒肴祀祖先，曰'接亡'，新丧则号泣招魂，十五日，鸡鸣具酒肴，焚楮钱，曰'送亡'。"

【送灶、接灶】腊月二十四日送灶君上天，白一岁事。除夕祀灶曰接灶，迎接灶神从天上归来。《清嘉录》卷十二："俗呼腊月二十四日夜为念四夜。是夜送灶，谓之送灶界①。"《扬州西山小志》："二十三四日送灶，以糯米饭上嵌以杂果，祀灶，后留至除夕接灶，验碗底露气之大小以卜明年雨水之多少，亦往往有验。"《南汇县竹枝词》："廿四家家送灶神，茨菇是个岂无因。笑他买得糖元宝，胶住牙关舌不伸。"《清嘉录》卷十二："安灶神马于灶陉之龛，祭以酒果糕饵，谓之接灶。谓自廿四夜上天，至是始下降也。或有迟至上元夜接者。"《清嘉录》卷十二："挂锭，锡纸糊成，间以彩牌方段，玲珑一串。先期买之，除夕接灶，悬于灶神龛之两角，为来年获利之兆。"《江乡节物诗》："除夕祀灶曰接灶，言灶神自天上归来也。"《武林新年杂咏》："元旦接灶，俗谓灶神，于腊月二十四日上天奏报。"《上海县竹枝词》："灶神元夕接从天。"《南汇县竹枝词》："正月半夜接灶君，荠菜圆子肉馄饨。儿童放出茅塘火，又见塔灯点庙门。"

【接元宝、送元宝】腊月二十四日，僧尼用篝灯载灶马，为灶神之轿，舆神上天，然后焚化禳灾。谓"送元宝"。《清嘉录》卷十二"廿四夜送灶"条："拨灰中篝盘未尽者，纳还灶中，谓之接元宝。"正月初五送元宝鱼，谓之"送元宝"。《沪城岁事衢歌》："沪城风俗，元旦贺岁……五日例接财神，用鲜鱼极活泼者为元宝鱼。先一日担鱼呼街巷，有以红绳扣鳍踵门而

---

① 界：吴语"界"与"家"同音。旧习俗，家家均祀灶神，俗称为灶家老爷。

来者，谓送元宝。"

【放兵、收兵】七月十五日为中元节，官府亦祭祀厉鬼。清嘉庆九年《湖北通志》卷一百："蕲俗，七月朔，夜于景佑真君庙伐鼓吹螺，以小钲巡于市，名'放兵'。望夜如之，名'收兵'。兵，谓鬼也。"

【试灯、收灯】灯节开始，首先需要燃灯于灶前，表示对灶王爷的重视。《清嘉录》卷一"点灶灯"条："案：《昆、新合志》：'上元挂点灶灯，凡三夜。郡城始于十三夜，曰试灯；止于十八夜，曰收灯。'"徐崧、张大纯《百城烟水》云："吴俗十三日为试灯日，十八日为收灯日。"

【放魂、收魂】农历正月朔到十八日收灯节止，少年纵情游乐，称为放魂。到十八日开始收心，步入日常正规。明代田汝成《西湖游览志余》卷二十："自此少年游冶，翩翩征逐，随意所之，演习歌吹。或投琼买快，斗九翻牌，博成赌闲，舞棍踢球，唱说平话，无论昼夜，谓之放魂。至十八日收灯，然后学子攻书，工人返肆，农商各执其业，谓之收魂。"

【开井、封井】除夕封井，不复汲水，至正月三日始开。《武林新年杂咏》："除夜封井至新正三日，献糕祭酒以开之，谓之援井泉童子。"《清嘉录》卷十二："置井泉童子于竹筛内，祀以糕果茶酒，庋井阑上撽之，谓之封井。"

【封斋、开荤】里俗久斋，亲朋好友一起聚宴欢庆，此后封斋，若又吃之即谓开斋。《清嘉录》卷六："嗜斋之先，戚若友必馈肴馔以相暖热，谓之封斋。既开斋，又如之，谓之开荤。"

【入液、出液】立冬后十日为入液，至小雪为出液。《俚言解》："立冬后十日入液至小雪出液，此时得雨谓之液雨。"

【入霡、出霡】李实《蜀语》："秋分后逢壬，谓之入霡，十日满，谓之出霡。霡，谓雨多也。逢壬十日内，谓之霡天。谚云：入霡有雨，出霡晴。"

【上元节、下元节】正月、七月、十月望日为上元、中元、下元。《清嘉录》卷一："上元节，正月十五夜，俗又呼为灯节。"《扬州画舫录》卷六："厉坛即城隍行宫，每岁清明、中元、下元三节，先期羽士奏章，吹螺击钱，穷山极海。"

【上灯节、落灯节】正月十五前两日上灯称"上灯节"，十八日落灯为"落灯节"。《西石域风俗志》："十三日为上灯节，期间各家均以圆子或晚米糕供其家堂。十八日为落灯节，期则供以麦焉。"

以上所举的反义词语，都是人们约定俗成、普遍认可的。反义之间没有绝对的界限，都是相对产生的。它们主要是由"迎-送""请-送""接-送""放-收""开-封""入-出""上-下""上-落"等相对的反义语素组成。"迎-送""请-送""接-送"三对相对反义词共同义域为对客人到来或离开所做的行为动作，不同为："送"对离别的人表示惜别，"迎""接""请"对到来的客人表示欢迎；"开-封"的共同义域都是改变事物开合状态的动作，不同的是："开"为开启，"封"为封合；"出-入"共同义域都指对某一区域的不同走向的运动，不同为："出"是由内向外，"入"是由外向内；"上-下""上-落"两对相对反义词共同义域都是物体在垂直线上的位置，不同的是："上"是向上，往高处走，"下""落"是向下，往低处走。

四、简称与数词略语类聚

词语的类聚是有层次的，上一层次的某些词语必然有自己特殊的意义，为下一层次的各词语所有。如《清嘉录》卷三："盖土俗家祭以清明、七月半、十月朔为鬼节，端午、冬至、年夜为人节。""鬼节"和"人节"是上位词，而"清明""七月半""十月朔""端午""冬至""年夜"是下位词。在我们所统计的民俗词语中有一定数量的上下位词语。上下位词语在此表现为"简称"和"缩略"两种形式。

简称和缩略是两种词汇现象。对什么是简称、什么是缩略的问题，学术界是有不同的意见的。一种意见是不分简称和缩略，认为简称和缩略是一回事。另一种意见是将简称和缩略分别开来，认为简称和缩略是不可混同的两种现象。学术界中持这种观点的人不太多。吕叔湘先生主张将简称和缩略分别开来，在谈到"简称"时，吕叔湘先生说："一般称为'简称'的那种组合，其地位也是介乎词和短语之间。从意义方面看，简称代表全称，是短语性质，可是从形式方面看，简称不同于全称，更像一个词。"又说："实际上简称是一种过渡形式，用得多，用得久，就变成一个词，以致很多人都忘了它原来是一个简称了，例如：'语文''科技''党委''支书''外贸'。当然，有些简称会长期保持它的简称的身份，例如机关学校的名称，像'北大''长影'，以及带数字的简称，像'三反''四害'。它们的性质比较近于短语词。"在谈到"缩略"时，吕先生说："还有一种组合，有几分像简称，但是不能叫做简称。例如：'轻重工业''上下水道'，是由'轻工业''重工业'，'上水道''下水道'省并而成；'新旧图书''中西药品'，是由'新书''旧书'，'中药''西药'省并加字而成；'水陆交通'是由'水上''陆地'省缩加'交通'而成，'城乡居民'是由'城市''乡村'省缩加'居民'而成（'水陆'和'城乡'都不能单用，因而不能算简称）。这类组合是一种凝固的短语。"①吕叔湘先生的意见对于简称和缩略问题的解决具有重要的启发意义。

（1）简称。

简称即对较复杂的词语的简化形式，所谓简称，实际上是相对于全称而言的。往往摘取每个词语的一个语素组成一个简单词形，表达所有词语的综合义。简称以全称为其基式而形成，用简称代表全称。

【乌饭】《江乡节物诗》："青精饭，食之延年。木道家者言，杭人呼为乌饭，亦有制以为糕者，于立夏食之。"《邗江三百吟》中又称"乌米饭"。

【洪福齐天】《金陵物产风土志》："守岁时，取红枣、福建莲子、荸荠、天生野菱，煮粥食之，谓之洪福齐天。"

【头八二八】《越谚》："即正月初八、二月初八，雨水晴则有年。"

【正五九月】《证俗文》："唐朝新格以正五九月为忌月，今人相沿以为不宜上任，不食荤。"

【七人八谷九天十地】《清嘉录》卷一："俗以七日为人日，八日为谷日，九日为天日，十日为地日。人视此四日之阴晴，占终岁之灾详。"

---

① 吕叔湘：《汉语语法分析问题》，商务印书馆1979年版。

【九九】《扬州西山小志》："俗重农事，以冬至数九，应来年雨水，头九应十月、二九应九月、三九应八月、四九应七月、五九应六月、六九应五月、七九应四月、八九应三月、九九应二月，历历有验，雨水以六七月为喫紧，故四五九望雪尤殷也。"

（2）数词略语。

缩略，也是相对于全称而言的。缩略与简称不同，简称是从其所有形成的基式上撷取出一个单位来使用，这撷取出来的单位本就是语言中的一个固有的单位，如从"巴黎公社"或"人民公社"中撷取出的"公社"。而缩略却不是这样，它是从其所有缩略的基式上截取出几个有代表性的字（语素）另行组合成一个新的单位，这新的单位本不存在于语言词汇中。

①项数加上各项的共同成分，即形成数词短语，也即把原词语各部分相同成分抽取出来之后，再用相应的数目概括起来构成缩略语的一种形式，也叫"取尾式"。如"三元""五腊"这样的单位是由数词/数词性的字+名词/名词性的字组合而成的，言语事实中也确有一个定量的同字的词语集合与之相对应。"三国""五腊"等词语和与之相对应的同素词语集合的关系如下：

【三元】《证俗文》："正月十五为上元，七月十五为中元，十月十五为下元。"正月十五日、七月十五日、十月十五日又分别是春、秋、冬三季的第一个月圆之夜，又称"三元"，即上元、中元、下元。清赵翼《陔馀丛考》卷三十五《天地水三官》："其以正月、七月、十月之望为三元日，则自元魏始。"①《证俗文》："正月十五为上元，七月十五为中元，十月十五为下元。"

【五腊】《俚言解》："正月朔为天腊、端午日为地腊、七夕为道德腊、十月朔为民岁腊，十二月正腊日为王侯腊。"

"三元""五腊"这样的词语单位，是从众多词语中选取一个有代表性的成分再用数字加以称说而构成的一个新的词语。"上元""中元""下元"等

---

① 　周一平、沈茶英：《岁时纪时辞典》，湖南出版社1991年版，第27页。

词语对"三元"这类单位的形成诚然是有影响的，但是"上元""中元""下元"等只是词语的自由组合体，不是语言词汇的固定单位，也非"三元"等的构成基式。类似"三元""五腊"类的词语还有：

【小满动三车】《清嘉录》卷四："号小满动三车，谓丝车、油车、田车也。"《姑苏竹枝词》："俗称小满出三车，谓丝车缫丝，油车压油，水车灌田也。"

【三时】《清嘉录》卷五："夏至日为交时，曰头时、二时、末时，谓之三时。农人又以每时之末忌雨，谚云：'三时三送，低田白弄。'"明周之玙《农圃六书·占候·五月占》："夏至后半月为三时，头时三日，中时五日，三时七日。"①

【三霉】《松江竹枝词》："黄梅后三日为头霉，又五日为中霉，又七日为末霉。"

【三伏天】《清嘉录》卷六："旧俗有夏九九，今已不传。但从夏至日起第三庚为初伏，第四庚为中伏，立秋后初庚为末伏，谓之三伏天。"

【三节帐】《清嘉录》卷十二："土俗贸易场中以端午、中秋、除夕三节按节索欠，谓之三节帐。"

【三白酒】《清嘉录》卷十："以白面造麹，用泉水浸白米酿成者，名三白酒。"

【四眠】《黔语》："上树七日为初眠，又七日二眠，又七日三眠，又十日大眠，亦曰四眠。"

【九品烛】清乾隆五十一年《盐亭县志》卷八："'元日'黎明，燃九烛于门外，谓之'九品烛'。"

②还有一些是根据共同的属性加上列举的项数构成的，也成为"统称"，就是把属于同一类别的不同个体，概括起来用一个相应的词语统一称说。例如：

【三官诞辰】《清嘉录》卷一："上元、中元、下元日为三官诞辰。"《岁

---

① 周一平、沈茶英：《岁时纪时辞典》，湖南出版社1991年版，第32页。

时纪时辞典》详载："农历正月十五曰天官诞，七月十五为地官诞，十月十五曰水官诞。"清潘荣陛《帝京岁时纪胜》；"十五上元，七月中元，十月下元，为三官圣诞。曰天官赐福，地官赦罪，水官解厄。设坛致祭。"①

【三官素】《清嘉录》卷一："上元、中元、下元日为三官诞辰。俗以正、七、十月朔至望日茹素者，谓之三官素。"《武林新年杂咏》："八宝菜即杂炒菜，品糁以芝麻味殊，八珍数溢七宝，新正点十庙香喫三官素者尚之。"

【立夏见三新】《清嘉录》卷四："立夏日，家设樱桃、香梅、稻麦供神享先，名曰立夏见三新。"《昆、新合志》："立夏日，家设樱桃、青梅、麦蚕、印糕等物，饮烧酒，名曰立夏见三新。"与郡俗略异。

【五辛盘】五辛盘亦称"辛盘""春盘"，即五种有辛辣味的菜。《清嘉录》卷十二："五辛为葱、蒜、韭、蓼蒿、芥。"《太平御览》卷二十九引《庄子》曰："春月饮酒茹葱，以通五藏。"②五藏，指心、肝、脾、肺、肾，是人体内重要的器官。选用这五种带有辛辣、刺激性气味的菜做五辛盘，可以疏通五藏，达到健康的目的。

【五毒菜】《金陵物产风土志》卷四："端阳有五毒菜：韭叶、荬草、黑干、银鱼、虾米也。"

【五毒符】五毒是蛇、蟾蜍等五种毒虫的概括性称谓。《清嘉录》卷五："尼庵蒟五色彩笺，状蟾蜍、蜥蜴、蜘蛛、蛇、蚿之形，分胎檀越，贴门楣寝次，能魇毒虫，谓之五毒符。"《姑苏竹枝词》："尼庵以彩笺蒟制五毒虫符，分贻民俗贴户楣。"

【七宝羹】清光绪十四年刻本《德安府志》卷二十："人日，以七种菜和米粉食之，曰'七宝羹'。又以是日阴晴占人休咎。"

【九时新】洪如嵩《杭俗遗风补辑》称立夏日吃九种应时而鲜美的东西有：樱桃、梅子、鲥鱼、蚕豆、苋菜、黄豆笋、玫瑰花、乌饭糕、蒻

① 周一平、沈茶英：《岁时纪时辞典》，湖南出版社1991年版，第33页。

② 李昉编撰，夏剑钦校点：《太平御览》第1卷，河北教育出版社1994年版，第250页。

苣笋。

"简称"与"数词略语"是用一种简化的形式来代替完全形式，是语言词汇中的特制精品。因为语言符号具有线条性的特征，它只能一个跟着一个依次出现，在时间的线条上绵延，而"简称"与"缩略语"在言语的线性组合序列中具有连句谋篇的功能。如听到或看到"愿以三伏天，催促九秋换"，人们脑海中即刻联想到：夏至日起第三庚为初伏，第四庚为中伏，立秋后初庚为末伏，且初伏、中伏、末伏是按照时间序列排列的。

"简称"与"数词略语"的产生是受语言运转的"经济原则"制约的，在不影响表意明确的前提下，人们在使用语言交际时一般希望花最少的精力、最短的时间获取足够的信息量。阮元在《文言》中说："寡其词，协其音，以文其言，使人易于记诵，无能增改。""简称"与"数词略语"就是利用现有的语言材料最大限度地创造出各种合乎表意需要的语言形式。"简称"与"数词略语"就是在这种交际目的、交际心理的驱动和支配下而孕育的"宁馨儿"。①

第三节　岁时节令民俗文化词语的传承性

中国的传统岁时节令丰富多彩，但在漫长的历史河流的冲刷、过滤中，一些被淘汰，一些被传承至今。民俗的传承性指"某一类型的民俗在传播过程中自始至终有相同、相似的内容，或有大致相同的形式。有形态和性质两大类别。形态传承指民俗活动方式等外在形态；性质传承指信仰等内在因素。习惯是民俗传承的重要纽带"②。民俗伴随着原始人类从荒蛮中一道走来，它是人类组织社会的一种形式，标志着人类的进步与文明。因而，一部科学的民俗语汇总集，堪称一部人类从混沌走向文明的逼真的社会文化史。③ 如"面鬼"原本起源于古代傩文化。民俗词语的传承有三种

① 王立廷、沈基松、张小平：《缩略语》，新华出版社 1998 年版。
② 郑传寅、张健主编：《中国民俗辞典》，湖北辞书出版社 1987 年版，第 1 页。
③ 曲彦斌：《中国民俗语言学》，上海文艺出版社 1996 年版，第 63 页。

类型：一是口耳相传；二是文献记载；三是口耳相传与文献记载并举。明清时期长江流域具有传承性的民俗文化词语有很多，如：腊八粥、年夜饭、春联、上坟、年糕、煨锅、爆孛娄、爆竹、烧香、闹元宵、灯谜、拜年、压岁钱、风筝、端午龙舟、裹粽子、月饼等。本节重点列举三个词语：

（一）春联

春联是汉族传统文化的瑰宝。中国的骈偶句有着深厚的土壤，流传至今，久盛不衰。换贴"春联"源于古代人们在门户上挂"桃符"之举。我国自周以来，俗信桃木能避鬼。庄子曾插桃树枝于门户，而鬼畏之。汉代，有人煮桃木为汤，以赭鞭挥洒桃木汤于屋壁以避鬼。因神荼、郁垒能捉恶鬼，又住在桃树下，于是人们便将桃木削成片，上写神荼、郁垒之名，于岁首钉在大门两边，以驱鬼辟邪，称为"仙木"。后来，又有人在桃木片上写上驱魔祈福的话语代替神荼、郁垒之名，意在祈福灭祸。《松江竹枝词》："古以桃木削板画神像钉门两傍旁，以除邪魅。"而在岁除贴挂桃符的习俗相传起源于五代后蜀主孟昶，宋黄休复《茆亭客话》提到自蜀始："先是，蜀至每岁除日，诸宫门各给桃符一对，俾题'元亨利贞'四字。"清代吴锡麒《武林新年杂咏》记载较详："春联即古桃符板也。《蜀梼杌》载孟昶自题桃符板云：'新年纳余庆，嘉节号长春。'"

到宋朝，无论官方还是民间，岁除悬挂春联已经相当流行，并且内容也丰富起来。《宋史·五行志》："岁除日，命翰林为词，题桃符。元旦，置寝门左右。"王安石《元日》描写宋代过春节除旧迎新、气象万千的场景："爆竹声中一岁除，春风送暖入屠苏。千门万户曈曈日，总把新桃换旧符。"

到明代，"桃符"真正称为"春联"。"桃符"是楹联的一种，对偶、工整、精巧，为庆贺立春日，辞旧迎新寓意，所以叫"春联"。年节用红纸书吉庆语贴于门为春联之俗已经盛行。据《簪云楼杂话》记载，明太祖朱元璋定都金陵后，除夕前，曾下令让官员们家门都要贴春联，并亲自微服出巡，以欣赏各户春联为乐。清阮葵生《茶馀客话》卷十二："明太祖都金陵，于除夕前诏公卿士庶家门外悉加春联，帝微行出观以为乐。"由于朱元璋对春联的大力提倡，推动了春联的普遍盛行。明代吴县人杨循吉《除夕杂咏》："春贴题乡究。"春贴即春联也。

清代以后，对联曾鼎盛一时，出现了不少脍炙人口的名联佳对。除夕前一二十日，私塾老师及学生就书写春联叫卖。多写千金百顺、宜春迪吉、家声世泽等吉言。周宗泰《姑苏竹枝词》云："学书儿童弄笔勤，春联幅幅卖斯文。人来问价增三倍，不使鹅群笼右军。"《沪城岁事衢歌》亦载："贫而失业者，挈纸一束，于稠密处缮门贴偶语，为'卖春联'。"《红楼梦》五十三回："已到了腊月二十九日了，各色齐备，两府中都换了门神，联对，挂牌，新油了桃符，焕然一新。"《儒林外史》第二十一回："卜老直到初三才出来贺节，在人家吃了几杯酒和些菜，打从浮桥口过，见那闸牌子家换了新春联，贴的花花绿绿的，不由的一阵心酸，流出许多眼泪来。"

（二）爆孛娄

"爆孛娄"是江南人家正月中一项重要的活动，宋代已有之。范成大《上元纪吴中节物俳谐体三十二韵》"捻粉团栾意，熬秫胹膊声"，自注："炒谷以卜，俗名孛娄，北人号糯米花。"之所以叫"孛娄"，清代《吴下方言考》有载："雨水节，烧干镬以各稻爆之，谓之孛娄。爆米花（北方称呼）、爆炒米（南方称呼），娄罗、卜谷、卜流：卜流年之好坏。"每到农历正月十三，吴人以糯谷入焦釜爆米花，谓之"爆孛娄"，谐音"卜流"。用糯米或珍珠米投入煮沸的锅水中，如果投入的谷物开了花又碎为粉末，则为大吉大利的征兆。米花若爆得吉相，斜插鬓间，那可是既快活又得意的事。以这种方式占卜流年，所以叫做"卜流花"。男女老幼各占一粒，据说可预知终岁之吉凶。①《清嘉录》卷一："乡农以糯谷入焦釜，老幼各占一粒，曰'爆孛娄'，谓卜流年之休咎。"清顾张思《土风录》卷六："糯谷爆花

---

① 仲富兰：《水清土润：江南民俗》，上海人民出版社 2010 年版，第 9 页。

名孛娄。"范志云："亦曰米花。"李戒庵《孛娄》有诗记载了这一活动："东入吴城十万家，家家爆谷卜年华。就锅抛下黄金粟，转手翻成白玉花。红粉美人占喜事，白头老叟问生涯。晓来妆饰诸儿女，数片梅花插鬓斜。"

"孛娄"也称"兜凑"，是年底尼姑送给施主的爆炒糯米。《沪城岁事衢歌》："女尼以糯米之圆洁白者，悬而风之。烈火热锅下，入米于锅，搅之使表里透松，大倍于粒，白如雪，名'兜凑'。岁暮来檀越家送之，宅眷有厚赍。"《越谚》："投凑，除夜欲借豆盘，元旦醒起且祈。"

爆孛娄的发明，一方面是其谐音"卜流"体现人们对来年大吉大利美好生活的渴望，另一方面折射出中国传统饮食的丰富多彩，它代表着明清时期膨化食品已经开始进入大众家庭，且很受人们的欢迎，成为延续至今的日常零食。

(三)煖锅

"煖锅"是江南一带对火锅的习惯性称谓。一般用铜锡制成，是一种锅、炉合一的炊具。煖锅已经经历上千年的演变，古代祭祀或庆典，要列鼎而食。《墨子·七患》："故凶饥存乎国，人君彻鼎食五分之三。"此时的鼎可谓是火锅的雏形。

关于煖锅的记载，始见于宋代。宋金盈之《醉翁谈录》卷四云："旧俗，十月朔开炉向火，乃沃酒炙脔肉于炉中，围坐饮啖，谓之'煖炉'。至今民家送亲党薪炭酒肉缣绵，新嫁女并送火炉。"当时，火锅的食法在民间已常见，南宋林洪所著《山家清供》食谱中，便有吃火锅的介绍。

明清时期，煖锅才真正兴盛起来。煖锅形状有圆有方，象形元宝。《邗江三百吟》："火锅即火碗、火壶之类，用好锡为之，向来或圆或方，足以适用。今则象形元宝，预装年肴，亦贸易者所为也。"清代钱泳《履园丛话·鬼神·祭品用热》："考古之鼎彝，皆有盖，俱祭器也。其法，先将牺牲粢盛贮其中，而以盖覆之，取火熬热，上祭时始揭盖，若今之煖锅然……余家凡冬日祭祀，必用煖锅，即古鼎彝之意。"煖锅吃法更加多样，食材丰富，七荤八素，应有尽有。明陈献章《南归寄乡旧》诗："生酒鲟鱼会，边炉蚬子羹。"《清稗类钞》记载："京师冬日，酒家沽饮，案辄有一小釜，沃汤其中，炽火于下，盘置鸡鱼羊豕之肉片。俾客自投入，俟熟而食，故曰'生火锅'。"

煗锅围坐共食，不复置几案，热汤沸腾，寒气驱解，场面欢乐温馨，为冬宴平添了喜庆色彩。这是火锅经朝历代、经久不衰的意义所在。煗锅还有一个有趣的俗称"仆憎"，由于煗锅自选自足，不便于奴仆偷食，所以叫"仆憎"。这从另一个侧面反映火锅受欢迎的程度。《清嘉录》卷十二："年夜祀先分岁筵中，皆用冰盆，或八，或十二，或十六，中央则置以铜锡之锅，杂投食物于中，炉而烹之，谓之煗锅。……案，《墅谈》：'煗饮食之具谓之。杂投食物于一小釜中，炉而烹之，亦名边炉，亦名暖锅。团坐共食，不复置几案，甚便于冬日小集，而甚不便于仆者之窃食，宜仆者之憎也。'"

语言中的词汇可以分为基本词汇与一般词汇。基本词汇的一大特点是"稳固性"，它在语言发展过程中不容易发生变化，生命力很长久，有的可以沿用至今。有些民俗文化词语属于基本词汇，它们具有两个不可缺少的条件：一是相对稳定的节期；二是节期中有比较固定的民俗活动。这些民俗活动年年重复，代代传承，是历史的文化积累，蕴含着传统的价值观念、思维模式、伦理道德、行为规范、审美情趣，具有相对的稳定性和延续性。但是具有稳固性，并不是说它是一成不变的，而是变化很慢而已。同一语言的基本词汇在不同的时代面貌也不完全相同。如"煗锅"在不同时代其面貌也有差别，但是其核心部分保持不变。

第四节　岁时节令民俗文化词语的变异性

千百年来，各个时代在保留其岁时节令合理内核的同时，又在不断地注入新的内容，同时又不断地出现变异。明清长江流域的岁时节令民俗文化词语既表现出一脉相承的内容，又呈现出纷繁复杂的变异。岁时节令民俗文化词语是为表达民俗事象和民俗活动服务的，随着科学知识的日益普及、人民物质生活水平和精神文明程度的不断提高，许多封建迷信色彩很浓的节日习俗已经或正在被人们所抛弃，有的岁时节令民俗词语甚至在日期、节名、节俗上都发生了变化。节日的信仰传承正在向社会性和文娱体育性转化，不少有着新内涵的节俗活动逐渐产生。民俗词语的变异性包含两个方面：其一，民俗活动消失了，岁时节令民俗文化词语被淘汰。如：紫姑、打春牛、黄连头叫鸡等。其二，民俗活动外在形态和内在性质发生变化。如旧时重阳节"登高"以辟灾，明清重阳节到郊外秋游，享受大自然美景；旧时除夕守岁以驱逐"疫疬之鬼"，明清人们多掷色子赌博，街上"卖顺"（卖色子）的叫卖声不绝于耳。

一、消失的古词语

（一）打春牛

"一年之计在于春"，道出了农业社会春天的重要性。春之始实际上是年之始，中国古代政府和民间均十分重视立春。打春牛，意在唤醒冬闲的耕牛，以备春耕，并寄托着对丰收的期盼。打春牛之事始于隋，而立春日打春牛作为一种固定仪式广泛流行开始于宋朝，《土风录》："汉晋时，无打春之事，隋书礼仪志有彩仗击牛之文。"宋代孟元老《东京梦华录》云："立春前一日，开府、祥符两县置春牛于府前，至日绝早，府僚打春，府前百姓皆卖小春牛。晁冲之诗：'不上谯楼看打春。'""打春"即"打春牛"。

一直到明清时期，立春日"打春牛"祈丰年习俗依然盛行，农民竞以麻、麦、米、豆抛打春牛。《清嘉录》卷一："立春日，太守集府堂，鞭牛碎之，谓之打春。农民竞以麻、麦、米、豆抛打春牛，里婿以春毬相馈贻，预兆丰稔。"《田家四时诗》："铮鼓新年响沸腾，城中看得春牛返。"《姑苏竹枝词》："太守迎春回，于堂皇鞭春牛碎之，名打春牛。"

旧时，沔阳农村有鞭春牛的习俗。每年立春前一日，农民设芒神并赶着春牛到东郊迎春亭，用彩杖鼓乐前往迎接。礼毕，饰农人牵牛入公堂，作耕田播种状，撒谷满堂，用此法以祈丰收之兆。如今，随着农业机械化水平的提高，用牛进行农业生产几乎没有了，"打春牛"的农耕民俗逐渐淡出人们的视野，打春牛这个民俗文化词语也成了一个历史词语。

图 3-1　《清俗纪闻》载"打春牛"场景①

（二）迎紫姑

民间流传的紫姑传说故事及其习俗祀典可谓源远流长。民间有两个传说：其一，紫姑是汉高祖时被吕后惨杀，扔到厕所里的戚夫人（俗呼"戚姑"），今俗称"七姑"，"戚""七"音相近；而"紫"或"子"，当系"戚""七"音讹。② 据《月令广义·正月令》载："唐俗元宵请戚姑之神，盖汉之

———————

① 李德复、陈金安：《湖北民俗志》，湖北人民出版社 2002 年版，第 5 页。

② 宗力、刘群：《中国民间诸神》，河北人民出版社 1986 年版，第 424 页。

戚夫人，死于厕，故凡请者诣厕请之。""紫姑"也叫"厕姑""厕神""茅姑""坑姑""坑三姑娘"等。其二，据说紫姑姓何，名媚，是大户人家的一个侍妾，被大老婆于阴历正月十五日偷偷杀害于厕中。紫姑死后，天帝很怜悯她，封她当厕神，民间又尊她为蚕桑之神。妇女们很同情她的不幸遭遇，便用稻草扎成其形，于阴历正月十五日半夜在她曾做过事的厨房、猪圈及厕所等处迎接她，向她询问本年蚕桑、庄稼收成的好坏，以及未来之福祸。《土风录》："正月十六夜祀厕神，俗云坑三姑娘，即宗懔《荆楚岁时记》所谓紫姑神也。案：紫姑，何姓，名媚，字丽娘，莱阳人，寿阳李景之妾，不容于嫡，常役以秽事，于正月十五日感激而死。"民间认为紫姑是一位掌管蚕事之神。《清嘉录》卷一："妇女又有筶帚姑、针姑、苇姑卜问一岁吉凶者。一名百草灵。乡间则有祈蚕之祭。"《武林新年杂咏》："即箕姑，乡村妇女于十五夜召卜一岁吉凶并蚕田丰歉其类，有帚姑、针姑、苇姑。"《清嘉录》卷一："望夕，迎紫姑，俗称接坑三姑娘。问终岁之休咎。"《鄱阳湖櫂歌》："小妇扶其赛紫姑，一岁生涯烦问训，卖鱼多少得钱无。"

明清时期，元宵迎紫姑的风俗在一些地方甚浓。如清嘉庆八年刻本《常德府志》、清同治五年刻本《来凤县志》等地方志，大多有"幼女请紫姑神，问灾病、休咎、年岁，曰'请七姑娘'""闺秀多结伴迎紫姑神，或帚把姑娘、瓢儿姑娘，卜吉祥，更深方散"的载述。湘黔桂边界侗族、湘鄂川边界土家族及湘西瓦乡人的"请七姑娘"，都是把本民族、本地区古老的"迎紫姑"习俗同七仙女传说结合起来，并且发生流变。①

由于紫姑居厕，引发人们的恻隐之心才拜其为神。后来，随着时代的变迁、世俗观念的冲击，人们更加崇拜具有实用价值的神，如财神、观音菩萨、灶神等，而对人们约束力渐小的厕神——紫姑崇拜便渐自消失，迎紫姑这一词语淡出历史。

（三）飞帖

中国号称古老文明的礼仪之邦，中国的传统节日具有浓厚的家庭伦理

---

① 巫瑞书：《南方传统节日与楚文化》，湖北教育出版社 1999 年版，第 76 页。

特色。岁时节日是亲属互访、朋友互拜之日。"飞帖"也称"投刺",是古人交往的一种方式。西汉末年有关于"刺"的记载。《论衡·骨相》韩生"通刺倪宽,结胶膝之交"。唐宋时皇帝于每年岁末召集文武大臣赐新历书,民间便有人互赠贺年片恭贺新年。宋代,帖到人不到之风已然。在官僚士大夫阶层中,有人认为过年时互相登门拜贺十分费时,又很麻烦,便派佣仆"持名刺代往"投贺,这一现象逐渐在官僚士大夫阶层中形成风气。

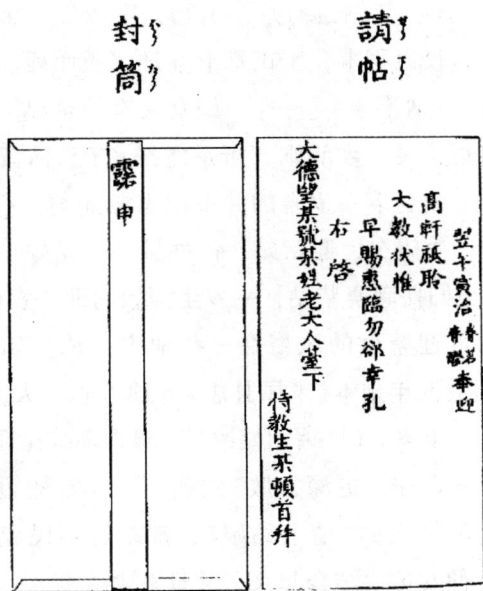

图 3-2　《清俗纪闻》载"飞帖"样式

　　明代的"贺卡"大多用梅花笺制作,长约 3 寸,宽约 2 寸,上多写"恭贺新禧""万事如意"等祝辞。清代的"贺年片"用红色硬纸片制作,书某人拜贺,并时兴将贺年片放在漂亮鲜艳、做工考究的"拜盒"里送给对方,以示尊重。① 《清嘉录》卷一:"有遣仆投红单刺至戚若友家者,多不亲往,

---

　　① 李德复、陈金安:《湖北民俗志》,湖北人民出版社 2002 年版,第 450 页。

答拜者亦如之，谓之飞帖。"《姑苏竹枝词》："吴俗新岁，以红纸书名通谒，遣仆争投名飞帖。"《俚言解》："自元日以后，亲友往来交错道路，谓之拜年。然乡村各拜其亲友或携盒酒，多出实心。而城市士人，多望门投刺或不过其门，令人送名帖。有素不相识也互相投贴。"清代褚人获《坚瓠集》："拜年帖，国初用古简，有称呼。康熙中则易红单，书某人拜贺。素无往还，道路不揖者，而单亦及之。"有的人家直接在门口挂红纸袋，叫"门簿"，也叫"接福"或"代僮"来专门接受飞帖，以收得多者为荣。《武林新年杂咏》："贺客沓至，设门籍书姓名簿，签标曰'留芳'，或曰'题凤'。铺家设籍门外，以红笺束葱茎松段压之，取葱茏松茂之意。"《清嘉录》卷一："或有粘红纸袋于门以接帖，署曰'接福'，或曰'代僮'案：《艮斋杂记》：'拜年无论识与不识，望门投贴，宾主不相见，登簿而已。'"

飞帖的适用范围主要在一些豪门大户的官僚阶层，结交广泛，无法各家一道贺新春，便派遣仆人带着他的红帖去拜年。后来演化成官场交易的工具，过度包装、滋生腐败。"飞帖"逐渐失去其原有的寓意，渐渐消失。

二、发生变异的词语

（一）登高

登高在春秋战国时期已经萌芽。《事物纪原》载："齐景公始为登高。"登高最初并不是登山，而只是登"高台"。据西汉时京都《长安志》载，京畿郊外有一小高台，每年重九等节日，都有很多人登上高台观景游玩。到南北朝时期，登高的活动在民众中更为普遍，并且约定俗成为每年一次，固定在九月初九这一天。同时，也把登高的范围扩大到了登山。① 南朝梁吴均《续齐谐记·九日登高》："东汉汝南桓景随费长房游学累年。长房谓曰：'九月九日汝家中当有灾，宜急去，令家人各作绛囊盛茱萸以系臂，登高

---

① 杨永生：《中外民间节日》，广西人民出版社1982年版，第73页。

饮菊花酒，此祸可除。'景如言，齐家登山。夕还，见鸡犬牛羊一时暴死。长房闻之曰：'此可代也。'今世人九日登高饮酒，妇人带茱萸囊，盖始于此。"

清代重阳登高活动已经相当固化与纯熟。文人学士强调其娱乐的一面，"登高"形成了"登高会"习俗，饮酒、鼓琴、对弈、赋诗，一片热闹欢庆的场景。《土风录》："重阳登高见吴均《续齐谐记》：'费长房记语桓景，九日当登高，饮菊叶酒，因齐家登山。'"清同治七年刻本《武陵县志》载："九月九日，名流相集登高，如平山、德山，皆其地也。"清同治十三年刻本《黔阳县志》载："九月九日，重阳节。文士有举'登高会'者，就近郭山陬，结伴眺赏，酒茗之余，随意鼓琴对弈，清游竟日始归。"

登高最初意义是避祸、智斗瘟魔。"九"为阳数，且属于"老阳"，"阳极必变"，因而，"九"是由盛而衰的不吉利的数字。重阳节，两阳相重，更是不吉，必有灾祸降临。于是，民众在九月初九这一个阳气极盛的日子，从室内走出室外，从平地走向高山，就是为了防患未然，逃离可能出现的灾祸，以寻求神灵的庇佑。另外，九与"久"谐音，重九即是长长久久，表达人们对生命的珍爱，渴望健康长寿。但是，随着社会的发展，重阳节的核心文化内涵不是登高避祸，而是从实实在在的登高行为转变为象征性的登高仪式表演。明清时期，登高的主要内容演变为市井的市会，且掺杂着娱乐游艺的成分。《清嘉录》卷九："登高，旧俗在吴山治平寺中，牵羊赌彩，为摊钱之戏。"《姑苏竹枝词》："吴山治平寺，重九登高者，牵羊赌彩，为摊钱之戏。寺僧不守清规，为延抚陈榕门奏办。"牵羊赌彩，追求享乐与安逸成为重阳节的另一层意义。

（二）跳灶王

清代的十二月"跳灶王"习俗是从古代傩演变过来的。傩，形声字，篆文𩈈，从人，難声。《说文·人部》："傩，行人节也。"本义为行走有节度。《诗·卫风·竹竿》："巧笑之瑳，佩玉之傩。"毛传："傩，行有节度。"古代娱神之舞有节度，故又引申指古时在腊月举行的驱逐疫鬼的一种仪式。唐李绰《秦中岁时记》："岁除日，进傩，皆作鬼神状，内二老儿为傩公、傩母。"

到清代，跳灶王是"傩礼"的变相表现方式。"跳灶王"能保平安，所以户各舍米，升合不等，也有施钱者。《妄妄录》卷十"冒失鬼"："是月葛约乞丐戴破金冠，穿烂蟒衣，循乡摊遗风，名跳灶王，登门讨钱。"褚人获《坚瓠集》云："摊系古礼……今吴中以腊月一日行傩，至二十四日止。丐者为之，谓之跳灶王。"《江乡节物诗》："丐者至腊月下旬，涂粉墨于面，跳踉街市，以索钱米，谓之'跳灶王'，或即季冬大傩之遗意与。"

明清时期，傩俗发展为卖艺者乞钱谋生的手段。《邗江三百吟》："丐者一人头戴红纸贴金帽，手持竹竿，口喝来得早、大元宝诸语，一人但应声曰好。腊尽春初，沿门跳而乞钱与食，曰'跳灶王'。"此时，灶神变成人格化的神了，它有妻有室，有一个上下五代的大家庭，有曾灶、祖灶、灶公、灶母、灶妇、灶子、灶孙、灶姊、灶妹、灶媳等，灶母即灶神之妻，又称灶母娘娘、灶婆、灶君夫人等。《清嘉录》卷十二载："月朔，乞儿三五人为一队，扮灶公、灶婆，各执竹枝，噪于门庭以乞钱，至二十四日止，谓之'跳灶王'。""跳灶王"所扮演的不仅是灶神，还有钟馗等其他神灵。《吴门岁暮杂咏》："吴中以腊月朔日行傩，市井乞儿结队扮灶公灶婆，或以敝袍涂抹变相，装成鬼判钟馗，沿门跳舞，继以嘲诨，争相店肆索钱，至二十四日止，《坚瓠集》谓之'跳灶王'。"《土风录》卷一亦载："腊月丐户装钟馗、灶神到人家乞钱米，自朔日至廿四日止，名曰'跳灶王'……谓之'跳灶王'者，旧俗在二十四日，是日必祀灶，有若娱灶神者，犹满洲祀神，谓之跳神也。"

（三）划龙船

划龙舟最初是为了纪念于农历五月初五投汨罗江而死的爱国诗人屈原。南朝梁宗懔《荆楚岁时记》："五月五日竞渡，俗为屈原投汨罗日，伤其死所，故并命舟楫以拯之。"北宋时期竞渡之风逐渐向奢华方面发展。《新唐书》："方春，南民为竞度戏，亚欲轻驶，乃髤船底，使篙人衣油彩衣，没水不濡，观沼华邃，费皆千万。"

　　明清时期划龙船竞渡逐渐摆脱祭祀攘灾的神秘氛围，变成男女倾城出游的娱乐活动。活动规模宏大，龙船装饰奢华。清乾隆二十八年《武昌县志》形象地描绘出龙舟竞渡的气势磅礴："五月端阳日近水居民竞龙舟。舟绘黄、红、青三色，沿岸分曹，以角胜负，或饷以酒食，胜者得之，曰'夺标'。"《清嘉录》卷五亦载："龙船，阊、胥两门，南、北两濠，及枫桥西路水滨皆有之。各占一色。四角枋柱，扬旌拽旗，中舱伏鼓吹手，两旁划桨十六，俗呼其人为划手。"

　　此外，伴随着划龙舟而衍生出的"抢鸭"更体现其娱乐性。逐鸭娱乐的热闹氛围逐渐遮盖了龙舟竞渡祭祀避灾的原始意义。《邗江三百吟》："抢鸭亦龙舟所有事也，富家预买鸭数十百只，蓄于笼中，俟龙舟相近，开笼抛入水中，驾龙舟者赴水争抢以博一哂。"《吴县志》："端午为龙舟竞渡，游船聚集，男女喧哗，管弦杂沓。投鸭于河，龙舟之人争入水相夺，以为娱乐。"水中竞斗，岸上演剧，曲声与水声相激，繁闹、盛大的场面呈现眼前。《南汇县竹枝词》："大团镇上闹龙船，箫鼓喧天演剧连。知否九娘留纪念，端阳竞渡话当年。"

　　陈原在《社会语言学的兴起、生长和发展前景》一文中说："语言是一个变数，社会是另一个变数，两个变数互相影响，互相作用，互相制约，互相变化，这就是共变……语言一定会随着社会的步伐而发生变化。"① 语言不是隔离于社会孤立的符号系统，它是不断发展变化的。岁时节令民俗文化词语也会随着社会的发展而在内容和形式上发生变化。这种变化受社会、政治、经济、文化多种因素的影响。民俗文化词语演化、嬗变的轨迹，不仅展现着语言的社会演变规律，而且更重要的是也印证着社会的发展变化轨迹，是历史文化的"语言化石"。② 一些民俗随着历史的滚滚洪流，有的被赋予新的意义和内容，有的保留合理内核，改变旧有形式，有的被部分淘汰或扬弃，有的则被完全淘汰。总之，岁时节令民俗文化词语

---

① 陈原：《社会语言学的兴起、生长和发展前景》，《中国语文》1982 年第 5 期。
② 曲彦斌：《语言民俗学概要》，大象出版社 2015 年版，第 34 页。

的稳定性是相对的，变异性是绝对的。明清时期商品经济的发展，各中小市镇发展异常突出，农村市场也随之发展起来，逐渐形成追逐利益、崇尚奢华的浮躁风气。贯穿全年的岁时节令不再循规蹈矩，与此同时，休闲与狂欢成为岁时节令的主要成分。

第四章　明清时期长江流域岁时节令民俗文化词语的词义分析

第一节　民俗文化词语的词义构成

一、理性意义

词语的理性意义是词语在语言交际中所表达出来的最基本的意义，是对客观事物主要特征的反映和概况。如"晒书"，这个"书"不是某一类型的书籍，而是一种抽象的概况。"书籍，装订成册的著作"概念意义保证了人们对同一事物的理解基本一致和准确。岁时节令民俗文化词语中的一些词语的本义与其理性意义一致。如闹元宵、月饼、粽子、踏青、浴佛、盂兰盆、乞巧、菊花酒、馈岁、拜年、打灰堆……

闹元宵：《汉语大词典》第 17522 页解释为："民间风俗。农历正月十五，击鼓鸣锣，通宵张灯，供人玩赏。相传始于汉，后世相沿不衰，内容更丰富。是夕吃喝玩赏，热闹非凡，故称'闹元宵'。"《清嘉录》卷一："元宵前后，比户以锣鼓铙钹敲击成文，谓之'闹元宵'。"《吴郡新年杂咏》："元宵前后，比户鸣击钲鼓，错杂成文，连朝弥日，达旦通宵，以相娱乐。吴俗于新年奏之，总名谓之'闹元宵'。"《姑苏竹枝词》："新岁奏乐，名'闹元宵'。"民俗词语的本义与其理性意义基本是一致的。

浴佛：《汉语大词典》第 7692 页解释为："相传农历四月八日为释迦牟

尼的生日，每逢该日，佛教信徒用拌有香料的水灌洗佛像，谓'浴佛'。亦称'灌佛'。"《清嘉录》卷四："八日为释迦文佛生日。僧尼香花灯烛，置铜佛于水盆，妇女争舍钱财，曰浴佛。"《土风录》："传经浴佛，四月八日释氏以为如来诞辰，取藏经摊晒，村妪竞宣佛号相传授谓之传经，又以香水灌铜佛像曰浴佛。"民俗词语的本义与其理性意义基本一致。

打灰堆：《汉语大词典》第 8296 页解释为："亦称'打如愿'。相传庐陵商人欧明遇彭泽湖神青洪君遣吏相邀，以婢如愿许之。明携之归，意有所愿，如愿辄使得之，数年大富。后不复相爱。正月岁朝鸡初鸣，明呼如愿不起，怒欲捶之，愿走入粪堆而去。"《清嘉录》卷十二："旧俗，鸡且鸣，持权击灰积，致词以献利市，名曰打灰堆。"《姑苏竹枝词》："除夕以杖击粪壤，祝利市，求如愿，名打灰堆。"民俗词语的本义与其理性意义基本一致。

二、色彩意义

岁时节令民俗文化词语大多带有一定的色彩意义。杨振兰在《现代汉语词彩学》中认为"色彩意义则是客观对象的种种性质特点、形态特点、时代特点、外来特点、民族特点、地方特点及词的运用中所表现出的倾向和格调的总和"①。结合明清时期长江流域岁时节令民俗词语的特点，色彩意义可大致分为感情色彩、形象色彩、语体色彩几类：

(一)感情色彩

什么是感情？感情是人的主观意识活动的一个重要方面。人在同客观事物发生关系时，对它有一个态度，自己感受到这个态度，就是感情。感情是人们认识客观事物或作用于客观事物时产生的对客观事物态度的体验。感情色彩或肯定，或否定，或中立，分为褒义色彩、贬义色彩、中性色彩。不过，词语的感情色彩是依附于词的义项的，因此，对一个多义词

---

① 杨振兰：《现代汉语词彩学》，山东大学出版社 1996 年版。

来说，它可能会随义项的不同而具有不同的感情色彩。①

（1）贬义色彩。中国人有喜庆厌丧的迷信思想，说出不吉、不祥的字眼，不吉祥就会降临。遇到不吉利的词儿，改用反义词。希望能尽快结束，驱赶走灾祸、贫困等，如"了秧会""走百病""送穷"等。

了秧会：秧与遭殃的"殃"谐音。所以人们希望尽快了结灾祸，"了"即完毕、结束的意思。《扬州西山小志》："五月中旬、因以赛神、用巫名'了秧会'。"在了秧会上会喝了秧酒。五月中旬栽秧毕，具酒食宴请亲邻，名为"了秧酒"。

走三桥：元宵节当晚最具上海地方特色的活动是"走三桥"习俗，旧有"行过三座桥，一年病灾消"的说法。正月十五晚上，妇女们结伴而行，走三桥。《上海县竹枝词》："正月半，灯市烟火亦盛又是夜倾城出游曰'走三桥'。""走三桥"习俗在苏州也很盛行。《清嘉录》卷一记载："元夕，妇女相率宵行，以却疾病，必历三桥而止，谓之'走三桥'"《姑苏竹枝词》："阊门灯市及盛，妇女相率观灯。元夕走三桥，却疾病。"《五杂俎》："元宵大家妇女，肩舆出行，从数桥上经过，谓之'转三桥'，贫者步行而已。"

而在长江中游的湖北以及长江上游的成都等，不如江南水乡多桥，"走三桥"习俗就演变成"走百病"或"游百病"。清道光二年《黄安县志》卷十："城乡妇女于十五日相率联游，谓之'荡元宵'，亦谓之'走百病'。"清同治十二年刻本《重修成都县志》卷十六："正月十六日，武营罗列旗帜、兵仗，出南郊迎喜神。儿童、妇女上城周历，谓之'游百病'。"

无论是"走三桥""走百病"还是"游百病"，都表达了人们消灾驱病的愿望。

送穷：中国民间的招财术一般都是以祈取、招求财富为目的的行为方式。但是，除此以外，还有一种非常特殊的招财方式，那就是"送穷"。"送穷"是以赶走、驱逐贫穷为目的的巫术行为方式，这种方式虽然不是直接以招财、祈财的形态出现，但是从其实质而言，却仍然是属于招财性质

---

① 卢英顺：《现代汉语语汇学》，复旦大学出版社 2007 年版，第 99 页。

的行为。所送鬼名穷鬼，亦称穷子、贫鬼。"送穷"活动早在南朝时期已经十分盛行。梁宗懔《荆楚岁时记》中云："（正月）晦日，送穷……今人作糜，弃破衣，是日祀于巷，曰'送穷鬼'。"

清人送穷主要在除夕，乃岁终拔除之意也。周寿昌《思益堂日札》卷六引吴淮除夕小诗中《送穷》一绝云："感汝缠绵三十年，兹行海澨又山巅。柳船无力桃符恶，珍重高牙大宅边。送穷鬼而多情如此，实恐穷鬼未必肯离去。""柳船"即以柳结为船，用以送穷鬼者。与韩愈《送穷文》之"柳车"相类。桃符乃驱鬼辟邪之门饰。但是后来有些地区的人们逐渐将送穷活动放在正月初五进行。如清人杨燮在《锦城竹枝词》中描写四川锦城地区在正月初五那天进行送穷的风俗："牛日拾来鹅卵石，富贫都作送穷言。"牛日就是正月初五，鹅卵石则代表元宝，将元宝拾回家，自然也等于是赶走了贫穷。清顾禄《清嘉录》小年朝中引《远平志》："正月三日，人多扫积尘于箕，并加敝帚，委诸歧路以送穷。"

从以上这些材料中可以看出，中国民间送穷活动的具体时日虽然有所不同，但是它们却十分一致地表现了那种浓重的巫术色彩和强烈的驱贫求富欲望。这些活动都是通过将秽物去除、焚烧或扔进河里等方式来达到送穷的目的，当然这并不能真正将贫穷赶走，只不过是人们心目中的一种天真想象而已。①

（2）褒义色彩。正面表达人们的主观感受，注入人们对民俗事物的赞美或喜爱之情。

安乐菜：马齿苋有很大的药用价值，可以"禳解疫气"，古人称之为"安乐菜"，安乐是平安无恙、安康快乐的意思。《金陵物产风土志》："除夕名物多取吉祥，安乐菜者，干马齿苋也。"《扬州西山小志》："祀灶后家家磨麦作糕馒，取其洁白者互相馈送，又预于四五月间取马齿菜腌贮名'安乐菜'。"苏州地区安乐菜不独是马齿苋。《清嘉录》卷十二："分岁筵中有名安乐菜者，以风干茄蒂杂果蔬为之，下箸必先此品。"《吴门岁暮杂

---

① 蔡丰明：《祈财民俗》，天津人民出版社2011年版，第57页。

咏》："分岁筵中有菜名雪裹青。以风干茄蒂，缕切红萝卜丝，杂果蔬为羹，下箸必先此品，名'安乐菜'。"

吉利：祝愿来年吉祥顺利。《江乡节物诗》："除夜以朱橘荔枝置枕旁，岁朝取食之，呼之曰吉利，音相近也。"

瑞雪：瑞雪，应时好雪，以能杀虫保温，多视为丰年的预兆，故称。明代李时珍《本草纲目·水一·腊雪》："冬至后第三戌为腊，腊前三雪，大宜菜麦，又杀虫蝗。腊雪密封阴处，数十年亦不坏。"《清嘉录》卷十一："腊月雪谓之腊雪，亦曰瑞雪，杀蝗虫子，主来岁丰稔。"

百事大吉：希望事事顺利、平安无事。《西湖游览志余》卷二十："签柏枝于柿饼，以大橘承之，谓之百事大吉。"

年糕："糕"是"高"的谐音，既有"高高兴兴"之意，又有"年年登高"的含义，寄寓了"百事俱高"的美好愿望。《清嘉录》卷十二："黍粉和糖为糕，曰年糕。"《金陵物产风土志》："和糯粉，条分之，曰年糕。"《沪城岁事衢歌》："糕与高谐音。"《越谚》："浸粳米一石，掺糯米五升，为粉蒸舂，搓团条，犒男女雇工之贺年者。"《武林新年杂咏》："元旦必食年糕，取吉谶也。"《南汇县竹枝词》："还来就菊到重阳，例吃年糕物候详。时节才过九月九，一灯蟹火闪寒塘。"

烧富贵：一种民间的驱邪祈吉活动。除夕夜，乡农人家各于门首架松柴，成井字形，齐屋，举火焚之，烟焰烛天，灿如霞布，火势旺，象征着来年全家兴旺、富贵满堂。《唐栖志略》："松盆夜搭趁晴檐，多管来朝好接天。满巷通红烧富贵，轻销几个霸王鞭。除夜烧松盆，内架竹灯檠一对，谓之'烧富贵'。"

吉祥丹：吉祥即预示好运之征兆，祥瑞的意思。清光绪八年麟山书院刻本《蕲州志》卷三十："三十日为'除日'，医家例以苍术和丸相馈，曰'吉祥丹'。"

（3）中性色彩，没有固定的感情色彩，不带有任何褒贬态度的民俗词语。例如：入夜、出液、龙挂、风潮、斗草、立秋、乘风凉、冬东风、木犀市、三伏天、九里天、雨头春、神鬼天、落沙天、落灯风、立夏、麦秀寒、潦暑、麦超风、夏东风、舶趠风、立秋日雷、山糊海慢、木犀蒸、处暑十八盆、风潮、迎潮辞、三朝迷路发四风、朝立秋淘飕飕、夜立秋热哼哼、预先十日作秋天、连冬起九、冬至有霜年有雪等。

斗草：一种古代游戏。竞采花草，比赛多寡优劣，常于端午行之。《红楼梦》有斗草记载："外面小螺和香菱，芳官，蕊官，藕官，豆官等四五个人，都满园中顽了一回，大家采了些花草来兜着，坐在花草堆中斗草。"

三伏天：由夏至后第三个庚日起，每十天为一伏，共三十天，是天气最热的时候。《清嘉录》卷六："旧俗有夏九九，今已不传。但从夏至日起第三庚为初伏，第四庚为中伏，立秋后初庚为末伏，谓之三伏天。"

龙挂：指龙卷风。远看积雨云下呈漏斗状舒卷下垂，旧时以为是龙下挂吸水。《清嘉录》卷六："浓云中见若修尾下垂，蜿蜒屈伸者，谓之龙挂。"

（4）禁忌类民俗词语

语言本身是人类最重要的交际工具，是民族文化的载体。但在生产力水平低下、科学不发达的时代，语言被赋予一种超人的魔力，人们的喜怒哀乐的情感都反映到语言中，人们会很容易把语言所指称的灾祸与语言等同起来，连及把表示灾祸的词语当成灾祸本身。因此，在日常生活中，特别在重要的岁时节日的时候，人们便会谨小慎微地使用这些与灾祸有关的词语，避讳就这样产生了。①

禁忌语是"由禁忌或避讳民俗所产生的不能直接而用其他语言作为替代的语言现象"②，而所谓的"委婉语"是指人们在沟通交流中，为了避免双方交际不愉快而选择采取恰当的表达方式。委婉语源于希腊语，意思是"好听的话"，现代英语词典把它解释为"用温和、含糊和迂回的话语来替代粗俗、直率和生硬的说法"。禁忌语和委婉语是一对孪生兄弟，有禁忌

---

①　肖建华：《民俗语言初探》，中国社会出版社 2009 年版，第 21 页。
②　曲彦斌：《俚语隐语行话词典》，上海辞书出版社 1996 年版，第 3 页。

语必有委婉语。禁忌语是委婉语的替代对象。禁忌语作为一种重要的语言习俗，在中国确可算得上源远流长、根深蒂固。《礼记·曲礼》中说："入境而问禁，入国而问俗，入门而问讳。""问讳"便是指禁忌语。明冯梦龙《古今谭概·迂腐》："民间俗讳，各处有之，而吴中为甚。如舟行讳住、讳翻，以箸为筷，幡布为抹布；讳离散，以梨为园果，伞为竖笠；讳狼藉，以榔槌为兴哥；讳恼躁，以谢灶为谢欢喜。"①对于一些日常活动，在特定时期为了一岁安康，不得不避讳。如元旦为岁之朝、月之朝、日之朝，意义重大。所以这一天《清嘉录》"岁朝"条有载："俗忌扫地、乞火、汲水并针篑，又禁倾秽、瀽粪；讳啜粥及汤茶淘饭。天明未起，戒促唤。"

遇到禁忌语汇便会设法寻求其他词语替代，替代形式有以下几种。

A. 用反义语来替换不吉的词语，谓"讨口彩"。

善月：五月为毒月，百事有禁忌，吴俗称其为善月。《清嘉录》卷五"修善月斋、毒月"条案语："吴俗称善月，盖讳恶为善也。蔡铁翁诗：'俗忌三旬呼毒月。'"

善富：竹制灯盏。因"灯盏"之"盏"与"斩杀"之"斩"同音，故称"灯盏"为"善富"。《清嘉录》卷十二"灯挂挂锭"条："案：杨卒父《送灶词》注：'江震风俗，以竹漆竹灯巢，为灶神舆，名之曰善富。'吴谷人《新年杂咏·小序》云：'杭俗名竹灯盏曰善富，因避灯盏盏字音。锡名燃釜，后又为吉号，易燃釜为善富。'"《江乡节物诗》："善富竹灯檠名贯，以于箸于祀灶时焚之，为灶神之舆，亦土俗之可笑者。"

B. 人们在趋吉避凶的心理作用下，用其他褒义词语代替不吉利词语。

吃茶：人们普遍畏惧疾病、灾祸，需要表达这些概念时就用其他词语代替。吴语区忌"药"字。药为治病之物，言之恐一生缠身，于己不利，便将"吃中药"改说成"吃茶"。

豆腐：四川人忌虎，因为"虎"与"斧、腐"同音，所以"豆腐"称为"灰磨儿"。把斧叫"猫耳朵、猫耳、开山子"。又"腐"，烂也，"豆腐"也叫

---

① 武文：《中国民俗学古典文献辑论》，民族出版社 2006 年版，第 309 页。

"豆脯"。明李实《蜀语》："豆脯，汉淮南王造①。俗作腐，非；腐，烂也。当作脯，象其似肉脯也。……凡夏天，豆脯半日而酸，一夜而发空烂臭矣。惟丰都县豆脯不然。"苏州地区称"豆腐"曰"菽乳"。《吴县志》载："田家畜乳牛，冬日取其乳，如菽乳法点之，名曰乳饼。"清梁章钜《归田琐记·豆腐》："豆腐，古谓之菽乳，相传为淮南王刘安所造，亦莫得其详。"

摸秋："摸秋"即中秋节"偷瓜"习俗。有句古训叫"一个鸡蛋吃不饱，一个贼名背到老"，"偷"是一个不光彩的词语，为避忌"偷"，于是就起了一个有诗意的词"摸秋"。清嘉庆八年刻本《常德府志》即载："（中秋）是夜，城中妇女祈嗣者，或于园圃采瓜为验，谓之'摸秋'，亦有亲邻会聚送瓜者。"清梁绍壬《两般秋雨庵随笔·摸秋》："鸠兹俗，女伴秋夜出游，各于瓜田摘瓜归，为宜男兆，名曰摸秋。"

秤人：立夏"秤人"在古代还有很多迷信的讲究。杭州嘉兴一带在立夏日要用秤称量体重，称后报数不可报"九"，逢"九"便说"十一"，图个吉利。

古人面对错综复杂的现象，只能凭借感性、朴素的思维方式，去探索宇宙万物的奥秘，当对一些自然现象找不到答案时，就会产生很多禁忌。古代大部分节日是单日，尤其是单月单日。一月一日元旦、三月三日上巳节、五月五日端午节、七月七日七夕节、九月九日重阳节。而这些单月节日几乎都是不太吉利的日子，随之产生禁忌。

C. 用比喻来代替不吉的词语。

叛花：吴语谓藏匿为叛。为避讳不吉利的"痘"字，代替以"花"。《清嘉录》卷十二："亥子之交，抱未痘小儿卧爨下，以红帕蒙首，天明始还卧所，谓如更痘花稀朗，谓之叛花，盖俗呼痘为花也。"

D. 用谐音词代替。

人们格外青睐那些具有正面色彩的事物，并常常用谐音的方式来重新

---

① 李时珍：《本草纲目》"豆腐"条下云：豆腐之法，始于汉淮南王刘安。

命名，使这些词语在形式上有了新的色彩。谐音词与民族文化心理紧密相连，更多地受到社会因素、民族文化心理等因素的制约。

吉利：橘子、荔枝谐音"吉利"，以求来年大吉大利。《江乡节物诗》："杭人除夜，以朱橘、荔枝置枕旁，岁朝取食之，呼之曰吉利，音相近也。"

翦千年蒀：盖俗"运"与"蒀"同音也。万年青又名千年蒀，在民间信仰中，象征着健盛兴隆，好运长久，是个吉祥的名字。《清嘉录》卷四："仙诞前夕，居人芟翦千年蒀旧叶，弃掷门首，祝曰：'恶运去，好运来。'或又于庙中别买新叶植之，谓之'交好运'。"

送灯：与"送丁"音同，是希冀多子多福。《越谚》："新结姻眷初年庆贺携送耍灯往还。"

利余：正月初五吃鲤鱼，"鲤鱼"与"利余"音同。《上海县竹枝词》："正月五日，接五路财神，必用羊头，俗谓天下财神黑虎赵元坛，奉回教故也。鱼必用鲤，取与利余音近相谐也。"

糕粽：糕粽与"高中"音同。《江乡节物诗》："元旦食糕必解粽，和之呼其名若高中。"

（二）形象色彩

人们听到"牛、马、花、树"等词，脑中会出现牛、马、花、树的形貌，读或听小说中的描写词句，会使人似乎看到所写到的人物的声音笑貌和各种各样的景物。前者是表象，是过去感知的形象的复活，后者是想象，是感知所留下的表象重新组合得到的形象。由于表象、想象的心理活动，词能在人脑中生出所反映对象的形貌，由此产生了词的形象义或形象色彩。

语言中的一些词语，除了它所表示的理性意义之外，同时还蕴含着对该对象的感受与联想。如"葱管糖"使人联想到形似葱管的糖。张维张先生认为词语的形象色彩是人们对客观事物的形象"感之于外，受之于心"。词语的形象色彩带给人的联想是多方面的，有视觉上的，也有听觉上的，有触觉上的，也有味觉上的，还有嗅觉上的。①

（1）视觉方面的，如：形状和颜色。

骆驼蹄：蒸面形似骆驼蹄，骆驼的蹄扁平，蹄底有肉质的垫。《土风录》："蒸面为之，其行如骆驼蹄，重阳节物，今俗于端午节卖之。"

元宝弹：元宝是钱币名，因唐朝"开元通宝"误读为"开通元宝"而得名。形似元宝的鸡蛋。《金陵物产风土志》："茶煮鸡子以充晨餐，谓之元宝弹。俗作蛋，非。"古人认为鸡属阳性，《太平御览》卷二十九引《周书纬通卦》云："鸡，阳鸟也。"鸡蛋具有积极、刚强的特性，巫鬼等邪物属阴性，因此可以用鸡蛋来驱避。元日吃鸡蛋也反映了我国的蛋俗文化，在认识到鸡蛋的营养价值的同时，还希望通过吃鸡蛋驱避瘟疫达到健康的目的。

元宝火锅：形似元宝的火锅。《邗江三百吟》："火锅即火碗、火壶之类，用好锡为之，向来或圆或方，足以适用。今则象形元宝，预装年肴，亦贸易者所为也。"

盘龙馒头：用面粉团成龙的形状称为"盘龙馒头"。《清嘉录》卷十二："市中卖巨馒，为过年祀神之品，以面粉团为龙形，复加瓶胜、方戟、宝锭之状，皆取美名以谶吉利，俗呼盘龙馒头。"

糕元宝：糕点制作成元宝状曰"糕元宝"。《清嘉录》卷十二："为元宝式者曰糕元宝。"

糖元宝：用作祭祀的胶牙饧做成元宝状，叫"糖元宝"。《清嘉录》卷十二："比户以胶牙饧祀之，俗称糖元宝。"

方头糕：形状是方形的米糕。《清嘉录》卷十二："有黄白之别。大经尺而形方，俗称方头糕。"

秤锤粽：裹粽如秤锤之形。《清嘉录》卷五："市肆以菰叶裹黍米为粽，象秤锤之形，谓之秤锤粽。居人买以相馈，并以祀先。"

---

① 关于词语的形象色彩，不同的人在分类上不尽相同。吴占坤、王勤把它分为"动态感""形态感""色象感"和"音象感"。杨振兰分别从感觉体验、形象色彩与词汇意义的关系方面对其进行分类。

葱管糖：有些糖制成细长者，形似葱管，命名为葱管糖。《越谚》："形如葱管麦糖躯芝麻，贫做卖。"《武林新年杂咏》："清异录葱曰和事草，汪桐元有卖。"《越谚》："形如葱管，麦糖躯芝麻，堕贫做卖。"

龙爪葱：葱，其形像龙爪，故名龙爪葱。《清嘉录》卷四："游人集福济观争买龙爪葱归，种则易滋长，卖者皆虎阜花农。前后数日，又必竞担小盆草木本鲜花入观求售，号为神仙花。"

花筒：形状像筒的一种花炮。《武林新年杂咏》："烟硝铁屑杂置彩筒，点放时作兰慧、梅菊、木樨、水仙之状，闪烁如生，亦名爆花。"

狗屎香：一种烧纸，一方面与张士诚的乳名"九四"谐音，另一方面所烧之纸形如狗屎。《清嘉录》卷七："儿童聚砖瓦成塔，烧赝琥珀屑为戏，俗称狗屎香。"相传元末朱元璋与张士诚在湖州打了四个月才分胜负。朱元璋做皇帝后，迁怒于湖州百姓，加重租税。百姓怀念张士诚，又不敢公开表露，遂借七月超度亡魂习俗，于农历七月三十晚上家家门前烧一堆形如狗屎的纸，称"狗屎香"。"狗屎"与九四（张士诚小名）谐音，以掩官府耳目。①

月饼：圆形有馅的点心，形状圆似当天的月亮。《江乡节物诗》："杭俗，中秋食月饼，夜设祭月，取'人月双圆'之意。"

蒲剑。菖蒲生于沼泽地、溪流或水田边，聚百阴之气，其形状细长像剑，一名水剑，能杀厉鬼。《江乡节物诗》："蒲剑，截蒲为之利以杀鬼，醉舞婆娑，老魅亦当退辟。"《清嘉录》卷五："截蒲为剑，割蓬作鞭、副以桃梗、蒜头、悬于床户，皆以却鬼。"

绣鞋底：笋壳叶防潮性强，既松软又耐摩擦，旧时民间妇女常用笋壳叶连同布料做鞋底。用笋子煮肉被形象地称为"绣鞋底"。《沪城岁事衢歌》："仲冬及除夕而止。吾乡度岁，必用山笋渐渍于水，薄切之，与肉同煮，味清而腴，笋之嫩者为'绣鞋底'。"

如意菜、如意糕：因为黄豆芽形似"如意"，金陵地区称"黄豆芽"为如

① 周一平、沈茶英：《岁时纪时辞典》，湖南出版社1991年版，第322页。

意菜，如意即符合心意的意思。《金陵物产风土志》卷四："如意菜者，黄豆芽也。"《红楼梦》第五十三回："男东女西归坐，献屠苏酒，合欢汤，吉祥果，如意糕毕，贾母起身进内间更衣，众人方各散出。"

麦蚕：灌浆饱满，呈青色麦穗磨粘如蚕叫"麦蚕"。《上海县竹枝词》："麦穗磨粘如蚕，名麦蚕，食之不疰夏，立夏日食。"

荷灯：剪纸成荷花状，底座上放蜡烛或灯盏，放在江河之中，任其漂流，表达对逝者悼念，对活者的祝福。《江乡节物诗》："七夕晦日，翦纸作灯如荷花遍地然之，谓以照幽冥之苦。"

凉伞灯：二月十二为花神节，挂灯为"花神灯"，又其形似伞形，又叫"凉伞灯"。张春华的《沪城岁事衢歌》称："灯之盛于二月者，俗谓'花神灯'，又名'凉伞灯'。灯作伞形，六角，间有圆者，镂刻人物、花卉、珍禽异兽，细于茧丝。"

蚕豆：豆的一种，蚕时始熟，荚如蚕形，子可供食用。长江中下游取名蚕豆，是其豆荚像老蚕的缘故。明代李时珍《本草纲目·谷三·蚕豆》："此豆种亦自西胡来，虽与豌豆同名，同时种，而形性迥别。"清俞正燮《癸巳存稿·豆》："此即胡豆，张骞使西域所得，与麦同种同收，亦名蚕豆，以蚕时熟也。"《清嘉录》卷四："立夏日，家设樱桃、香梅、稻麦供神享先，名曰立夏见三新。蚕豆亦于是日尝新。"《金陵物产风土志》："端阳有五毒菜：韭叶、艾草、黑干、银鱼、虾米也。又取蚕豆炒之，谓之雄黄豆。"

粉犬：用五色粉做成犬状，希望孩子像犬一样健壮。《江乡节物诗》："和五色粉为犬，清明戏具也。至立夏则烹之以食，小儿欲其壮健相似耳。"

老虎花：老虎为百兽之王。自古以来，人们认为老虎能辟邪，给大家带来吉祥。岁末很多饰品都会做成老虎形状。《清嘉录》卷十二："年夜像生花铺以柏叶点铜绿，并翦练绒为虎形，扎成小朵，名曰老虎花。有旁缀小虎者，曰子孙老虎。"

煤雨：初夏长江中下游流域一带经常出现一段持续较长的阴沉多雨天气。此时，物因久雨或阴湿而青黑，又衣黑像煤，又称煤雨。《俚言解》：

"夏雨斑衣谓之梅雨。盖梅熟时也，其斑衣惟梅叶可洗，一曰梅雨。又曰煤雨，言衣黑如煤。"

乌金：乌金是煤和木炭的别称。色乌，贵如金。《江乡节物诗》："乌金即炭也，置盆中，杂松薪柏叶燎之。"

乌米饭："乌米饭"亦称"青精饭"，用杨桐叶、细冬青或旱莲草捣碎染粳米，蒸饭，曝干后即为碧色。谢去咎《事类合璧》云："道家采杨桐叶、细冬青染饭，色青有光，名曰'青精饭'。"《吴县志》谓僧家以乌叶染米，作黑饭赠人。龙佩芳《脉药联珠》谓取天南烛叶煮汁，渍饮之，名"黑饭"。故俗又名"乌米饭"。

彩索：彩色丝绳。《江乡节物诗》："结五采线为索系小儿臂上，即古之长命缕也。"

金团：金团是江浙一带妇孺皆知的点心，形圆似月，色黄似金代表吉祥团圆。《江乡节物诗》："作粉糍度岁，和以瓜瓤蒸食之。因其形色之似名之曰金团。"

白露：八月份，天气渐冷，露凝白色，称为白露。《黔语》："秋蚕夏至前后上树，白露毕"。《礼记·月令》："（孟春之月）东风解冻。"唐孔颖达疏："谓之白露者，阴气渐重，露浓色白。"

（2）听觉方面的，如：

黄连头叫鸡：黄连是草本植物。功能泻心火、化湿热。头，吴语中植物之嫩芽幼苗均可称头。在四五月间摘取其头，用甘草汁腌之，让孩婴食之，可解内热、去胎毒。叫鸡是一种玩具，相当于现在的口哨。《清嘉录》卷一："献岁，乡农沿门吟卖黄连头，叫鸡，络绎不绝。"《武林新年杂咏》："揭竿缚草以处鸡群，口衔篛管巡街吹卖。其音曰哺哺，故名哺哺鸡，亦名叫鸡。"

哈哈笑：一种镴制的玩具，很受大众的喜爱。《武林新年杂咏》："镴滴小器黄白烁然，名十样景卖唱云哈哈笑。一个青钱一大包，买得者哈哈笑、买不着双脚跳。"

秋穀碌收秕谷：穀碌是象声词，状雷声。《清嘉录》卷七："立秋日雷鸣，主稻秀不实。谚云：'秋毂碌，收批谷。'……案：《卢志》：'立秋日忌雷声。谚云：'秋孛鹿，损万斛。''《粟香二笔》卷一："吾乡风俗，元旦黎明宜阴，彦曰：'大年初一黑碌秃，高低稻一齐熟。'立秋日忌雨，谚曰：'秋孛鹿，损万斛。'碌秃，黑貌，孛鹿，雨声，皆方言。"

（3）触觉方面的，如：

凉冰：形容很凉。《清嘉录》卷六："土人置窖冰，街坊担卖，谓之凉冰。"

溽暑：盛夏气候潮湿闷热。《古州杂记》："春末夏初即热不可耐，三伏溽暑如在饭甑中，几席均皆灼手。"

（4）味觉方面的，如：

芥辣菜：芥辣又称芥末，是由十字花科蔬菜山葵制成，有香、辛、辣、冲四大味感，被誉为"绿色黄金"。《武林新年杂咏》："烧紫芥人瓮浇醋亦名芥辣菜"。

（5）嗅觉方面的，如：

香树：泛指芳香的树。汉刘向《列仙传·园客》："一旦有五色蛾，止其香树末。"在这里指栴檀树。清王士祯《香祖笔记》卷八："香树生海南黎峒，叶如冬青。凡叶黄则香结，香或在根株，或在枝干。"《江乡节物诗》："系树以香燃之，则枝叶皆旃檀气，亦盂兰会中物也。"

（6）其他。

风筝也称风鸢、纸鸢、鹞子、琴鹞，既有视觉方面色彩又有听觉方面色彩。风筝起初以木片为原料，从视觉角度，称为"木鸢"，"鸢"是一种像鹰的鸟。东汉蔡伦造纸术面世以后，用纸替代木片，又称为"纸鸢"，南方称为"鹞子"，"鹞"是一种比鹰小的鸟。后来，在纸鸢上缚以竹哨，声如筝鸣，故曰风筝，也叫"琴鹞"。"琴鹞"即有声有形。《武林新年杂咏》："纸鸢之能鸣者。《事物纪原》曰：'其制不一、上可悬灯，又以竹为弦，吹之有声，故曰'风筝'。'今亦名琴鹞。春初竞放，清明后乃止。谚云：'正月鹞、二月鹞、三月放个断线鹞'，则风气固殊焉。"

为什么对事物形象概况的词语有的具有形象色彩而有的词语却没有形象

色彩呢？结合以上词语类型，具体分析有形象色彩的因素有以下几个方面：

第一，通过比喻方式造出来的词具有形象色彩。例如：如意菜，把黄豆芽比作如意。第二，运用借代方式造出来的词具有形象色彩。例如：狗屎香，"狗屎"代指"九四"（张士诚小名）。第三，还有一些不是通过比喻方式来描写或说明事物或行为特征的词语也具有形象色彩，这些词语因为有说明事物或行为特征的语素，因而同样具有形象色彩。例如：香树、凉冰，事物本身有"香""凉"的嗅觉和触觉特性。此外，拟声词由于是模拟自然界各种声音的，因而也具有形象色彩，如：秋穀碌收秕谷，模仿雷声。具有形象色彩的词语能生动地反映事物或行为某一方面的特征，强化语言的表现力。所以，这些词语有助于我们认识现实世界。

（三）语体色彩

语体的两极是书面语体和口头语体，介于两者之间的可称为中性语体。为了适应不同语体表达的需要，语言中的词语同样也带有不同的语体色彩。词语的语体色彩是靠它们经常出现的环境而形成的。书面语体是在正式的交际场合所使用的词，往往具有典雅、庄重的色彩，又有科学语体、政论语体、文艺语体和公文语体的分别。带有口头语体或中性语体色彩的词语能够在更为广泛的范围内使用，因而具有较大的普遍性。而书面语体色彩的词语相对来说，适用范围要窄一些，因而普遍性要差些。志村良治指出："这里虽说是反映口语，但在中国实际上是以文言（文雅的交际语言）作为共同语的，这种倾向在知识层中从来如此，即使是日常的说话，也并非真用当时的口语，还是带有使用文言的倾向。请注意，即使是反映当时口语的资料，也还是道地的书面语，是用文言进行会话的知识层写的文章，是在这种基础上反映出来的口语。"①

如："接坑三姑娘"与"迎紫姑"。《清嘉录》卷一："望夕，迎紫姑，俗

---

① ［日］志村良治著，江蓝生、白维国译：《中国中世语法史研究》，中华书局1995年版，第9页。

称接坑三姑娘。问终岁之休咎。"可见，"接坑三姑娘"一词是民间口语称谓，"迎紫姑"则偏向于书面色彩。

"赏菊"与"看菊花"。看菊花意为看热闹，赏菊就有鉴别的意味。唐宋时，重阳赏菊成为风俗。明、清继之。《沪城岁事衢歌》："重九，其名色不下数百种。花时两两招集，动以累月，名'看菊花'。"《清嘉录》卷九："畦菊乍放，虎阜花农已千盎百盂担入城市。居人买为瓶洗供赏，而茶肆尤盛。""看菊花"是民俗口语词，"赏菊"则书面化一些。

"龙爪葱"与"神仙花"，两者称呼一俗一雅。《清嘉录》卷四："游人集福济观争买龙爪葱归，种则易滋长，卖者皆虎阜花农。前后数日，又必竞担小盎草木本鲜花入观求售，号为神仙花。"

第二节　民俗文化词语词义的发展演变

众所周知，语言是紧跟人类社会的产生、发展的脚步而不断调整演进的。词语是语言中三大要素中最活跃的要素，随着社会的变化经常发生变化，是一个动态的开放的系统。英国语言学家帕默尔认为："在一切事例中，我们都可以说，决定词的存亡的标准就是它们作为交际工具的有效性。"①每一个岁时节令民俗文化词语的意义也不是一成不变的，词义的发展和演变主要有词语意义的"扩大""缩小""转移"三种形式。②

一、意义的扩大

词语意义的扩大是指词义所指称的客观事物的范围发生了由小到大的变化。当某个词语的意义扩大了以后，扩大的意义包含原来的意思，就是说原来义位所反映的客观事物对象范围是扩大后的一个子集。词义扩大产生的原因是人们的认识不断地向前发展，接触的事物逐渐增多，把具体的

---

①　[英]帕默尔著，李荣、王菊泉、周焕常、陈平译，吕叔湘校：《语言学概论》，商务印书馆1983年版，第91页。

②　钱玉莲：《现代汉语词汇讲义》，北京大学出版社2006年版，第29页。

概念进行抽象化概括，形成了词义具体到一般、部分到整体的变化。

如："响"本义为回声。《吕氏春秋·有始》："白民之南，建木之下，日中无影，呼而无响，盖天地之中也。"此处的"响"指回声。后来意义扩大到泛指一切声音。明凌濛初《二刻拍案惊奇》卷十三："一时间睡不去，还在翻覆之际，忽听得叩门响。""听响卜"不是听到回声占卜，而是指遇到疑事，即可用此法卜知祸福。《吴门岁暮杂咏》："除夕更深人静，听响卜是一种占卜方法。祷于灶神，以杓投釜中，随杓柄所向，执镜而往，听路人无意之言，以卜来年休咎，谓之响卜，亦名镜听。"《清嘉录》卷十二："或有祷灶请方，抱镜出门，听市人无意之言，以卜来岁休咎者，谓之'听响卜'。"

如："回残"本指旧时官府在营建后将剩余物资变卖回缴国库。最初是官府文辞用语。唐元结《请收养孤弱状》："有孤儿投军者，许收驱使；有孤弱子弟者，许令存养。当军小儿先取回残及回易杂利给养。"《新唐书·食货志二》亦载："文宗大和九年，以天下回残钱置常平义仓本钱，岁增市之。"在清代吴地，回残所指意义及色彩均发生变化，使用范围也扩大至一般百姓。《清嘉录》卷三："庙祝司香收神前残烛，复售于烛肆，俗呼回残蜡烛。……案《旧唐书·王毛仲传》：'管闲厩刍粟之类，每岁回残，常至万斛。'又《新唐书·食货志》：'太和九年，以天下回残钱置常平仓本钱。'吴人谓买物用过，仍卖回店中，曰回残，二字本此。"

再如："粑（巴）"原指用糯米煮饭或用糯米粉、黍米粉制成的糕饼。明李实《蜀语》："蒸糯米揉为饼，曰糍巴，即《礼记》'粉糍'①。注云：以豆为粉，糁糍饼上也。凡饼块为巴，蜀之通称也。"《大明会典》：'大祀有糯米糍糕'。"《西石域风俗志》："十月朔日，以糯米为团，傅以芝麻而食之，谓之'糍粑饭'"。《黔语》："黔人饭稻而喜粉糍，屑糯为之者曰糍粑，屑粳为之者曰饵块粑。迨钱岁时，则家家赁舂屑米以斗石计，为度岁需。""粑"的最初意义与糯米相关，随着社会发展，"粑"义扩大、分化，产生

①　《周礼·天官》："羞笾之实，糗饵、粉糍。"郑玄注："此二物皆粉稻米、黍米所为也。合蒸曰饵，饼之曰糍。"

众多的新词。川语凡黏结敛合之物统称为"粑",如牛肉曰"牛干粑",荞饼曰"荞粑",盐块曰"盐粑"等。四川《汉州志》:"十月朔,以秫饭舂之成饼,名曰'糍巴'。"开江传说有穷困潦倒者贴春联调侃:"粑粑粑粑粑粑粑扯扯,糊糊糊糊糊糊糊搅搅"(搅:方音 gǎo),第三个字"粑""糊"分别作动词,第六字开始的"粑粑扯扯""糊糊搅搅"则为形容词。

二、意义的缩小

词义的缩小是指词义所指称的客观事物的范围发生了由大到小的变化,表现为同一义位所反映的客观事物对象范围由大变小。词义缩小是由于人们认识的发展和词语使用的固化,当习惯于用一个词语表示一个事物时,很容易在它们之间人为地建立起一一对应的关系,而把原来属于这个范围的其他事物用别的词代替,从而缩小了原来词语的意义范围。

如:"登高",原指升至高处。如《荀子·劝学》:"吾尝跂而望矣,不如登高之博见也。"三国魏阮籍《咏怀》之十五:"开轩临四野,登高望所思。"在清代,"登高"主要指农历九月初九日登高的风俗。《土风录》:"重阳登高见吴均《续齐谐记》:'费长房语桓景,九日当登高,饮菊叶酒。因齐家登山。'"《姑苏竹枝词》:"吴山治平寺,重九登高者,牵羊赌彩,为摊钱之戏。寺僧不守清规,为延抚陈榕门奏办。"《清嘉录》卷九:"登高,旧俗在吴山治平寺中。牵羊赌彩,为摊钱之戏。"《扬州画舫录》:"重阳于此登高,浸以成俗。"

再如:"花灯",原指用花彩装饰的灯。清代特指元宵节供观赏的灯。《红楼梦》第五三回:"至十五这一晚上,贾母便在大厅上命摆几席酒,定一班小戏,满挂各色花灯。"《清嘉录》卷一:"腊后春前,吴趋坊、申衙里、皋桥、中市一带,货郎出售各色花灯,精奇百出。"

三、意义的转移

词义的转移是指词义所指称的客观事物发生了新旧更替的变化,词语的意义原来指向某一事物发生变化后指向了另一事物,也就是说词语的一个义位反映的客观事物对象发生了变化，原来反映甲，变成了反映乙。词义一旦转移，原来的意义和转移后的意义一般不能共存，一旦新意义为全民所认可和使用，其原来的意义就会消亡。新陈代谢是事物发展的基本规律，词汇系统自然也不例外。

如："欢喜团"本是炉中的煤墼。《清嘉录》卷一："围炉中烧巨煤墼，曰欢喜团，凡岁朝届元宵而止。"《武林新年杂咏》："杵炭屑而范之，上下合成，圆而有扁势，炭墼之巨族也。除夕取以埋炉，置寝室中，谓之欢喜过年。"诗云："开炉重得彩，余喜复余欢。火色明通夕，春光聚一团。几人先附热，举室不知寒。笑指青红意，还将儿女看。"俗指小儿女之称意者亦曰"欢喜团"。后来"欢喜团"成为春节期间的食品。糯米，经淘洗、磨浆、沥干后，掺进适量面粉、红糖，搓成小团，再沾满芝麻，炸熟而食。其意为大家犹如糯米一样，经淘洗磨浆的磨难，最终得以团圆，以后要永远黏在一起，不再离散。《金陵物产风土志》："蒸而干之，和以饴糖，掬之使圆，曰欢喜团。"明代宋诩《竹屿山房杂部》详细记述欢喜团的三种制作方法："透糖三制：一用香油水、赤砂糖和面，切小条块，置热油中煎熟，入糖炒面中粘之于上者；一用锅中熬热油调赤砂糖，炒面粘之者；一为丸入油煎熟，染以赤砂糖，粘以熟芝麻，曰欢喜团者。"《儒林外史》第三回，"申祥甫听见这事，在薛家集敛了分子，买了四只鸡、五十个蛋和些炒米、欢团之类，亲自上县来贺喜。"

再如："元旦"，新年第一天。旧指夏历正月初一日。起源何时，不可考。《尚书》载：月正元日，舜格于文祖。把元旦的祭祀活动追溯到了尧舜时代。"元旦"一词较早出自南朝梁人萧子云《介雅》诗："四气新元旦，万寿初今朝"。元旦，就是一年的第一天。宋吴自牧《梦粱录·正月》："正月朔日，谓之元旦，俗呼为新年。一年节序，此为之首。"朔日，初一日。《荆楚岁时记》载："正月一日，是三元之日也。"又《玉烛宝典》："正月一日为元日，亦云三元，岁之元、时之元、月之元。"也就是说，年、月、日皆从元日开始，古人谓之"履端"。"履"是步伐的意思，古人认为日月在天上的运转轨迹与人行步相似。"履端"也即步行之端。明清长江流域地方志中，一般称正月初一为元旦。《越谚》："大年初一，元旦之谓，取大有年之意，最多忌讳。"《越谚》又载："除夜欲借豆盘，元旦醒起且祈。"《清嘉录》卷一亦载元旦节俗："元旦为岁朝，比户悬神轴于堂中，陈设几案，具香蜡，以祈一岁之安。俗忌扫地、乞火、汲水并针剪，又禁倾秽、邃真，讳喂粥及汤茶淘饭。天明未起，戒促唤。"现在流行的元旦是自 1949 年后，把传统的元旦(农历正月初一)改为"春节"，阳历第一天为"元旦"，有些地方称之为"阳历年"。

词义的发展演变与语言本身内在因素和社会外在因素有关。语言内在因素包括两个方面：其一，词语转移后所产生的新义与原来的词义有底层相通性，使得词语意义具有引申性，这是根本原因。其二，词义本身具有概括性与模糊性，不同的场景及交际的需要就会产生新的引申义。

词义的发展演变，往往还要受人们"约定俗成"的制约。词义对于社会发展只能是间接、曲折的反映，词义的发展变化具有一定的滞后性。例如："大"和"太"本是一字，最初只有"大"而无"太"。《骈雅训纂·释名称》："古人太字多不加点，如大极、大初、大素、大室、大庙、大学之类。后人加点，以别小大之大，遂分而为二矣。"《清嘉录》卷三："府城隍庙俗称大庙，郡中市肆悬旌入行，以及聚规、罚规，皆在庙台击牲演剧。遇清明节，殿前烧香，焚化批文，名犯人香。"

第三节　民俗词语词群所反映出的明清时期
长江流域精神文化心理

人类很早就具有根据事物的特征将事物现象加以分类的思维能力。思维的概括性是借助语言来表达的。语言的词语能够能动性地反映事物现象，同样也可以把对事物现象的分类应用到对词语的分类中。把相同、相近、相关、相属的词语归类，从中发现其中的规律。① 本节对长江流域相

① 符淮青：《词义的分析和描写》，外语教学与研究出版社 2006 年版。

近的岁时节令民俗文化词语进行了分组，形成一个个词群，于词群中发现其内在规律。

一、鱼米之乡、饭稻羹鱼词群

江南地区素有"鱼米之乡"的美称，这一地区的人们有浓厚的"稻米情结"。《汉书·五行志》记载："吴地以船为家，以鱼为食"。江南地区水网交错，土壤肥沃、地势平坦，这种地理环境为稻谷生长提供了十分优越的条件。据考古资料表明，早在新石器时代，上海就有了栽培稻。千百年来，逐渐发展了籼、粳、糯等不同品种。明代黄省曾的《理生玉镜稻品》列举了16世纪时仅苏州一地的水稻品种已达38种之多。长江流域具有深厚的稻作文化，深深渗透进了当地的民情风俗。此外，巴蜀地区饮食也以稻米为主。《前汉书·地理志下》："巴蜀广汉，土地肥美，有江水沃野山林竹木疏食果实之饶，民食稻鱼，亡凶年忧。"

稻米情结散见于节日饮食的方方面面，长江流域百姓非常喜欢吃粥和糕饼类食物。湖州民间传唱着这样一首童谣："上灯圆子落灯糕，端午粽子稳牢牢。八月半月饼晓得话①，九月重阳吃栗糕。"②十分形象地描绘了当地节令饮食习俗的特点。长江流域更少不了众多与"鱼"相关的岁时节令民俗文化词语："起荡鱼""烹鱼""石首鱼""鲥鱼""银鱼""青鱼""元宝鱼""鲤鱼""赶鱼儿"等。

清代顾禄《清嘉录》记载一年四季的糕点：立春前一月，市上已插标供卖春饼，居人相馈，卖者自署其标曰"应时春饼"。春饼是面粉烙制的薄饼，一般要卷菜而食；元旦（即今春节）吃以糯米蒸制的粉丸、糍糕；上元，市人簸米粉为丸，曰"圆子"；用粉下酵裹馅，制如饼式，油煎，曰"油堆"；二月二以隔年糕油煎食之，谓之"掌腰糕"；三月三或以隔年糕油煎食之，云能明目，谓之"眼亮糕"；清明，市上卖青团枵熟藕；四月初八

---

① 晓得话，湖州方言，读作 xiǎo，晓得话，休要说了，不用说了。
② 吴冠民：《德清旅游文化》，当代中国出版社 2002 年版，第 65 页。

市肆煮青精饭为糕式，居人买以供佛，名曰"阿弥饭"亦名"乌米糕"，四月十四日为吕仙诞，俗称神仙生日，食米粉五色糕，名"神仙糕"；五月市肆以菰叶裹黍米为粽，象秤锤之形，谓之"秤锤粽"，端午妇归宁以绿豆糕为礼；六月初四、十四、廿四以米粉作团，素羞四篸，俗称"谢灶素菜"。八月二十四日煮糯米和赤豆作团，祀灶，谓之"糍团"；九月，居人食米粉五色糕，名"重阳糕"，重九还食栗粽花糕；十一月冬至，比户磨粉为团，以糖、肉、菜果、豇豆沙、罗菔丝为馅，为祀先、祭灶之品，并以馈贻，名曰"冬至团"；十二月八日为腊八，居民以菜果入米煮粥，谓之"腊八粥"。黍粉和糖为糕，曰"年糕"。十二月二十五日以赤豆杂米作粥，大小遍餐。有出外者，亦覆贮待之。虽襁褓小儿、猫犬之属亦预，名曰"口数粥"，以辟瘟气。除夕食"元宝糕"亦名"粉元宝"，黄白磊砢，杰出于诸色点心中。

可以说在长江流域，特别是长江下游，稻米饮食贯穿全年，这种饮食习惯与长江流域稻作生产有紧密关联。

二、驱鬼辟邪、保求平安词群

岁时节令主要是适应天象、物候、自然界的产物，崇拜自然神与追求和谐。岁时节令中驱鬼辟邪的方式很多。如：

（1）爆竹。古时在节日或喜庆日，用火烧竹，毕剥发声，以驱除山鬼瘟神，谓之"爆竹"。火药发明后以多层纸密卷火药，接以引线，燃之使爆炸发声，亦称为"爆竹"，也叫"爆仗""炮仗"。爆竹能够避疫疠。《俚言解》："爆竹俗称爆仗，宋时已有此名。按《武林旧事》：'都城探春至，禁烟有爆仗起，轮走线之戏。'又《荆楚岁时记》：'山臊恶鬼役人则病，畏爆竹之声。'又《神异经》：'西方深山中有人长尺余，见之即病寒热，名为山臊。人以竹着火中，熚烞有声，而山臊惊惮。循俗束纸燃乐代爆竹故亦名爆竹。'"

（2）蒲剑。菖蒲生于沼泽地、溪流或水田边，聚百阴之气，其形状细长像剑，一名水剑，能杀厉鬼。《江乡节物诗》："蒲剑，截蒲为之利以杀鬼，醉舞婆娑，老魅亦当退辟。"《清嘉录》卷五："截蒲为剑，割蓬作鞭、副以桃梗、蒜头、悬于床户，皆以却鬼。"桃梗是辟邪吉物，蒜头被认为是象征武器铜锤，与蒲剑、蓬鞭相配，以赶却鬼祟。

（3）鬼鸟。南朝梁宗懔《荆楚岁时记》："正月夜多鬼鸟度，家家槌床打户、捩狗耳、灭灯烛以禳之。"正月夜多鬼鸟，此鸟夜飞，以血点之，儿辄痫。荆人夜闻其声。则灭灯，打门，捩狗耳以驱之。狗可分辨极为细小和高频率的声音，而且对声源的判断能力也很强。驱鬼犬当先。《寓嘹杂咏》："九头鸟即鬼车。十颈而九头，一无头之颈，有血滴人家，主有咎。性畏狗。其鸣如鬼，故名鬼车，此妖鸟也。"清嘉庆九年《湖北通志》："'人日'夜多鬼鸟，曰'夜行游女'。有小儿家不可露衣物，此鸟夜飞以血点之，儿辄痫。又有鬼车鸟，能入人家，收人魂气，荆楚人夜闻其声则灭灯，打门、捩狗耳，以厌之。"

（4）关王磨刀雨。关羽是忠义和勇武的形象，《三国演义》中关羽所用的刀是青龙偃月刀，有诗云："关公提刀定汉邦，百万曹兵谁敢当，斜影跨下云中月，青龙刀盖世无双。"人们相信关公磨刀水能杀厉鬼。《南汇县竹枝词》："大帝由来重伏魔，每逢诞日敬如何。但求天赐磨刀水，疫鬼今年杀得多。"五月十三，天雨，俗谓关帝磨刀水，以杀疫鬼，主人口平安。

（5）天灸。旧俗，阴历八月十四日，用"朱水"在小儿额头上点一个圆点，以辟邪祛疾，谓之"天灸"。据说，此俗源于印度。印度教中，已婚妇女多在额头中间点一个"吉祥点"。因为妖魔最忌牲畜之血，因此，新婚女子多用牲畜血点额，新娘进入洞房时便可以避开妖邪。后来，牲畜血点额变成了用红胭脂点额，并融入审美的概念。随着文化交往，印度教的这一习俗也传入我国。我国古代认为7岁以下儿童魂魄不全，能看见妖魔鬼怪，点上"吉祥点"，可以避开妖邪，不让小孩看见鬼怪之形而吓掉魂魄。《沪城岁事衢歌》："八月朔，俗谓天灸日。黎明拂花枝露以古墨研匀，取净管蘸墨，凡童稚之数岁以内者，印圆圈于两太阳及四肢诸穴，谓免白病。"

（6）神荼郁垒。相传度朔山上大桃树下有二神，一名神荼，一曰郁垒，简阅百鬼无道，妄为人祸害，荼与垒缚以苇索，执以食虎，于是县官常于腊除饰桃人，垂苇茭，造桃符，皆效仿前事。《清嘉录》卷十二："或朱书神荼郁垒以代门神，安于左右扉。或书'钟进士'三字，斜贴后户，以却鬼。"

　　（7）跳钟馗。钟馗是端午节的另一个驱除邪祟之神，传说钟馗曾赶走了缠着唐玄宗的病魔，具有辟邪神能。所以，每逢端午各户都购买钟馗图，挂于门外以驱鬼。① 明代以前民间的钟馗像主要用于岁末，端午挂钟馗像可能是明末清初才有的习俗。如《丹阳县志》所记载："'端午节'挂天师像、贴灵符，或挂钟馗像，《丹铅录》：'世画钟馗于门，谓之辟邪。'陆游《除夕》诗：'黎明人起换钟馗'。按：古皆于'除夕'挂门，即今之门神也。"②《清嘉录》卷十二："丐者衣坏甲胄，装钟馗，沿门跳舞以逐鬼。亦月朔始，届除夕而止，谓之跳钟馗。"《姑苏竹枝词》："人家五日争挂钟馗像以祛邪厉。"

　　（8）口数粥。每岁，腊月二十五日，用赤豆熬粥，按照人口数决定煮粥量，包括家中襁褓小儿、猫犬等有生命的东西，以辟邪，名曰"口数粥"。《荆楚岁时记》云："共工氏有不才子以冬至日死，为疫鬼，畏赤小豆，故冬至做粥以禳之。"传说共工氏的儿子在冬至这一天死了，变成了厉鬼，但是它畏惧赤豆，于是民众在这一天作赤豆粥，以驱避之，赤豆粥也成了禳灾避祸的食物。关于"口数粥"名称的由来，《清嘉录》卷十二载述："二十五日以赤豆杂米作粥，大小遍餐。有出外者，亦覆贮待之。虽襁褓小儿、猫犬之属亦预，名曰口数粥，以辟瘟气。或杂豆渣食之，能免罪过。"《吴门岁暮杂咏》亦云："二十五日，煮赤口作糜，暮夜合家同享，云能辟瘟气。虽远出未归者，亦留贮口分，至襁褓小儿及童仆皆与，故名口数粥。"《田家四时诗》："吴俗十月朔开炉，腊月二十五，食赤豆粥。"另一种说法是，赤豆属阳性，这是因为"民众对赤色的崇拜是远古时代先民们对火崇拜的遗存"。火具有驱赶邪恶的力量，能克属阴性的鬼。

三、传宗接代、重男轻女词群

　　"送瓜"与"摸秋"表现出人们对于生育子女的心理渴望。儒家"不孝有

---

①　张海英：《中国传统节日与文化》，书海出版社 2006 年版，第 67 页。

②　凌焯：《丹阳县志》卷二十九，清光绪十一年鸿凤书院刻本。

三，无后为大"的传统思想，经历数千年仍未改变。民间传说，月亮属阴，人类的繁衍受到月亮的影响，月圆之夜，妇女最容易怀孕。有歌谣唱道："生育艰难暗中愁，乡邻偷瓜贺中秋。观音菩萨多保佑，喜得闺人面带羞。"《黔语》："黔俗新婚之家，中秋夕，有戚友送瓜事。"送瓜也称为摸秋。清梁绍壬《两般秋雨庵随笔·摸秋》："鸠兹俗，女伴秋夜出游，各于瓜田摘瓜归，为宜男兆，名曰摸秋。"又光绪十一年《大宁县志》："（中秋夜节）乞子者潜入人园圃，摘瓜以归，曰'摸秋'。"

为什么中秋摸"瓜"而不是其他作物？此俗乃据《诗经·大雅·绵》"绵绵瓜藤"一语而来。盖以瓜类藤藤蔓蔓之延伸，象征宗族世世代代之繁衍，子孙满堂、香火旺盛。瓜，取多籽（多子）之义，多子多福。《黔记》卷一："黔中妇女作背筕，负儿于背。每岁中秋节，以少年装束如女子，背瓜鼓吹，送至亲友床上，祝生子，名曰'送瓜'。"中秋夜晚，婚后尚未生育的妇女，在小姑或女伴的陪同下，到瓜田豆棚里，暗中摸瓜摘豆。古人认为摸到南瓜，易生男孩，南与"男"谐音；摸到扁豆，易生女孩。如摸到白扁豆更吉利，除生女孩外，还是两口白头到老的好兆头。① 节日习俗中寄托了人们美好的愿望。中秋节值收获季节，容易使人联想到人的生育问题，因此有"摸秋"习俗。

除了中秋"摸瓜"习俗，还有元宵"送灯"。送灯与"送丁"音同，是希冀多子多福。旧俗，在元宵节前，娘家就会送花灯给新嫁的女儿家，以求财丁兴旺。《越谚》："新结姻眷，初年庆贺，携送耍灯往还。"

我国封建社会，有男尊女卑的观念。重男轻女的思想影响人们生男生女的意愿。即使今生为女身，一些老妪也在每年的六月六与八字娘娘生日祈祷来生转男身。《清嘉录》卷六："六月六，诸丛林各以藏经曝烈日中，僧人集村妪为翻经会，谓翻经十次，他生可转男身。"《清嘉录》卷八："八字娘娘像在城中北寺内，一半老妇人，插花满头。相传与人生前造命，妇女爇像献履，再生可转男身。"在封建社会，女性角色主要是相夫教子，是

---

① 杨景震：《中国传统岁时节日风俗》，西北大学出版社 2006 年版，第 115 页。

繁衍后代工具。古代女子生产，犹如一脚踏入鬼门关，所以产生"脱裙"之俗。如《清嘉录》卷七："晦日为地藏王生日，骈集于开元寺之殿，酬愿烧香。妇女有脱裙之俗。裙以红纸为之，谓曾生产一次者，脱裙一次，则他生可免产厄。"

旧时中国人，尤其是妇女，崇拜观音，在很大程度上是认为其有送子的功能。二月十九日为观音诞辰，男女纷纷向观音菩萨祈求继嗣，香火不断。《越谚》："会稽又香炉峰供观音二月十九以前，男女进香成市。"《田园四时诗》："春时村人争往杭州进香。名曰香市。"《清嘉录》卷二："二月十九日为观音诞辰。士女骈集殿庭炷香。或施佛前长明灯油，以保安康。或供长旛，云求子得子。"徐崧、张大纯《百城烟水》云："支硎山俗称观音山，三春香市最盛。"农历六月十九日是观世音菩萨得成道日，慈悲即观音，上海人最敬重观音。《上海县竹枝词》云："沪人最敬礼观音，六月年年十九临。"

四、游戏赌博、消闲娱乐词群

中国历史悠久，文化积淀丰厚，名目繁多的娱乐活动实现了多元化的消闲方式与游戏娱乐的广泛选择，组成了绚丽多彩的消闲娱乐世界。娱乐，顾名思义，是以休闲、放松为目的的活动。民间娱乐习俗，"是以消遣休闲、调剂身心为主要目的，而又有一定模式的民俗活动"①。它是人们在满足基本物质需要之后，为满足精神需求而进行的文化活动，带有娱乐、消遣的性质。我们把消闲游戏娱乐划分为四类：第一，体能性娱乐：如拔河、角力、拳击、竞技、骑马等；第二，智能性娱乐：弈棋、思考、鉴赏、作画、赋诗等；第三，观赏性娱乐：斗鸡、走犬、赛马、百戏等；第四，综合性娱乐：饮食、饮酒、品铭以及介于智能与体能之间的投壶、骨牌、麻将等。② 人们选择的娱乐方式受所处的具体历史条件的限制，受

①　钟敬文：《民俗学概论》，高等教育出版社 2010 年版，第 280 页。

②　王定璋：《猜拳·博戏·对舞：中国民间游戏赌博习俗》，四川人民出版社 1993 年版，第 86 页。

生产力的发展和经济环境的制约。产生于早期农业文明的是"拔河""角力""拳击",那时人们的消闲内容的选择不可能超越生产的发展与经济进步的限制。人的智力渐次开发,精神追求也随之提高,封建社会后期出现了"骨牌""麻将"等游戏方式。休闲娱乐往往随着社会的变迁而显示出时代的特征。

1. 智能性娱乐:灯谜

【灯谜】我国古代的谜语起源很早,据说已经有三千多年的历史了。《周易》的"归妹"上记载的商代短谣"女承筐",描写了牧场上一对青年牧羊夫妇剪羊毛的情景,这可以说是现今所了解到的最古老的谜语了。"女承筐,无实;士刲羊。无血。"猜谜语是一种富于讥谏、规诫、诙谐、笑谑的语言文字性的游戏活动,能够启迪思维、交流感情、陶冶情操,是一种很好的休闲方式和游戏内容,把谜语写在灯笼上,让大家来猜叫"灯谜",它使节日娱乐生活平添无限乐趣与隽永的意境。

明代李实《蜀语》:"元宵隐语曰灯谜,平时隐语曰猜谜,谜音寐。"清梁章钜《归田琐记·灯谜》引《韵鹤轩笔谈》:"灯谜有十八格,曹娥格为最古,次莫如增损格。增损即离合也……此外复有苏黄谐声、皓首粉底、正冠正履、分心素心、重门垂柳诸格。"《清嘉录》卷一:"好事者巧作隐语,拈诸灯,灯一面覆壁,三面贴题,任人商揣,谓之'打灯谜'。"《武林新年杂咏》:"素灯四面贴写诗词及嵌画物状藏春走智、出奇无穷,好事者悬于檐牙巷角,聚人商揣,每至斗转月斜低回不去。"《红楼梦》第二十二回:"忽然人报娘娘差人送出一个灯谜来,命他们大家去猜,猜着了每人也作一个进去。四人听说忙出去,至贾母上房。只见一个小太监,拿了一盏四角平头白纱灯,专为灯谜而制,上面已有一个,众人都争看乱猜。"

2. 观赏性娱乐:斗鹌鹑、秋兴、百戏

【斗鹌鹑】鹌,本指羽毛无斑的鹌鹑,为田鼠所化①;鹑,本指羽毛有斑的鹌鹑,据说为黄鱼、虾蟆所化,后亦混称鹌鹑。唐代是我国游艺文化

---

① 《大戴礼记·夏小正》:"田鼠化为鴽。鴽,鹌也"。

比较发达的时代。斗鹌鹑大约就是从那时开始兴起的。《清稗类钞·赌博类》说："斗鹌鹑之戏，始于唐，西凉厩者进鹑于玄宗，能随金鼓节奏争斗，宫中人咸养之。"说明唐代宫中有斗鹌鹑的游艺。

清代是斗鹌鹑游戏大发展的时期，上自王公大臣，下至市井小民，甚至儿童，都喜好养斗。此时，鹌鹑的品种很多，清人程石邻著《鹌鹑谱》一书罗列鹌鹑44种。清顾禄的《清嘉录》卷九记载："霜降后斗鹌鹑，角胜标头，一如斗蟋蟀之制。以十枝花为一盆，负则纳钱一贯二百。若胜则主家什二而取。每斗一次，谓之一圈。"《姑苏竹枝词》亦载：霜降后，年少以彩囊把鹌鹑，入市赌彩，以十枝花为一盆，名斗鹌鹑。过去，斗鹌鹑多在霜降之后，由于天寒，主人们各以锦袋装着自己的"勇士"，兴冲冲地光临斗场，或两人，或多人参赛。斗时有局，围成一个小小的圆形斗圈，每斗一次，叫作"一圈"。① 鹌鹑好斗但胆小，斗场最忌乱走乱动。

【秋兴】蟋蟀，黑褐色，触角很长，后腿粗大，善于跳跃。雄的善鸣，好斗。蟋蟀之名最早见于《诗经》。《诗·豳风·七月》："七月在野，八月在宇，九月在户，十月蟋蟀入我床下。"斗蟋蟀又称"斗促织""斗蛐蛐""秋兴"等，是一种驱使蟋蟀相互娱乐的游戏。斗蟋蟀之风始于唐玄宗开元天宝年间。王仁裕《开元天宝遗事·金笼蟋蟀》记曰："每致秋时，宫中妃妾辈皆以小金笼捉蟋蟀。闭于笼中，置之枕函畔，夜听其声，庶民之家皆效之也。"

明清时期，斗蟋蟀之风一直流行。《促织志》《促织谱》《蟋蟀秘要》一类的书籍也陆续出现。明清两朝斗蟋蟀活动常与赌钱相联系。城市乡村，或市观，或野园，或幽僻之处，往往设有斗蟋蟀的赌博场所。其赌注有大有小，有的人动辄成百上千金，甚至有人孤注一掷。倾家荡产，酿成命案之事，往往有之。② 明谢肇淛的《五杂俎》卷九记载："明代，三吴有斗促织之戏，斗之有场，盛之有器，必大小相配，两家审视数四，然后登场决

---

① 王辉：《中国古代娱乐》，中国商业出版社2015年版，第65页。
② 李德复、陈金安：《湖北民俗志》，湖北人民出版社2002年版，第479页。

赌。"清光绪三年宾兴馆刻本《续修江陵县志》卷六十五："乡镇少年斗蟋蟀，谓之'开圈'。起'处暑'，迄'寒露'，胜负动至千金，亦弊俗也。"《清嘉录》卷八详述赌斗蟋蟀："白露前后，驯养蟋蟀，以为赌斗之乐，谓之秋兴，俗名斗赚绩，提笼相望，结队成群，呼其虫为将军。斗时在台上两造认色，或红或绿，曰'标头'。台下观者，即以台上之胜负为输赢，谓之贴标斗。分筹码，谓之花。以制钱（铜钱）一百二十文为一花，一花至百花、千花不等，凭两家议定，胜者得彩，不胜者输金。"反映出当时的斗蟋蟀游戏相当盛行。①《红楼梦》第七十三回"痴丫头误拾绣春囊，懦小姐不问累金凤"："今日正在园内掏促织，忽在山石背后得了一个五彩绣香囊，其华丽精致，固是可爱。"《瀛壖杂志》卷一："陈金浩《衡歌》有二首，极道沪城游民恶习：'轻平蟋蟀重平银，结伴登场秋兴新。'"

【蝈蝈儿】古人深秋喜欢养蝈蝈，深秋已到，声声慢诉，似述夜冷寒乍。声音与促织相似，但较清越。《清嘉录》卷九："秋深笼养蝈蝈，俗呼为叫哥哥，听鸣声为玩。藏怀中，或饲以丹砂，则过冬不僵。笼刳干葫芦为之，金镶玉盖，雕刻精致。"《红楼梦》多处描写蝈蝈的场景："忽见宝玉进来，手中提了两个细篾丝的小笼子，笼内有几个蝈蝈儿，说道：'我听说老太太夜里睡不着，我给老太太留下解解闷。'"第一一三回："巧姐儿道：'怎么不认得？那年在园里见的时候我还小，前年你来，我还合你要隔年的蝈蝈儿，你也没有给我，必是忘了。'"

【百戏】春台戏、青龙戏

明清时期，随着生产力的发展、经济的繁荣，城市商品化的步伐逐步加快，传统的参与性娱乐游戏仍然受到人们的喜爱，观赏性娱乐取得飞速的进步和发展，在人们消遣生活和娱乐文化中占有愈来愈大的比重，尤其是元杂剧创作的繁荣、明代传奇的发展，促进了各种不同风格流派的剧目创作与演出。传奇的语言风格在雅俗之间屡次转换、相互扭结，就反映出明清时期文人审美趣味与平民审美趣味之间的对立与交融。到剧场消闲看

---

①　王辉：《中国古代娱乐》，中国商业出版社 2015 年版，第 66 页。

戏已经是更为普遍而重要的娱乐方式。

《清嘉录》卷六："习清唱为避暑计者，白堤青舫，争相斗曲，夜以继日，谓之曲局。"《田家四时诗》："乡村春日，搭台旷野，演剧酬神，名春台戏。"《红楼梦》中也用了重彩来描绘元宵的气氛。"早又元宵将近，宁荣二府皆张灯结彩。……王夫人和凤姐儿连日被人请去吃年酒，不能胜记。至十五日之夕，贾母便在大花厅上命摆几席酒，定一班小戏，满挂各色佳灯，带领荣宁二府各子侄孙男孙媳等家宴。"

3. 综合性娱乐：樗蒲、升官图、状元筹、斗牌、赶围棋

【樗蒲】樗蒲是古代的一种博戏，由于其掷具一般用樗木制作，所以叫樗蒲，也叫投琼。樗蒲始起于汉末魏初。汉马融《樗蒲赋》："昔玄通先生游于京都，道德既备，好此樗蒲。"汉末繁钦《威仪箴》中曾有"营梢弄棋，文局樗蒲，言不及义，胜在图"的描写，说明樗蒲问世不久就成为赌具。晋葛洪《抱朴子·百里》："或有围棋、樗蒱而废政务者矣，或有田猎游饮而忘庶事者矣。"可见，痴迷樗蒲者甚众。《姑苏竹枝词》有载："竞掷樗蒲以六骰得绯者胜，谓之投琼。"

【升官图】"升官图"是一种根据骰子掷出的色彩而授予一定官阶的游戏。图戏自唐已有之，当时叫"彩选"。唐代房千里《骰子选格序》云："开成三年春，予自海上北徙，舟行次洞庭之阳，系船野浦下，遇二三子号进士者，以穴骼双双为戏，更投局上，以数多少，为进身职官之差。"明清人所玩升官图是明倪鸿宝所造，官名随着时代的变化而变化。游戏是那个时代人们的价值取向与精神追求的折射。"升官图"游戏一定程度上反映了封建时代人们普遍的价值观念。"学而优则仕"是当时贫下层人民摆脱贫困、光宗耀祖、实现自身价值的唯一途径。"升官图"游戏至少可以从精神层面满足当时人们的升官追求，给人以心理的慰藉和虚幻的平衡。《清嘉录》卷一："又以官阶升降为图，亦六骰掷之，取入阁之谶，谓之升官图。"《武林新年杂咏》："一官两建，掷用二骰以色迁位，立法简易，非如功名爵位图之，烦重也。孔清江有选官图长律。"

【状元筹】我国从隋朝开始实行科举考试以来，一直延续到清代，文人

将考状元作为自己的唯一出路，真可谓"十年寒窗无人问，一举成名天下知"。但是真正能中状元者屈指可数，现实中状元遥不可及，"状元筹"游戏相对更容易满足精神追求。状元：此处是指用六枚骰子投掷均为红色，很是不易，一般掷出四个红四点即称状元红。《清嘉录》卷一："取科目名色制筹，岁夕聚博，以六骰掷之，得状元者为胜，取及第争先之谶，谓之状元筹。"《沪城岁事衢歌》："玩游戏的人在争筹掷鹘中就可领略科第名目和仕途荣显，状元筹是新的历史条件下的衍化物。"吴谷人《祭酒新年杂咏·小序》云："状元筹，绯绿兼行，赢输计箸，闺阁中为消闲之戏。"

【斗牌】《清嘉录》卷六"乘风凉"条有详细载："纳凉谓之乘风凉。作牙牌叶格、马吊诸戏，以为酒食东道，谓之斗牌。"明代比较流行一种饮茶时玩的纸牌游戏——马吊牌。马吊牌本来作为游戏的附属品筹码，经过逐渐演变，成为一种新的娱乐工具。此时，出现关于这种游戏的专著——潘之恒《叶子谱》、冯梦龙《马吊牌经》。这些作者大多在吴越地区活动过。在明末清初马吊牌盛行的同时，由马吊牌又派生出一种"纸牌"。此时的纸牌又叫"碰和牌"。《红楼梦》第八十回："金桂不发作性气，有时欢喜，便纠聚人来斗纸牌，掷骰子作乐。"《红楼梦》第四十七回"呆霸王调情遭苦打，冷郎君惧祸走他乡"，贾母、薛姨妈、王熙凤等斗的就是碰和牌。书中写道："鸳鸯见贾母的牌已十成，只等一张二饼，便递了暗号儿与凤姐儿。凤姐儿正该发牌，便故意踌躇了半晌，笑道：'我这一张牌定在姨妈手里扣着呢，我若不发这一张牌，再顶不下来的。'"这里正是一个发出顶牌的例子。《武林新年杂咏》："牌自宣和以来为戏，旧矣，田叔禾云月正有斗九翻牌之乐，张山来云牙牌之戏，闺阁为多。"宣和牌，用牙、骨雕刻，亦称牙牌、骨牌。

为玩得尽兴，纸牌数量逐渐增多，但是，组合牌很不方便，人们受骨牌启发，渐渐改成竹制、骨制，麻将也就规模初具了。相传麻将先流行于闽粤濒海各地及海舶间。清光绪初，由宁波江厦延及津沪商埠，达官贵胄及其宗亲子弟，各奔于浙闽两粤之海上，麻将牌就此逐渐流行开来，波及全国。麻将牌的玩法同样显现着它与前代博戏的继承、发展的关系。到现在，麻将牌的玩法、策略更加复杂。

法国汉学家伊丽莎白·巴比诺在《中国透视》一书中说："麻将文化，它的隐语，它的平均主义的驱动力，它的令人眩晕的声音和手势，打麻将时品茶、饮酒和吸烟的气氛，这一切破除了命定的东西及人与世俗权力的关系。"巴比诺以旁观者的角度剖析了中国人沉迷于麻将的内在驱动力。①

【赶围棋】赶围棋是一种智力策略性的游戏，多为两人博弈。春秋战国时期已有记载，它能够开发智力、陶冶性情，几千年来长盛不衰。到了明清时期棋艺水平更得到迅速提高，还产生了"围棋十大家"。加之频繁的民间比赛活动，使得围棋游艺进一步普及。《红楼梦》有多处提到"赶围棋"游戏。第七回："周瑞家的便知他们姊妹在一处坐着呢，遂进入内房，只见迎春探春二人正在窗下围棋。"第十九回："袭人的母亲又亲来回过贾母，接袭人家去吃年茶，晚间才得回来。因此，宝玉只和众丫头们掷骰子赶围棋作戏。"第十九回："却说宝玉自出了门，他房中这些丫鬟们都越性恣意的顽笑，也有赶围棋的，也有掷骰抹牌的，磕了一地瓜子皮。"第二十回："彼时正月内，学房中放年学，闺阁中忌针，却都是闲时。贾环也过来顽，正遇见宝钗，香菱，莺儿三个赶围棋作耍。"第二十回："黛玉笑道：'偏是咬舌子爱说话，连个'二'哥哥也叫不出来，只是'爱'哥哥'爱'哥哥的。回来赶围棋儿，又该你闹'幺爱三四五'了。'"第五十三回，大年初一，《红楼梦》中写道："所有贺节来的亲友一概不会，只和薛姨妈李婶二人说话取便，或者同宝玉，宝琴，钗，玉等姊妹赶围棋抹牌作戏。"《儒林外史》五十三回："聘娘先和一个人在那里下围棋，见了陈木南来，慌忙乱了局来陪，说道：'不知老爷到来，多有得罪。'"《儒林外史》五十五回："他自小儿最喜下围棋。后来父亲死了，他无以为生，每日到虎踞夫一带卖火纸筒过活。"

汉语词汇是一个庞大而复杂的系统，它能够最直接、最敏感、最全面

---

①　蔡郎与、杨燕：《中国民俗十讲》，西南交通大学出版社 2013 年版，第 125页。

地反映本民族的思维方式、认知方式以及文化心理内涵。而这些词语在一定的范围内都有着"家族相似性"的特点。这些特点不是预先安排的，而是在语言和思维的发展过程中形成的。明清长江流域岁时节令民俗文化词语也表现出这种"家族相似性"。它们共同反映明清长江流域的鱼米之乡的环境特点与人们"稻米情结"的饮食习惯，驱鬼辟邪、追求平安的信仰方式，传宗接代的思想观念，崇尚奢靡的游戏赌博风气等。

第五章　明清时期独具长江流域特色的
岁时节令民俗文化词语考释

民俗文化词语的地域性指"民俗发展在空间上所显示的特征。每一民俗的形成、发展和消失均受一定的地域生产、生活条件和地缘关系的制约，因而或多或少总要染上地方色彩。故有'百里不同风，十里不同俗'之谚"①，长江流域的岁时节令民俗文化词语也带有其独有的地域性色彩。蒋绍愚在《近代汉语研究概论》一书中归纳词语考释的六种方法：认字辨音、参照前人的诠释、排比归纳、因声求义、参证方言、推求语源。② 据此，本章拟对长江流域所特有的民俗文化词语和长江流域上中下游各区域特色岁时节令民俗文化词语的语源、构成、发展演变、文化内涵等进行研究。

第一节　明清时期长江流域所特有的民俗
文化词语考释

一、"大端午""小端午""末端午"

1. "大端午""小端午""末端午"的定义

明清长江流域除了过传统的端午节外，长江上游的四川、长江中游的

---

① 郑传寅、张健主编：《中国民俗辞典》，湖北辞书出版社 1987 年版，第 1 页。
② 蒋绍愚：《近代汉语研究概论》，北京大学出版社 2001 年版。

湖北和湖南等地区，一年会过两到三个端午节。除五月初五的端午（小端午）外，还有"大端午"和"末端午"。《岁时纪时辞典》解释："湖南等地称农历五月五日为'小端午'。五月十五日为'大端午'……湖南土家族亦有大、小端午之称。"①《中华全国风俗志·湖北》："五月五日竞渡，楚俗所同。至十五日，名曰大端阳，食角黍，饮蒲酒如前。十三、十四、十五三日龙舟尤胜，与他郡异。"

2. "大端午""末端午"的语源

关于"大端午""末端午"的由来，有不同的说法。

首先，"大端午"是讴歌民族英雄。明清以来的湖南《沅陵县志》《溆浦县志》《龙山县志》，湖北《宣恩县志》《来凤县志》、四川的《酉阳直隶州志》等方志典籍，在载述当地"乡村又以（五月）十五日为'大端午'"时，几乎都有"云其俗自汉伏波始"的缘由交待。其中，《溆浦县志》有详细记载："俗以初五为'小端午'，望日为'大端午'。相传伏波（马援）征五溪蛮，于五日进兵，士卒有难色。伏波曰：'端午令节，蛮酋必醉，进可成功。今日乃小端阳也，后当与诸将过大端阳。'即进兵，诸蛮果醉，剿平之，乃于十五日大享士卒，遂名曰'大端午'。至今仍之。"②又见于清同治五年《来凤县志》："俗以是日为'小端阳'，十五日为'大端阳'，云始于马伏波。俱竞渡龙舟，十五日尤盛。"③由此可见，大端午起源于马伏波是当地口耳相传的古老传说。也有学者认为这个传说与事实不符。后汉建武二十五年，以伏波将军马援为主帅，在中郎将刘匡、马武、耿舒的辅佐下，统领四万军马，南下征讨苗蛮起义。武陵蛮在沅陵壶头山"乘高守险"，阻止马援军队达八个多月之久，汉军因染上瘟疫而死亡者大半，马援也病死军帐中，无力进攻。根据我国古代天文历法，每个月的十五为"望日"，端午节仍旧与屈原有着紧密的内在联系。屈原五月初五抱石投江而死，开始升天，追逐正义，去实现自己的理想抱负。这需要经历一个过程。到了十五

---

① 周一平、沈茶英：《岁时纪时辞典》，湖南出版社1991年版，第46页。
② 舒其锦：《溆浦县志》卷二十四，清同治十二年刻本，1873年。
③ 李勖：《来凤县志》卷三十二，清同治五年刻本，1866年。

日，人们才获悉屈原到达天界，痛陈冤屈，表达自己的爱国情怀以及爱民的赤子之心。所以，人们在五月十五日这天才真正开始过端午节，以庆祝屈原得以昭雪，心想事成。①

夏日新先生认为"大端午"是汉族的"瘟神"信仰与"蛮族"的"大十五"信仰相互融合而形成的一个特定范围性节日。② 过大端午节俗与纸船送瘟习俗在许多地方同时存在。清道光二年《汉口丛谈》载："楚俗以五月望日为'大端阳节'。剪纸为龙船，中坐神像，自朔旦起，至十八日止。"③

由上述可见，大端午的文化内涵之一是纪念民族英雄。

其次，大端午反映民族（部族或姓氏）迁徙。湘西南巫水河边的长铺、天峡（均属绥宁县）一带的苗胞，也是在五月十五日过端午，吃粽粑。它的缘起是纪念带领部族迁徙的头领苏文佐。古代几千苗民从江西迁到绥宁，遭到了当地县官的排挤并抓走了他们的首领苏文佐。农历五月十四日，二十多位苗家汉子各挑一担放有麻药的粽粑在大牢门前叫卖，迷倒了狱吏，救出了苏文佐。五月十五日，苏文佐带领两千多人杀进衙门。在冲杀中，苏文佐不幸被暗箭射中，当场牺牲。以后，每逢这一天，苗人就包粽粑，奠基英灵，热热闹闹过"大端午"。④

再次，体现龙崇拜的图腾观念。施秉、镇远（均在贵州境内，临近清水江）一带的龙舟节是史前图腾社会的遗俗。清代乾隆年间徐家干撰写《苗家见闻录》记载，苗民每年的五月二十日为端节，在清水江水域较宽且深处竞渡斗龙舟。相传，在遥远的古代，小江河边，一个渔民的独生子九保在打鱼时被恶鱼咬死。九保的老爹为儿子报仇，杀死了恶龙。不久，恶龙托梦给大家："害了老人家的独生子，我已赔上性命，但愿你们老少能行

---

① 舒新宇：《破解屈原溆浦之谜》，东方出版社 2007 年版，第 247 页。

② 夏日新：《大端午节与逐疫》，《湖北民族学院学报》2010 年第 5 期，第 28 页。

③ 范锴：《汉口丛谈》，清道光二年刻本，1822 年。

④ 南县民间文学集成编委会：《中国民间故事集成湖南卷》绥宁县资料本，1989年，第 65 页。

好，用杉树仿照我的身躯，在清水江、潕阳河一带划上几天，我就能兴云作雨、保你们五谷丰登。"为了保丰收，以后，清水江、潕阳河畔便有了五月下旬的龙舟节。

最后，体现民间节俗与农时季节的关系。旧时生产季节较迟，农历五月初正是农忙时节，只能开展简易的活动。而到了五月中下旬的"大端午"，农忙已经过去，农民有足够的时间放松娱乐。所以，大端午除了进行一般的民俗活动之外，还会有多项游艺娱乐活动，其中以龙舟竞渡最为突出。"大端午"龙舟竞渡活动在宋朝的湖北地区就已盛行。宋庄绰《鸡肋编》载："湖北以五月望日谓之大端午，泛舟竞渡。逐村之人各为一舟，各雇一人凶悍者于船首执旗，身挂楮钱。或争驶殴击，有致死者，则此人甘斗杀之刑，故官司特加禁焉。"①

3. 明清时期"大端午""末端午"的习俗活动

五月十五日为大端午，"龙舟""角黍""蒲酒"是必不可少的节日要素。川岳分区，各个地方的大端午节日浓厚程度还是有差异的。有些地区氛围如五日端午，如清嘉庆二十一年刻本《华阳县志》："十五日，俗谓之'大端阳'，饮食如五日。"清乾隆五十一年刻本《盐亭县志》："十五日，俗谓'大端阳'，欢聚饮酒，与五日同。"清乾隆二十八年刻本《东湖县志》："十五日，名曰'大端阳'食角黍，饮蒲酒如前。"有些地区尤重大端午。对此，宋《溪蛮丛笑》即有记述："蛮乡最重端午，不论生熟界出观竞渡，三日而归。既望复出，谓之'大十五'。船分五色。"明清时期宜都县延续这一盛状，清同治五年刻本《宜都县志》载："十五日曰'大端阳'，竞渡尤盛。"但是，还有一些地区大端午如强弩之末，有其形无其实。民国十年刻本《合川县志》："十五日，俗谓'大端阳'。江下亦有龙舟，民家亦作角黍，但无'端午'之盛。"

大端阳习俗不独在五月十五日，湖北红安县大端阳节在五月十八日。清道光二年《黄安县志》记载了当地的大端阳驱瘟习俗："十八日，曰'大端

---

① 宋庄绰：《鸡肋编》卷上，清文渊阁四库全书本。

阳'。以木雕五色龙，收尾夭矫如船形，中以绢画神将像，盛鼓乐，杂彩色纸标，遍巡于市。神各一船，船至，香楮爆竹饯之，谓之'送船'。"①这段话再一次证明了大端午与送瘟船的紧密联系。《妄妄录》卷六"送瘟船"："乾隆五十四年秋，淳安县城大疫，居民齐醮，扎纸船草人焚当送于河，谓之'送瘟船'。"

湖北秭归县是屈原的诞生地，也是中国端午节文化最为深厚的地方之一。长阳县与秭归县相邻，这两个县的端午活动持续时间更长，能延续到二十五日。清同治五年《长阳县志》："乡间十五日为'大端午'，二十五日为'末端午'，以月大小卜诸菜熟否。"②

4. "大端午""末端午"地理分布

长江流域一年之内为什么要过几个端午呢？为便于探寻端午节日的分布规律，笔者根据《中国地方志民俗资料汇编》所载，绘制出了明清时期长江流域有大端午、末端午节令的地区分布图，如图5-1：

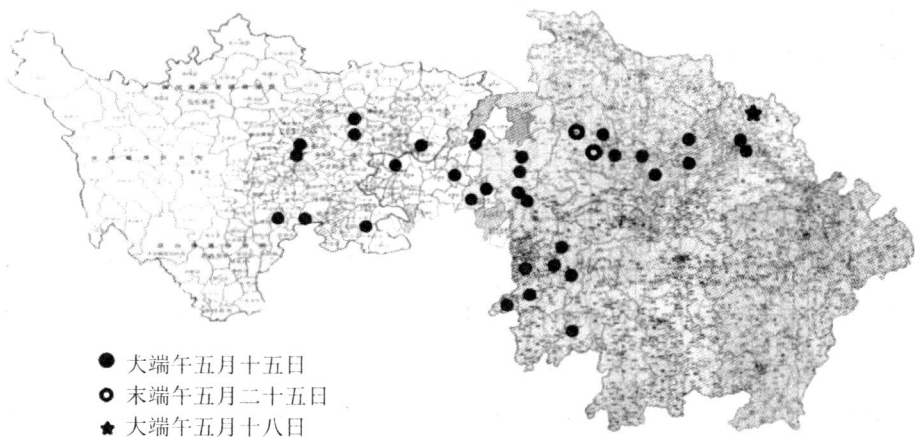

● 大端午五月十五日
◎ 末端午五月二十五日
★ 大端午五月十八日

图5-1　明清时期长江流域大端午、末端午分布略图

---

① 林缙光：《黄安县志》卷十，清道光二年刻本，1822年。
② 陈惟模：《长阳县志》卷七，清同治五年刻本，1866年。

从分区区域来看，"大端午"和"末端午"集中分布在湖南湘西和湖北鄂西以及四川川东一代，并沿着长江向鄂东蔓延。具体而言，湖北的汉口、武昌县、东湖县、荆州府、宜都县、江陵县、天门县、沔阳州、长阳县、恩施县、来凤县、宣恩县，湖南的武冈州、辰溪县、沅陵县、溆浦县、晃州厅、芷江县、凤凰厅、龙山县，四川的成都、华阳县、盐亭县、射洪县、纳溪县、屏山县、合川县、丰都县、黔江区、彭水县、万县、大宁县、广安州、马边厅等地区把五月十五日定为"大端午"。

形成这种规律的主要原因是明清时期的"湖广填四川"移民浪潮。清设湖广总督，又因省治在湖北，俗遂呼湖北人为湖广人。明代，来自东部地区的湖北移民成为四川移民的主要来源。1357 年，明玉珍率湖广乡勇入蜀称王，揭开了明初大移民的序幕，特别是四川东部、南部地区，移民多来自湖广。清代，大量湖广移民源源不断地进入四川各地，从而掀起了一股规模浩大的"湖广填四川"浪潮。由于地缘相邻的关系，加上长江水道相通，川东地区接纳的移民主要来自两湖。如巫山县，"自募民垦种以来，两湖之民负耒而来者几千人"。云阳县"康熙、雍正间，外来寄籍者唯湖南、湖北人较多"。

明清之际是巴蜀地区历史上规模最大的移民迁入时期，广大的移民带来了各自原籍的文化和习俗，在巴蜀地区互相影响、互相融合，也使得巴蜀地区岁时节俗呈现出丰富多彩的情况。巴文化和楚文化都是多源的文化，本来就具有融合遗传的优势，彼此交流，容易产生非此非彼、亦此亦彼的文化事象，融合遗传的优势就更加明显了。巴文化与楚文化的关系不是板块结构，也不是双鱼形太极图结构。它们是交错、交缠、互渗、互补、难解难分的关系。

二、"关帝生日"与"会馆"

1. 关帝信仰

关帝即三国时期蜀汉名将关羽，最初只是一个普通的历史人物，在清朝得到很大程度的神化。清兵入关以后，封建统治阶级为了维持天下稳定，需要确立一套忠君爱国的思想系统。关公千里走单骑、河北寻兄、秉烛夜读《春秋》、屯土山关公约三事、华容道放走曹操等事迹，对国以忠、待人以仁、处事以智、交友以义、作战以勇。清朝掌权者给关公封号：忠义神武灵佑仁勇威显护国保民精诚绥靖诩赞宣德关圣大帝，共 26 字。在清朝关公是全方位的万能之神。如清袁枚《新齐谐·十八滩头》："湖南巡抚某平时敬奉关帝。每月旦先赴关庙行香求签，问本年休咎。"《沪城岁事衢歌》："五月十三日，是日有雨，为磨刀水，去疫疠。"

2. 会馆供奉"关帝"神缘由

会馆是明、清两代特定历史条件的产物。会馆，顾名思义，就是聚会和聚居之场所。《汉语大词典》对"会馆"的解释："旧时同省、同府、同县或同业的人在京城、省城或国内外大商埠设立的机构，主要以馆址的房屋供同乡、同业聚会或寄寓。"最早出现的会馆是在明永乐年间，安徽芜湖人在北京设置了芜湖会馆。会馆这种民间组织有四大共同特点：一是由易籍他乡定居的移民创办；二是严格以地域划分，多为小至县、大至省的同乡人的组合；三是供奉乡梓的福佑神祇或先贤；四是共建馆寓。在明清工商业活动中，他乡谋生，贸易交往，风险常在，设立会馆，可以起到集合同乡、联结乡谊的作用。

工商会馆奉神的价值取向主要是商品生产和商品交换发财致富、诚信合作。最初，有他乡贸易者在关公像面前，学桃园三结义拜把子结盟，广交朋友，互相有帮衬，做生意好发财。"百工技艺，各祠一神为祖"，关羽自然成为明清时会馆选择供奉的神祇。每逢五月十三日的关帝生日，各栋会馆皆演剧庆贺。《清嘉录》卷五"关帝生日"条："五月十三日为关帝生日。官为致祭于周太保桥之庙。吴城五方杂处，人烟稠密，贸易之盛，甲于天下。他省商贾，各建关帝祠于城西，为主客公议规条之所。栋宇壮丽，号为'会馆'。十三日前已割牲演剧，华灯万盏，拜祷维谨。行市则又家为祭献。鼓声爆响，街巷相闻。又相传九月十三日为成神之辰，其仪一如五月十三日制。俗以此二日雨为关王磨刀雨，主人口平安。"

3. 明清时期长江流域"会馆"文化现象

明清长江流域的会馆是一个值得注意的综合文化现象。会馆是移民文化的产物。各地移民在迁入地修建的会馆，不单纯是"恭敬桑梓"的场所，它还通过开展各种具有原籍地特点的活动来联谊乡情。所以，会馆又是移民文化的传播阵地。每年的春、秋祭祀以及农历年的各种岁时节令庆典，会馆就成为各地移民聚集欢庆的场所。文化搭台、经贸唱戏、迎神赛会是明清时期会馆的一种模式。《清嘉录》卷一："神祠、会馆，鼓乐以酬，华灯万盏，谓之灯宴。"

在明清时期，长江流域的巴蜀地区会馆云集，众多移民来自五湖四海，为了不忘故土祖先，修建会馆，"迎神麻、联嘉会。襄义举、笃乡情"。会馆系统地把家乡的风俗文化带到异地，并代代相传。文化传播主要集中在岁时节令上，并围绕这些岁时节令开展饮食、商贸、娱乐活动，形成了一个文化圈。四川地区的湖广移民居多。清嘉庆十九年《彭山县志》卷六记载当地效仿楚人风俗："五月五日……双江河上装彩龙舟，效竞渡故事，大约多楚人为之，十三日为'关圣大帝降诞'，秦人会馆，工歌庆祝。"四川人们庆祝"关羽诞辰"，上演关羽全歼七军，擒于禁、斩庞德的故事。故事的发生地在湖北，伴随着湖北人移民四川，将戏剧、习俗带到当地。清嘉庆元年《井研县志》卷十："'单刀会'，故老相传，庆祝关帝，由来已久。市镇好事者或令梨园演水淹七军故事。傍江边搭戏棚，看周将军水中擒操将庞德、于禁为欢谑。"

有很多学者对清代四川会馆进行统计，数据不一。蓝勇在《西南历史文化地理》一书中统计了清代四川移民会馆分布图，见图5-2：①

---

① 蓝勇：《西南历史文化地理》，西南师范大学出版社1997年版，第54页。

分布	湖广会馆	江西会馆	广东会馆	福建会馆	陕西会馆	贵州会馆	云南会馆	江南会馆	河南会馆	山西会馆	广西会馆	燕鲁会馆	总计
成都	47	49	24	18	25	7	1	5	2	2	1	1	182
川东	81	34	9	13	12	2		4		1			156
川中	126	78	59	28	21	11					1		324
川西	14	13	6	3	18	2				2			58
川北	57	29	39	11	70	4		1			1		212
川南	129	93	81	39	18	12	1	1					374
川西南	23	24	24	4	5	11	3						94
总计	477	320	242	116	169	49	5	11	2	5	3	1	1400

图 5-2 清代四川移民会馆分布图

从以上分析我们可以得出如下结论：一般而言，会馆建立的多少，是与入川移民的数量成正比。湖广及江西会馆数量占总数的 56.93%，川东地区接受湖广移民最多，而川东地区两湖及江西会馆占比高达 73.7%。川东、川中、川南、成都、川西南、川西、川北的湖广会馆占比依次减少。巴蜀地区两湖及江西移民多，所建会馆数量也大。石泉认为四川移民群体"其分布界限在川西松潘—雅安—冕宁—会理一线，该线以西基本上没有留下太多两湖移民的足迹。两湖移民的活动舞台在四川盆地"[1]。会馆分布与明清四川各地区移民分布规律大致吻合。

巴蜀地区移民持续百余年，移民人口达到 170 多万，明末清初的移民通道的"会馆"也正在这一时期大量兴盛。移民会馆具有技术传承、文化融合的"标本"特征，是川、鄂、湘、黔交会区域对外交流的"窗口"。清代吴好问《成都竹枝词》："争修会馆斗奢华，不惜金银亿万花。"这首词一方面讽刺了修建会馆的挥金如土，另一方面反映了当时会馆的崛起与繁不胜举。

巴蜀地区湖广的移民最多，湖广会馆影响力也最大。清光绪《大邑乡

---

① 石泉、张国维：《明清时期两湖移民研究》，《文献》1994 年第 1 期，第 72 页。

土志》记载："明末兵燹后，大邑土著汉人几无孑遗，全资两湖、江西、两广、山、陕之人来邑，垦荒生娶。麻城较多，江西、山陕次之，两广又次之，俗传湖广填四川，其明征也。"清道光十七年《德阳县新志》："有衙神、城隍神、火神、龙神诸庙，及县城市镇之各省会馆，岁时演戏，皆有常期，以为其神之诞辰云。"光绪二十年《永川县志》："永治五方集处，语言互异。土著复业，仅十之二三。至今土满人稠，强半客民寄寓，故郡属城市，均有各省会馆。惟两湖、两广、江西、福建为多。"

三、共性原因探析

明清长江流域岁时节令的形式和内容是大同小异的，共性的形成与移民有很大关系。于此，笔者着重探讨明清长江流域的移民情况。明初是个大移民的时期，以明太祖时洪武大移民规模最大，元末明初，四川等地人口锐减、田地荒芜。光绪《永川县志》卷二云："遭献贼荼毒之后，土著复业仅十之二三。"乾隆《屏山县志》卷一载："明季流贼屠戮后土著仅十之二三。"朱元璋施行"移民就宽乡"的政策："古狭乡之民，听迁之宽乡，欲地无遗利，人无失业也。"关于这一时期移民，清咸丰《云阳县志》："邑分南北两岸，南岸民皆明洪武时由湖广麻城孝感奉敕徙来者，北岸民则康熙、雍正间外来寄籍者，亦维湖南北人较多。"

历史时期关于移民的动因有以下几个方面：

一是难民。社会的动荡是制造移民的温床。宣统二年《郭氏族谱》附载运喧祖世系谱原序："元季之乱，孟四公自麻城避乱入蜀，至富顺县赵阳乡。"但是，难民不是主要的移民角色。动乱平息后，难民势必陆续返回家乡。

二是经济移民。这个是长期制约移民流向的最重要因素。其中，有受政府招民垦荒政策驱动的移民。《黄氏族谱》卷首·叙："明初，楚北户口凋伤殆尽，洪武二年徙江西居民实之。"《四川通志》亦载："蜀自汉唐以来，生齿颇繁，烟火相望。及明末兵燹之后，丁口稀若晨星。"鼓励外省移民入川垦荒。在湖南、湖北广大的乡村，流传着这样一些有趣的传说：明朝洪武年间（1368—1398），朱元璋强迫江西人迁徙到两湖，遭到民众的反抗，于是官兵强制将移民的双手反捆押上船逆流而上，一批一批江西人就这样被迫迁往地广人稀的两湖地区，至今两湖人称上厕所为"解手"，源于这次迁徙途中的特殊经历。有适应区域开发需要，为谋生而出现的移民。如云阳涂氏原籍是湖北蒲圻，因"食指繁地窄，岁获不足以赡事。于是，仲父元起先徙蜀，弟季弘规迁潜江，公（雄案：云阳涂氏始迁祖涂功亮）以乾隆二年携子开盛入四川"。有不堪繁重的赋役而背井离乡的移民。明朝江西"不苦赋而苦役"。"赋有常则，役无定款。行之流弊者，至嘉靖而极"。巴蜀界连秦楚，地既辽阔，两省失业之民就近入籍垦田，填实地方，逐增赋税。所以地方官员表现出很大的热情，欢迎移民前来开垦田野。还有因商贸而进行迁徙的移民。为了谋求商业利益而移民更是一种直接的经济性移民。光绪《垫江县志》卷一："百工商贾，多系荆楚、江右之人，国初迁徙而来。"其中一些人渐渐由短期居住演变为常住人口，最后落籍客乡。

三是政治移民。大致分为两类，仕宦入籍和随军入籍。宣统《楚雄县志》卷二："汉人自唐宋元来楚邑落籍者远不可考，惟明初所来官军商民落籍，其数极多。后或贵显或富厚，至今后人尚能道人。"

以上，经济移民的数量当属最多。也就是说，长江流域移民运动的主要原因是经济因素。

长达百余年的移民，四川盐亭等地区出现"客户与土著，几参半矣"的局面。在移民群体中"湖广"人居多。成都地区是："其民则鲜土著，率多湖广、陕西、江西、广东等处外居之人，以及四方商贸，风俗不同，情性各异。"魏源在《湖广水利论》一文中，叙述清代前期有这样的歌谣："江西填湖广，湖广填四川。"这个歌谣成为人口专家、历史学家对湖广历史人口回顾的一个例证。

来自五湖四海的移民们带来的不仅仅是劳动力，而且带来了各地不同的岁时节令习俗。此后巴蜀地区纷繁复杂、包罗万象的岁时节令节俗，就是在移民文化从差异到融合再到统一的变化过程中形成的。明清移民不仅削弱了民俗的地区特点，而且拉近了少数民族与汉族的距离。云南这个地区拥有众多的高原，各少数民族都有自己的岁时节令，是明清时期大批的汉族移民将长江流域汉族地区的民俗传入此地，才使云南各族岁时节令的内容和形式发生了明显的改变，由大异小同转变为大同小异。谢肇淛的《滇略》卷四这样记载："节令礼仪大率与中土类。若元旦，更桃符，贺岁，上元观灯，清明插柳，四月八日浴佛，五月悬艾酌菖蒲，七夕乞巧，中元祭祀，中秋夕月，重阳登高，腊月二十四日祀灶，除夕守岁饮酒，先少后老。此皆列郡所同者。"清同治十二年《直隶绵州志》卷五十五载："相传以五色线系粽掷之江水，鱼虾不敢食，因有竞渡故事。巴楚接壤，俗亦近焉。"百里不同俗隔阂的消除，有利于民族间的沟通和交往。在云南一些地方，明清时期移民集中的地区，汉族岁时习俗占据了主导地位。一些少数民族的节日也被吸收，成为云南各族的节日，比如6月24日的火把节就是源自少数民族，后来云南无论城市还是乡村无不举火把、杀牲祭祖。在民族众多的云南，习俗间的影响是双向的。

移民对岁时节令风俗的影响并不是立竿见影的，经历了"五方杂处"到"土客冲突"再到"融合趋势"。移民们经过几代人的交往接触，开始逐渐融入土著社会。清初，四川各移民形成大杂居、小聚居的聚落形式，各从其俗，各得其所。与外人交流用四川官话，平时家人聚谈或同籍交谈用原籍方言。语言学把这两种或两种以上语言共存交替使用的现象叫作双语现象。移民群体长期共同交往而形成两种不同的语言，是集团双语现象的一个典型例案，语言之间必然相互借用种种语汇，直至交流融合。于是，语言、文化的碰撞、冲突与吸纳，像一台巨大的搅拌机，移民与土著居民之间的文化交融和巴蜀地区的封闭性形成有机的统一体，形成了巴蜀地区特有的岁时节令风俗及民俗文化词语。

第二节　明清时期长江上中下游各区域特色岁时节令民俗文化词语考释

清代著名学者黄遵宪在论述民俗时说："人情者何，习惯而已。川岳分区，风气间阻，此因其所习，彼亦因其习，日增月益，各行其道，习惯之久，至于已成不可易，而礼与俗，皆出于其中。"①长江流域虽都属于南方文化，但是按川岳分区，在约定俗成中形成了独具地域特色的民俗文化。鉴于此，本章按地域分区，分别择取上游、中游、下游三个区域各具特色的岁时节令民俗文化词语，分析其语源、构成、发展演变、文化内涵等，从而揭示出明清时期长江流域独具魅力的民俗词语特点。

一、明清时期长江上游区域特色岁时节令民俗文化词语

在古代，长江上游地区山路崎岖、水流湍急。广大的农村地区更是路途艰险，障碍重重，自然没有城镇的繁华。但是，农村自发地形成了与农耕有关的自由市场，而这些自由市场的兴盛时间段多与当地的岁时节令有关，如"火把节"，烧痳驱蝗；"牛王会"，希望六畜兴旺；"青苗会""嫁毛虫"，希冀五谷丰登等。在迎神赛会期间，人们能够集体狂欢。

(一)火把节(星回节)

1. "火把节"的定义

所谓"火把节"就是我国西南地区彝族以及在彝语支其他民族如纳西族、哈尼族、傈僳族、拉祜族、基诺族、白族等少数民族古老而重要的传统节日，蜚声海外，被称为"东方的狂欢节"。特别在彝族人的心中相当于汉族的春节，一般在农历六月二十四日前后举行。贵州多在夏历六月初六左右举行。六月，正值稻谷抽穗打苞之时，亦是各种害虫，特别是蝗虫泛滥成灾之季。这期间，人们盛装庆贺，举行各种游乐活动，入夜点燃火把，奔驰田间，驱除虫害，并饮酒歌舞。较早对"火把节"进行描述的是元代李京所著《云南志略·诸夷风俗》："六月二十四日，通夕以高竿缚火炬照天，小儿各持松明火相烧为戏，谓之驱禳。"

2. "火把节"的起源

西南少数民族的"火把节"起源传说类型多样。下面，我们根据《中国

---

① 杨成志：《民俗学的起源、发展和动态》，《民族研究》1983 年第 5 期。

地方志民俗资料汇编》的记载，整理出有关"火把节"起源的传说，分为：追悼贞妇慈善说、追悼贞妇阿南说、祭祀"文化英雄神"说、消灭害虫说等四个类型。

"追悼贞妇慈善"是大理地区白族群众妇孺皆知的民间故事。唐开元年间，南诏王皮罗阁企图并吞五诏，欲邀请邻国的五个诏王集于松明楼而焚杀，邓睒诏王之妻慈善识破这个计谋，劝夫勿赴，夫不从。临行前，夫人赠其一铁钏。果不出所料，赴宴的五位诏王统统被烧死，连尸体也难以辨认。慈善认钏得夫尸归葬。皮罗阁闻其贤，欲娶之，慈善闭城死节。为了纪念慈善夫人的聪敏与贞节，滇人以是日燃炬吊之。清光绪二十九年《浪穹县志略》卷十三："六月二十五日，名'星回节'。束松柴为火树燃之，以吊慈善，或曰以照岁也，未知孰是。"

追悼贞妇阿南说。汉元封年间，相传汉时有夷妇阿南，夫为人所杀，誓不从贼，以是日赴火焚身，国人哀之，因为此会。明代沈德符《万历野获编》引《南诏通记》载："汉时有酋长曼阿奴，为汉将郭世忠所杀，其妻阿南，汉将欲妻之，赠以衣饰。阿南恐逼己，绐之曰：能从我三事则可。一作幕次祭故夫；二焚故夫时衣，易新君衣；三令国人遍知礼嫁。明日，如其言，聚国人，张松幕置火其下，阿南袖刀出，今火炽盛，乃焚夫衣，告曰：妾忍以身事仇？引刀自斫，身扑火中。国人哀之，以是日然炬聚会以吊节妇，亦名'星回节'，盖腊月二十四日也。"明谢肇淛《滇略》卷四："六月二十五日入夜，家家束松明为庭燎。杂以草花高丈余，燃之，杀牲祭祖。老少围坐火下，饮酒达旦。自官署都邑以及乡村田野，无不皆然，谓之火把节，又谓'星回节'。相传汉夷酋阿南夫为人所杀，誓不从贼，以是日赴火死。国人哀之，因为此会。"[①]清光绪十六年《云南县志》："六月二十四、五日为'星回节'。入夜，城乡居民各燃松燧，相耀于道。村中举火照田，谓能辟蝗。或云，汉元封间，叶榆妇阿南，其夫曼阿娜为汉将郭世忠所杀，阿南以六月二十五日赴火死，故岁以是日燃炬吊之云。"

---

① 谢肇淛：《滇略》卷四《俗略》，文渊阁四库全书本。

祭祀"文化英雄神"说。据说三国时期，大理人高举火把，欢迎诸葛亮生擒孟获进驻大理。《续修玉溪县志》卷十四有详细记载："二十五日，聚姻党醵饮啖生，各燃松炬于门首，村落照田占岁，名'星回节'。"（相传汉时有夷妇阿南，夫为人所杀，誓不从贼，以是日赴火死，国人哀之，因为此会。一云，南诏皮罗阁并五诏，诱会于松明楼焚杀之。邓赕诏妻慈善测其谋，劝夫勿赴，夫不从，以铁钏约夫臂。既而果被焚，慈善认钏得夫尸归葬。皮罗阁闻其贤，欲娶之，慈善闭城死节，滇人以是日燃炬吊之。一云，孔明以是日擒孟获，浸夜入城，父老设燎以迎，后遂相沿成俗。未知孰是）俗名"火把节"〔或曰即古"秉升（畀）炎火"遗意。按，滇历古无煌，理或然也〕。至清咸丰、同治年间，民俗以火把相斗，或至酿祸（始则相斗为戏，继则互斗成隙，竟有借端寻仇者，名曰"打火把架"）。光绪年间，斗风渐息，后因火把危害森林，官司历年示禁，此节渐归消灭。明王士性《广志绎》："云南一省以六月二十四日为火把节。云是日南诏诱杀五诏于松明楼，故以是日为节。或云孟获为武侯擒纵而归，是日至滇，因举火被除。或又云是梁王擒杀段功之日，命其属举火以禳之也。二十后，各家俱燃巨燎于庭，人持一小炬，老幼皆然，互相焚燎为戏，烬须发不顾，贫富咸群饮于市，举火相扑达旦，遇水则持火跃之。黑盐井则合各村分为二队，火下斗武，多所杀伤，自普安以达于云南，一境皆然，至二十五乃止。"

消灭害虫说。农耕民俗认为，害虫危害作物，是天神降灾的具体表现。人们手持火把，把糟蹋庄稼的害虫都烧死，以保证丰收。清乾隆十五年增刻本《新兴州志》卷十："六月二十五日，聚姻党醵饮啖生，各燃松炬于门首，村落照田占岁，名'星回节'。"清光绪二十年《鹤庆州志》卷三十二："六月二十五日，名'星回节'。束松柴为火树燃之，或谓之'照岁'，亦谓之'照穗'。"清光绪二十三年《腾越州志》卷十三："六月二十五日为'星回节'，燃松炬祈年。"

以上诸多传说中，究竟哪个是火把节的真正起源，一时难以断定。可以肯定的是，它们共同道出了火把节的意义，即或辟灾祸，或凭吊亡人，或照岁，哪种传说都不能忽视。清咸丰三年《邓川州志》载："六月二十有五日，名'火把节'。傍晚，束松枝为树，高数丈焚之，鼓乐醵饮食于下。儿童手持小炬，捣松脂末向人洒烧，火光腾耀，曰'烧痖气'。是节，或以为吊慈善；或以为吊阿南；或以为武侯是日擒孟获，侵夜入城，父老设燎相迎，遂沿为俗，或以为照岁。持说纷纷，存而不论可也。"

3. 明清时期"火把节"习俗活动

《岁时纪时辞典》"火把节"条载：每逢此节，夜晚家家门前都竖火把，村寨广场竖巨型火把，可高三、四丈，粗两、三人合抱。人们举火把周行田间，围着火把歌舞。见人则向火把泼松脂粉，顿时火光闪烁，谓之"泼火祝福"，以祈求火把照岁、风调雨顺、五谷丰登。外乡妇人纷纷回娘家。节日临终，有人会将火把的灰渣扫起来，送往远处，驱邪除恶。明代杨升庵在蜀地面对火把节场景，诗兴大发，感慨道："老夫今夜宿泸山，惊破天门夜未关。谁把太空敲粉碎，满天星斗落人间"，表现了西昌彝人火把节之壮美盛况。明沈德符《野获编·风俗·火把节》："今滇中以六月念八日为火把节。是日，人家缚茭芦高七八尺，置门外爇之，至夜火光烛天。又用牲肉细缕如脍，和以盐醢生食之。"清道光二十五年《大姚县志》卷十六载："六月二十四日为'星回节'，俗谓之'火把会'。束松为炬高丈余，入夜争先燃之，村落用以照田，占岁之丰歉。童稚手持小炬，捣松脂末烧洒为戏，火光腾起如电，向人施放，谓之'烧痖气'。直却各里，又于墓前燃松炬，焚纸钱，男妇纷纷祭扫，更静方归。"

4. "火把节"与"星回节"

火把节，也称为"星回节"。所谓"星回节"，取自《礼记》"星回于天"和《汉书·天文志》"星回岁终"。在彝族人们的传统历法中，一年有两次岁首，即农历十二月二十四日前后和六月二十四日前后。每年六月二十四日左右，太阳开始南移，北斗七星的斗柄旋回南指，所以称为星回。明正德《云南志》卷二："星回节，俗云火把节。"也即"星回节"是雅称，而"火把节"是俗称。关于"星回节"，较早的文献记载为五代时的《玉溪编事·震旦》："唐时南诏以十二月十六日谓之'星回节'，是日游于避风台，命清平官赋诗。"《岁时纪时辞典》"星回节"条载："①即'火把节'。许实《禄劝县志》载：'六月二十四日为火把节，亦谓星回节，夷人以此为度岁之日，犹汉人之星回于天而除夕也。会饮至旬余不息，犹汉人之春宴相聚也。'《大理县志》：'星回节'又曰'保苗会'，用柴竹剖束为火炬，燃之以熏田驱螣。②古时南诏风俗节日。农历十二月十六日。以腊月星回于天，数将终，岁且始，因名。"①

5. "火把节"的文化内涵

彝族的火把节是保存最完整、最丰富的。火在彝人的心中是极为神圣的，火是生命的象征，烈焰代表着希望，永不熄灭的火便是彝家人丁兴旺、子嗣延绵的标志。火把节弥漫着"狂欢"文化，在火的热情氛围中，人们载歌载舞，将火把集中于篝火一同燃烧，表示全体人民情同手足、团结一致，共同抵御一切自然灾害，表达一种素朴的生命观念和积极的生活态度。从古至今，火把节期间人们可以充分展示各自的聪明才智。火把节发展成为综合性的习俗活动，包括宗教信仰、文艺歌舞、体育活动等，这些习俗活动不仅能调节人们的精神和体能，而且大大增进彼此间的友谊和凝聚力。

（二）牛王会

1. "牛王会"的定义

明清时期，在家庭饲养的六畜中，虽然以猪为首，但实则对牛最为珍重。牛朴实、敦厚的品质，给人犁土耕田，只吃草。人们尊牛为"王"，敬为"牛王菩萨"。过去羌族崇拜多神，各种以会为名的宗教活动很多，每年的十月初一为"牛王会"。这天，耕牛都要歇息，并且享受优厚待遇。牛的主人要聚会娱乐，节期三两天不等。《中国民俗辞典》："牛王会，羌族农业祭祀活动。每年十月一日，宰羊一只、鸡一只，于牛王庙烧香烛，纸钱，求牛王菩萨保佑耕牛平安。②"

---

① 周一平、沈茶英：《岁时纪时辞典》，湖南出版社 1991 年版，第 277 页。

② 郑传寅、张健主编：《中国民俗辞典》，湖北辞书出版社 1987 年版，第 438页。

　　2. "牛王会"的起源

　　关于"牛王会"的起源，四川省阿坝藏族羌族自治州下辖的茂县流传着这样的故事：一天，牛王菩萨骑着一头大牯牛，在云端漫游，欣赏凡间奇景。他目睹一位叫聂比娃(聂指羌人，比娃是姓名)的人用一根羊角木钩挖地。烈日当头，汗流浃背，累了，渴了，便到泉边洗洗脸，喝喝水，却没见他吃过一顿饭。牛王菩萨看到聂比娃这样忍饥勤劳，很是感动。于是对牛说："你下去对聂比娃说，一天洗一次脸就行了，可要吃三顿饭，挖起地来才有劲。"坐骑下凡却对聂比娃说："我主人说，你一天要洗三次脸，吃一顿饭，挖地才有劲。"牛王菩萨大怒，狠狠在牛嘴上踢了一脚，顿时把牛嘴里的上门牙给踢掉了，这就是牛嘴里没有上门牙的原因。牛王菩萨还惩罚牛在凡间永远给聂比娃拉犁。聂比娃十月初一这一天得了牛王菩萨赐给的牛，很是高兴，每当耖地时，牛在前头拉犁，聂比娃在后边掌犁，口里唱起耖犁歌：

啊啦嗨，啊啦嗨，

牛王爷赐了牛给我，

我聂比娃有了好帮手。

啊啦嗨，啊啦嗨，

花椒树儿做犁头，

犁头弯弯翻土黑油油；

铧木树儿做犁杆，

牛儿拉犁不回头；

杨柳树儿做枷担，

又轻又绵不用愁；

八月瓜藤做犁扣，

嘎吱嘎吱牛加油

啊啦嗨，啊啦嗨，

一犁胜过一千钧，

牛儿哟，快快拉，

感谢牛王爷不停留。

啊啦嗨，啊啦嗨，

年年到了十月一，

我聂比娃敬你牛王爷。①

牛儿听着歌声，雄赳赳快步如飞，转眼间就秒了一大片地。唱秒犁歌就是从那时兴起的。聂比娃为报恩牛王菩萨，这一天就定会"牛王会"。牛王会这天，每家拿出几升面，由会首捏成疙瘩喂牛，有的还做一些小小的青稞、麦面馍馍，穿成一串，挂在牛角上。有的还给牛挂红，有的还要用清油把牛角抹得油光水滑，把牛儿打扮得威风凛凛、漂漂亮亮。

3. 明清时期四川地区"牛王会"民俗活动

农历十月初一，是四川很多地区的传统节日。"牛王会"，亦称"招牛魂节""祭牛魂节""洗牛身节""牛王神诞""敬奉牛王菩萨"等。因为耕牛是农耕之宝，每天任劳任怨，经常被呵斥鞭打而失魂落魄，所以要选吉日为牛"招魂"。每到节日这一天，人民便杀鸡宰鸭，蒸五色糯米饭。先祭祖先，后祭牛魂，并将部分食品及鲜草喂牛，让牛休息一天。还有的用糯米打两个糍粑，分别挂在牛的两个角上，然后牵牛到水边，让牛从水中照见自己的影子，令牛欣喜，而后取下糍粑让牛吃掉，为牛祝寿。② "牛王会"在明代便有记载。明嘉靖年间《洪雅县志》："十月朔，作饼饵饭牛，余则挂之角，谓牛是日照水，角无饼饵则悲鸣。佣者是日与之衣以归，遂纵牧于野。"牛王会这天，牧牛佣人与牛都可以休息。清嘉庆二十年刻本《三台县志》卷八："十月朔日，农家作糍糕饭牛，复粘角上，令其临水照，则牛喜，又名'接牛角'。"清光绪元年《重修长寿县志》卷十："十月朔，农家谓"牛神生日"。蒸糯米，捣糍饼，以为报赛。并饲牛、粘牛角。"有的给牛挂

---

① 蒙宪、郭辉：《中国少数民俗风俗与传说》，南海出版公司1991年版，第217页。

② 罗启荣、阳仁煊：《中国传统节日》，科学普及出版社1986年版，第256页。

红，即在牛角上系一条红布，有的用酥油或猪油擦牛角、把牛角擦得油光闪闪。此外，还要到牛王庙烧香、烧纸钱、点蜡，并宰鸡羊各一只，献给牛王菩萨，以表示对牛终年为人们辛勤耕作的谢意，同时也祈求牛王菩萨保佑耕牛平安、健壮，能继续耕作。

四川地区仡佬族把牛当作神一样，到现在还流传着"仡家一条牛，性命在里头"。可见农家对牛的重视和钟爱。十月朔俗称十月朝，也是祭奠祖考之日，多烧冥衣，谓之"送寒衣"。这天除了祭祖外还会祭祀"牛神"，牛王在百姓的心中可见一斑。清嘉庆十八年《纳溪县志》卷十："十月朔日，民间上冢，谓之'送寒衣'。农家作'牛王会'。"清光绪二十二年《叙州府志》卷四十三："十月朔日，民间各制纸衣冠焚墓间，谓之'送寒衣'。是日祀牛神，谓之'牛王会'。"

四川地区很多地方在十月朔以酬牛神，但是有些地区却在十月二日举行。清道光十七年刻本《德阳县新志》："十月初二日为'牛王会'，农家尤重之。城市则皆有牛王庙，乡村则寺观亦塑有牛王像，比户合钱演戏以酬神，彼此争先，乐部为之增价。"十月秋收结束，耕牛体质弱，天气渐寒需要加强饲养，以恢复体力安度严冬。

清代的演剧活动很盛行，恰逢"牛王会"这样重要的节日，演剧娱神是必不可少的。清嘉庆十九年《彭山县志》卷六："十月初一日为'牛王神诞'期，农民演剧庆祝。"清道光二十年《江油县志》卷四道出演剧活动的根本原因："十月一日为'牛王神诞'。缘川省与北五省异，因多水耕，不用骡马，专用犊。自正月，选属龙曰驾牛，从此曳犁濡尾，终岁无时少息。盖六畜之中，惟牛为最辛勤，故食其力者酬其德。乡人于此日捣糯米饼虔供奉，醵金演戏三四日不等，无所少齐。所谓'有功德于民则祀之'之意也。"

四川自贡被称为"千年盐都"，在广泛采用蒸汽动力之前，自贡盐场常年保持有数以万计的役牛，它们是盐业生产的主要动力。有人说"牛兴场旺、牛亡场衰"，这也反映了牛在当时盐场举足轻重的作用。自贡人民很喜欢牛，从盐井退役下来的老牛，绝不宰杀，而是养起来直到它寿终正寝，牛王崇拜盛行一时。自贡在清同治四年建立的牛王庙，耗银万余两。牛王庙殿宇宽敞、奢华，有戏台也有戏楼。每年农历十月初一，那里到处火树银花，燃放鞭炮，鸣钟击鼓，并用全猪全羊祭祀这个缔造盐业辉煌的功臣。

4. "牛王会"文化内涵

"牛王会"不但歌颂了牛忠厚朴实、勤勤恳恳的高贵品德，而且反映了农民对耕牛的感激、喜爱之情，保佑耕牛平平安安，也表现了农耕民族吃苦耐劳、勤勤恳恳、坚忍不拔、不辞赢病的"牛"的精神。

（三）青苗会

1. "青苗会"的定义

西南地区流行着这样一句话："十人到勐腊，九人难回家。"描述的就是当地由于蚊虫肆虐，疟疾威及人类的健康，而大规模的蝗虫灾害更会让百姓颗粒无收。每年农历三月，庄稼正苗壮成长，人们会在此时举行一次青苗会，以祈祷庄稼能够无灾无祸，五谷丰登。《岁时纪时辞典》载："青苗会，四川羌族风俗日。农历三月十二日。插秧后祭土地菩萨保佑丰收。此日禁行路。"①《中国民俗辞典》："青苗会，羌族农业祭祀活动。每年三月十二日举行。合寨宰羊一只献祭，以求土地菩萨保佑丰收。忌行路一天，禁行人进寨。"②总之，青苗会是在农历三月举行的一种祭祀活动，一般是由巫师择日举行，是日，全体男村民在黎明时分集聚村庙，煨桑叩拜，祈祷神灵。

2. "青苗会"的语源

关于"青苗会"的来历，一说在清末的一年夏天，蝗虫成灾，农民们苦不堪言，官府还是三天两头来催捐逼税。当地华九高、窦广安发动大家捕捉活的蝗虫，用麻袋将蝗虫装好。县太爷在催收税赋时，把袋子打开，大

---

① 周一平、沈茶英：《岁时纪时辞典》，湖南出版社1991年版，第232页。
② 郑传寅、张健主编：《中国民俗辞典》，湖北辞书出版社1987年版，第438页。

群蝗虫飞了出来，直往县太爷一伙人脸上飞。县太爷吓得大叫，喝令将华九高、窦广安拿下。一群气急败坏的打手蜂拥而上，竟然将华、窦两人活活打死。乡亲们见此情形，群情激奋，一拥而上，把县太爷和爪牙们打得狂奔而逃。为了纪念华、窦二人的牺牲，于是，大家纷纷办起青苗会，明为驱逐蝗虫，实则纪念英雄，祈求扫尽天下的贪官污吏。但是，有关"青苗会"的最早记载见于宋龚明之《中吴纪闻》卷四："每遇七夕，人皆合钱为青苗会，所收之多寡，持杯珓问之，无毫厘不验，一方甚敬之。旧有庙记，今不复存矣。"这说明，"青苗会"至少在宋朝以前便有之。

3. 明清时期巴蜀地区"青苗会"民俗活动

"青苗会"除农历六月二十四日举行外，汉州、蓬溪等地一般在农历四月初八举行，并且醵钱演剧是必备活动项目。清嘉庆二十二年《汉州志》卷四十："四月八日，乡人于栽种毕，农工稍闲，建坛为'青苗会'，祀青苗土地。击鼓烧钱，异神周巡囚隅，间有演剧者，此迎猫祭虎遗意。"清光绪二十五年《蓬溪县续志》卷十四："四月，稻苗逾尺，分插之，醵钱演傀儡乐稷神，曰'青苗会'，神曰'秧苗土地'。凡欲插，有鸣钲鼓，歌俚辞以乐插者，插者和之，间以嬉谑，为节芳也，芸与获罔不然。"

4. "青苗会"与"川主会"

在巴蜀地区，川主信仰有着十分浓郁的风俗特性。川主，指的是秦时巴蜀地方官李冰。"川主会"与"青苗会"常常一起举行。在新都、蒲江、眉州，农历六月二十四日为"川主辰"，是时士庶聚会庆祝，祭拜川主，亦赛青苗土地，谓之"青苗会"。清光绪四年刻本《蒲江县志》卷五："二十四日，乡民祭川主，亦赛青苗土地，谓之'青苗会'。"清嘉庆五年《眉州属志》卷十九："二十四日，祀川主。村民备牲酒，赛青苗，祈秋成，谓之'青苗会'。祭毕，合饮而散，即《大雅》祀田祖意也。"

（四）嫁毛虫

1. "嫁毛虫"的定义

"嫁"字是一个会意字，由"女"和"家"构成。本义是女子结婚，女儿到别人家生活了。毛虫指体上多毛的蝶、蛾类幼虫，如松毛虫、桑毛虫等，也叫毛毛虫、刺毛虫。有些毛虫体上有毛毒，如果人皮肤被蜇，很快就会出现奇痒，可引起人体皮炎。毛虫繁殖能力很强，还会危害树木、庄稼。进入农历四月，天气渐渐炎热，各种害虫开始进入了危害盛期。而长江上游大多数人居住在山区，毛虫较多。"嫁毛虫"是希望"出嫁"后的毛虫没有理由叨扰"娘家"，拟人化地表达驱除虫害、五谷丰登、四季平安的愿望。这一习俗的名字在长江上游各地不尽相同，最普遍的称呼是"嫁毛虫"，此外还有嫁毛娘、架毛虫、辟毛虫（四川华阳）、嫁截虫（四川雅安）、嫁百虫（四川荥阳）等。① 它反映了当时人们深受毛虫所害，希望通过"嫁毛虫"方式来减少害虫数量，使得庄稼茁壮成长，获得丰收的殷切期盼。

2. "嫁毛虫"的语源

关于农历四月初八嫁毛虫的来源是，很久很久以前，一个叫茅坪的地方发生了毛虫灾害。几十里的庄稼几乎都被毛虫吃光了。一天晚上，土地爷给一位老汉托梦，"毛虫王要讨一个媳妇，只要谁家女儿嫁给它，备上铺笼帐被和火盆架子，天亮前备上女儿，毛虫就不再造孽"。老汉姑娘为救百姓，同意嫁给毛虫王。四月初八这天，乡亲们热热闹闹地把姑娘抬到毛虫王家去，数不清的毛虫都出来了，围成一个五尺高的大茧窝。姑娘以成亲前要洗澡为由拖延时间。乡亲们用铁打成十字形火盆架，架在茧窝上用铁钉钉牢，将开水倒进茧里，把虫王烫死了。姑娘却被一个毛虫咬伤脚，因毒性发作而死去。自此以后，这地方的庄稼连年丰收。人们为纪念这位孝女，每年农历四月初八，用红纸条写上"毛虫毛虫，一拱一拱，嫁出嫁出，绝种绝种"和"佛生四月八，毛虫今日嫁，嫁到深山去，永远不归家"，并架成十字形贴在墙上，据说这样能够规避毛虫之害。后来用这种形式嫁毛虫成为风俗，并在四川等地流传。②

---

① 彩万志：《中国昆虫节日文化》，中国农业出版社 1998 年版，第 75 页。
② 汪青玉：《四川风俗传说选》，四川民族出版社 1992 年版，第 135 页。

3. 明清时期"嫁毛虫"民俗活动

"嫁毛虫"常见的方式有：农历四月初八，蘸露和墨写红笺贴壁间或房梁处。贴时呈十字交叉状，则毛虫不敢入。常用的咒语为："佛生四月八，毛虫今日嫁，嫁往深山去，永远不归家。"清道光七年《夔州府志》卷三十六："民间有'嫁毛虫'之法。是日清晨，敬佛上香，后自书纸曰'佛生四月八，毛虫今日嫁，嫁到深山去，永远不归家'。每屋贴一纸，则毛虫不敢入矣。"清咸丰四年《云阳县志》卷十二："四月八日，俗传'佛祖诞辰'。四川官例于四月八日禁屠宰一日。民间有'嫁毛虫'之法。是日清晨，敬佛上香后，自书纸曰：'佛生四月八，毛虫今日嫁，嫁往深山去，永远不归家。'遍贴户牖，则毛虫不敢入矣，颇验。"

为什么要在四月八日这一天"嫁毛虫"？流传于合川的《嫁毛虫歌》很好地作了解释："今天四月八，嫁你毛虫精。你把禾苗吃，百姓好痛心。一窝接一窝，满山吃断青。树木成刷刷，禾苗剩股筋。五雷来打你，天火烧你身。剁你千万刀，斩尽除祸根。佛祖心不忍，和你有远亲。怕你断后代，大动恻隐心。主张把你嫁，送到青山坪。"四月八日为释迦文佛生日，居人持斋礼忏，结众放生。虽然毛虫祸害庄稼，应该千刀万剐，但是佛祖有慈悲情怀，不忍杀生，就借助佛祖的力量让虫子嫁到远方去。在四川的方志中有很多关于"佛祖生辰"日"嫁毛虫"的记载。清光绪元年《铜梁县志》卷十六："四月八日为'浴佛会'，人家各以红帖书符令语贴壁，曰'嫁毛虫'。"清光绪二十年《黔江县志》卷五："四月八日，俗谓'佛祖生辰'，以红纸书字粘壁间，曰'嫁毛虫'。"清嘉庆二十三年《邛州直隶州志》卷四十六："四月初八日为'佛诞日'，人多食素。清晨，挹草露研墨，颠倒分书四语，横架十字贴壁间，谓之'嫁毛虫'。"

但是，在非"佛祖生辰日"，百姓对虫子就不会太心慈手软。仡佬族每年农历六月初二是"吃虫节"。这一天仡佬族村寨各家出嫁的妇女都要回娘家过节。在回去的路上，边走边捉虫。到娘家，将捉到的虫做成几碟别有风味的菜，如油炸蝗虫、酸腌蚂蚱、甜炒蝶蛹、蚜米泥鳅等。然后全家人团团围坐，家长一声："吃，嚼它个粉身碎骨！吃它个断子绝孙！"随即，一家人一齐动筷，痛痛快快地吃起来。吃过节日饭后，全村男女老少聚集在吃虫庙前，载歌载舞，绕田游行，边走边捉虫，还一边插洒有鸡血的小白旗，以示对虫害的驱避和对先人的纪念。

4. "嫁毛虫"的文化心理

"嫁毛虫"是一种民间信俗，是旧俗民间举行的驱赶害虫的仪式。在科技不发达的旧时代，粗通文字的农民只能沿袭世代传承下来的诅咒巫术的方式"以朱书谴毛虫字贴于壁间"，企图运用咒语的魔法力量来驱赶毛虫。正如高尔基所说："古代劳动者们渴望减轻自己的劳动，提高劳动效率，防御四脚和两脚的敌人，以及用语言的力量，即用'咒语'和'咒文'的手段来影响自发的害人的自然现象。最后一点特别重要，因为它表明人们是多么深刻地相信自己语言的力量，而这种信念之所以产生，是因为组织人们的相互关系和劳动过程的语言具有明显的和十分现实的用处。他们甚至企图用'咒语'去影响……"①

二、明清时期长江中游区域特色岁时节令民俗文化词语

长江中游涵盖两湖及江西地区。湖南以及湘鄂川黔边界，系楚故地，楚地巫风盛行，素有"百神"之称。加之楚湘一带，山多林茂，交通受阻，开发较迟，文化稍为落后。楚人民风淳朴而又善于幻想。我国最早的浪漫主义诗人屈原便是楚地的代表人物。在漫长、黑暗的时代，很多人试图求助于神的庇护，寻求解脱、慰藉，并且编织大量的神、道等的传说，如"司命""九头鸟""急脚子"等，"鼠嫁女"则表达了对邪恶势力的反抗以及对善良、古朴禀性的执着追求。

（一）司命

1. "司命"的含义

"司"甲骨文"🦅"，一个人侧面站着，手向上前方高高举起，嘴里正发

---

① 高尔基：《论文学》，人民文学出版社 1987 年版，第 98~99 页。

布命令。《说文解字》："司，臣司事于外者。从反后。""司"与"后（𠮏）"造字原理相同，写法也相同，古为同一字。后，君后也，发号者。高鸿缙认为"商时有司字，从口从𠂤。会掌管意。周人加意符𠭖，故作嗣。""司"有"主持""掌管"之意。司命是一个动宾结构，即掌管生命的神。

2. "司命"的语源

司命最初指星名，文昌的第四星。《周礼·春官·大宗伯》中："以禋祀祀昊天上帝，以实柴祀日、月、星、辰，以槱燎祀司中、司命、风师、雨师。"郑玄注："司命，文昌宫星。"春秋时期《孙子兵法》作战篇："故知兵之将，民之司命。国家安危之主也。"即真正懂得用兵之道的将帅，掌握着民众的生死，主宰着国家的安危。"司命"即"掌握命运"。战国时期，屈原的《九歌》中有两"司命"，分别是"大司命"和"少司命"。一说大司命掌管人类的生死，能诛恶护善，权威很大，故称为"大"；少司命主管的是人们的子嗣，即孩子们命运的主宰神，故称为"少"。① 一说大司命主寿命、少司命主生育。"大司命"一名最早见于金文《齐侯壶》（又名《洹子孟姜壶》，见郭沫若《金文丛考》）。《礼记·祭法》《史记·天官书》也记载了古人祭祀"司命"。大司命是主寿夭之神，表达人们希望延年益寿、幸福安康的美好愿望。少司命主要保佑子孙绵延、人丁兴盛。总之，它们反映远古时期人们对于不能理解、无法支配的人生自然规律——生老病死的看法和情感。

3. "司命"与"灶神"的合流

汉代，司命神在神的领域以及帝王祭祀中，一直居于高位。《史记·封禅书》："晋巫祠五帝，东君、云中、司命、施糜之属……"蔡邕《独断》卷上："天子为群姓立七祀之别名：曰司命、曰中霤、曰国行、曰国门、曰泰厉、曰户、曰灶；诸侯为国立五祀之别名：曰司命、曰中霤、曰国门、曰国行、曰公厉"。②《史记·天官书》曰："斗魁戴匡六星曰文昌宫：一曰上将，二曰次将，三曰贵相，四曰司命，五曰司中，六曰司禄。"人们

① 屈原著，文骁辑注：《九歌》，人民文学出版社 1979 年版，第 24 页。
② 蔡邕：《独断》卷上，四部丛刊三编景明弘治本。

认为司命神主管人的生死。

东汉以后，"司命"被称为道教诸神中专管勾魂索命的煞星。东晋葛洪所著的《抱朴子》一书中"（服小丹）千日，司命削去死籍"。在其他道教经典中，司命也掌管生死籍簿。《老子中经》上说："诸神常当存念之，令与司命君、司禄君共削去某死籍，即为真人长生矣"；而在《老子中经》（下）中说："常复有邪鬼精魅至于家，思不祥、里灶、水土公、司命、司户、井灶、清溷、太阴、水渎，皆能杀人者"。从这里能看到，一是"司命"与"司户""井灶"并列，成为家神；二是"司命"排在"司户""井灶"之前，其位置明显高于后者，在中国民间，司命的地位还略高于灶神。

后来，由于司命神与饮食有关联，于是，两者就被黏附在一起，成为灶君司命。宋孟元老《东京梦华录·十二月》："二十四日交年，都人至夜请僧道看经，备酒果送神，烧合家替代钱纸，帖灶马于灶上，以酒糟涂抹灶门，谓之'醉司命'。"将司命灌醉了，就不能向上天报告人间的过失，与胶牙糖黏住灶神的牙齿不能打小报告的寓意一致。周处《风土记》载："腊月二十四日夜，祀灶，谓灶神翌日上天，白一岁事，故先一日祀之。"灶神被人们称为东厨司命。司命神与灶神之所以融合，可能是因为二者同为家庭神祇，一同接受人们的祭祀，二者都是小神，都有"司察小过，作遣告者"的神性职能。还有者，民以食为天，五谷食粮，民之司命也，灶神又管全家口福，也与人的寿命牵扯上关系，加之，吴地年年腊月廿四夜要送灶神上天，汇报家里一年的生活，故家家都很重视，谓来年能否丰收、发财都操纵于其手中，故称其为司命。

明清时期，司命神、灶神两神逐渐混淆，难以区分了。长江中游地区过小年时，祭灶神即祭司命神。清乾隆二十八年《武昌县志》卷十："十二月二十四日曰'小年'，扫舍宇。夜以饧团、果饼祀灶神，曰'送司命'"。有些方志虽同时提到"灶神"与"司命"，但其功能和作用是一样的，两者几乎是等义关系。清同治九年《长乐县志》卷十六："十二月二十四日，谓'过小年'。土著则于二十三日夜'祀灶神'，客户则在二十四日夜，谓送司命上天。"清同治八年刻本《江夏县志》卷八："二十四夜为'小岁'。饧团、果饼以'祠灶神',焚纸马,具疏求福,传为送司命上天奉善恶,曰'送司命'。"清同治九年刻本《醴陵县志》卷十四:"今以二十四日为'小除',亦称'小年'。是夕'祀灶',曰'醉司命'。"

(二)急脚子

1."急脚子"的定义

明清沔阳州辖境相当于今湖北仙桃、洪湖等地。沔阳当地至今流传一句顺口溜:"两脚两手,四眼两口,普天下冒得,只有沙湖沔阳有"。"四眼两口"指人戴的面具,"普天下冒得"说明"急脚子会"是沔阳的一种独特的祛疫习俗。清光绪二十年《沔阳州志》:"沔俗五月节作'急脚子会',三十六人蒙面具,朱碧辉煌,形状诡异,执旗鸣金,遍走城乡,仿古傩礼之遗。"走家串户可以驱除恶鬼,送来吉祥,所以也叫"吉雀子"。傩祭一般四人一组,头戴木刻头像,面目狰狞,头后插两支野鸡毛,身穿黄布衫,腿打蓝布裹腿,脚穿麻耳草鞋,手持黄旗一把,敲锣击鼓,串家走户,在每家屋里走上一圈,从神案上取走利市或一盅米。而古老的傩文化是何时传入沔阳的?《沔阳县志》有记载:明代成化年间的南京户部尚书傅颐,以三国时的英雄好汉为模范,用桃木雕刻成45个面具,交给一位姓蔡的秀才,让他走家串户,兴起"急脚子"习俗。

2."急脚子"的语源

"急脚子"是我国延续几千年之久的古代傩文化的遗存。"傩",古代腊月驱逐疫鬼、祛除不祥的迷信仪式,是原始的巫舞之一。驱傩习俗可以追溯到皇帝时代。宋人高承《事物纪原》卷八云:"子游岛问于雄黄曰:今人逐疫出魁,击鼓呼噪何也?雄黄曰:黔首多疫,黄帝氏立巫咸,使黔首鸣鼓振铎,以动心劳形,发阴阳之气,击鼓呼噪,遂以出魅。黔首不知,以为祟魅也。"鸣鼓振铎这种剧烈活动能活动筋骨,振奋精神,有助于发散体内病邪,人们却认为生病是鬼魅作祟,故将此俗称为驱鬼之俗。① 文献记

---

① 赵杏根:《中华节日风俗全书》,黄山书社2011年版。

载有《礼记·月令》："命有司大傩，旁磔，出土牛以送寒气。"傩礼最初由朝廷举行，称为"国傩"或"大傩"。《论语·乡党》："乡人傩，朝服而立于阼阶。国人傩，九门磔禳，以毕春气。"高诱注："国人傩，索宫中区隅幽暗之处，击鼓大呼，驱逐不祥，如今之正岁逐除是也。九门，三方九门也。嫌非王气所在，故磔犬羊以禳木气尽之，故曰'以毕春气'也。"①以后，由民间举行的称为"乡人傩"，"国傩"相对比较神秘、庄重，而"乡人傩"加上夸张的面部表情和程式化的舞蹈动作，娱乐成分比较多，逐渐向舞蹈演变。

乡村举行傩祭，"索室驱疫"同古人鬼神信仰有关。汉蔡邕《独断》："帝颛顼有三子，生而亡去为鬼。其一者居江水，是为瘟鬼；其一者居若水，是为魍魉；其一者居人宫室枢隅处，善惊小儿。"晋代干宝所著《搜神记》卷十六亦记述道："昔颛顼有三子，死而为疫鬼：一居江水，为疟鬼；一居若水，为魍魉鬼；一居人宫室，善惊人小儿，为小鬼。于是正岁命方相氏，帅肆傩以驱疫鬼。"颛顼有三个儿子，死了变成疫鬼。其中一个小鬼出没于人们的房子里，经常惊吓小孩。于是人们在正月里举行傩祭，进室驱除疫鬼，使其没有藏身之所，以求家户平安。

3. "急脚子"习俗演变

"急脚子"最大的特征就是戴着面具扮神驱鬼。戴上面具不仅重塑人的面貌，还意味着灵魂附体，具有驱除鬼魅的神秘功能，以表示对自然力的崇拜或在想象中征服自然力。它标志着人类艺术已从模仿、写实向着象征、想象方面跃进。② 民间戴着面具扮神驱鬼，到后来逐渐改用有色墨汁涂在脸上，与戏剧脸谱的性质相同了。如《关公斩妖》戏剧主题是驱邪魅，与行傩类似。

"急脚子"另一个明显特征是"串家走户，比户致祝"。清光绪八年《黄冈县志》："人朱衣、花冠、雉尾，执旗鸣锣，俗名'急脚子'，比户致祝，

---

① 高诱：《吕氏春秋注》，上海古籍出版社2014年版，第49页。
② 方培元：《楚俗研究》，湖北美术出版社1993年版，第106~114页。

大抵法汆祈福之语。"清乾隆二十八年《武昌县志》："'社日'，乡人设牲禮以祀土神，少长咸集饮焉，春秋再举，今亦寝废矣。傩以逐疫，一人朱衣花冠，雉尾执旗，俗名'急脚子'，众鸣锣随之，比户致祝，皆《荆楚岁时》之遗也。"人们建造房舍，是为了抵御自然界和社会上敌对势力的侵害。《韩非子·五蠹》曰："上古之世，人民少而禽兽众，人民不胜禽兽虫蛇，有圣人作，构木为巢，以避群害。"但是，这一屏障并不能完全消除各种灾害带来的困扰，于是人们便产生了疫鬼入室作祟的幻想。"串家走户，比户致祝"的傩祭便由此产生。

清代的"跳灶王"之俗，其实也是行傩。《清嘉录》卷十二云："月朔，乞儿三五人为一队，扮灶公、灶婆，各执竹枝，噪于门庭以乞钱，至二十四日止，谓之跳灶王。"男乞丐扮成灶公，女乞丐扮成灶婆，都是灶神，能驱逐鬼邪。"跳灶王"的乞丐所扮演的神灵，不仅仅是灶神，还有扮演钟馗等其他神灵。《吴门岁暮杂咏》："吴中以腊月朔日行傩，市井乞儿结队扮灶公灶婆，或以敝袍涂抹变相，装成鬼判钟馗，沿门跳舞，继以嘲诨，争相店肆索钱，至二十四日止，《坚瓠集》谓之'跳灶王'"。民间行傩，其实是乞讨食物和钱财的手段而已。《邗江三百吟》："丐者一人头戴红纸贴金帽，手持竹竿，口喝来得早、大元宝诸语，一人但应声曰好。腊尽春初，沿门跳而乞钱与食曰'跳灶王'。"《江乡节物诗》："丐者至腊月下旬，涂粉墨于面，跳踉街市以索钱米谓之'跳灶王'或即戴记季冬大傩之遗意与。"

4. "急脚子"文化心理

"急脚子"是古老傩文化在民间沿袭下来的古朴因子，楚地巫风炽盛。《汉书·地理志》有言："楚人信巫鬼、重淫祀"，再加上佛、道二教的影响，故而信鬼、崇巫之风代相递传。"急脚子"早在宋朝已出现，宋苏轼《乞增修弓箭社条约状》之一："每社及百人以上，选少壮者三人，不满百人者选二人，不满五十人者选一人，充急脚子，并轮番一月一替，专令探报盗贼。""急脚子"代表急行传送书信或探送情报的人，也叫"吉雀子"。"急脚子"的最大特征是快步疾走，走村串户送来急信。人们就想在端午节疾走驱逐鬼神、祈求平安清吉。"急脚子"是荆楚文化艺术的一颗明珠，是传统"荆楚傩舞"的又一代表。

（三）九头鸟

1."九头鸟"的语源

"九头鸟"形象的出现，最早源于楚人的九凤神鸟。楚民族是一个崇拜龙凤的民族。相传楚人的祖先祝融就是凤鸟的化身。出自战国至汉初时的《山海经》是记载九头鸟形象的最早文献。《山海经·大荒北经》载："大荒之中，有山名北极天桓，海水北住焉。有神九首，人而鸟身，名曰九凤。""九凤"即是"九头鸟"的原型。

"九凤"不仅具有"凤"的基本特征，而且与"九头鸟"一模一样，后来却随着时间的推移成了一只"九头鸟"。"九头鸟"与"凤"挂钩起来的根据是：第一，两者的名字近似；第二，都是九首；第三，都是鸟中之王；第四，都是太阳之神；第五，都是金红色；第六，都是氏族社会的信仰物。说过"凤"，再来说"九"。"九"在中国古代是个神秘的数字，天高曰九重，地深曰九泉，疆域广曰九域，数量大曰九钧，时间长曰九天九夜，危险大曰九死一生……就连孙悟空是八九七十二变，唐僧取经也是九九八十一难。为什么"九"字成为神秘的极数呢？首先，中国是龙图腾，中国人是龙的传人，古代皇子称为"龙子"。而"九"的古字形"㐠"与"龙"的古字形"㲺"有相似之处，"九"有最尊贵之意，就和皇权联系上，如"九五之尊"，《周易·乾》："九五，飞龙在天，利见大人。"其次，从序数上看，"九"是最大的阳数，在汉语中往往象征着极高，如九泉、九霄；九又是极数，代表圆满吉祥，所以它的倍数也自然受到人们的喜爱，如七十二、八十一，《水浒传》中的一百零八。再次，在汉语中，"九"与"久"谐音，意为"老"，对生命是很吉祥的预兆。所以，人们对其顶礼膜拜。

2."九头鸟"的多种称谓

古文献中的"九头鸟"有着不同的称呼，主要有：

（1）鬼车。

《孔子集语·博物》引《白户录》上："鬼车，昔孔子、子夏所见，故歌之，其头九首。"

唐刘恂《岭表录异》载："鬼车，春夏之间，稍遇阴晦，则飞鸣而过。岭外尤多，爱入人家摄人魂气……"

宋周密《齐东野语》："鬼车，俗称九头鸟。陆长源《辨疑志》又名渠逸鸟。世传此鸟昔有十头，为犬噬其一，至今血滴人家，能为灾咎。故闻之者，必叱犬灭灯，以速其过。"

明陈耀文《天中记》卷五十九引《本草》："九头鸟，鬼车，晦暝则飞鸣，能入人家收人魂气，一名鬼鸟。此鸟昔有十首，一首为犬所噬，今犹余九首。其一常下血滴人家，则凶夜闻其飞鸣则捩狗耳，犹言其畏狗也，亦名九头鸟。"

清顾张思《寓嶐杂咏》云："九头鸟即鬼车，十颈而九头一无头之颈，有血滴人家，主有咎。性畏狗，其鸣如鬼故名鬼车，此妖鸟也。风水鸟，即沙雀穴海崖大风将发，海已作波涌及之，则出而飞鸣，人以为风水之候，故又名风水鸟。声亦如鬼，人误以为鬼车，而嗾之狗，实非也，崇明志作逍遥鸟。苗公达行军记云逍遥叫风雨到。其沙雀风水之别名与未知然否。"

（2）鬼鸟。

南北朝梁宗懔《荆楚岁时记》载："人日，夜多鬼鸟过，人家槌床打户，捩狗耳，灭灯烛以禳之，鬼鸟九头之虫，其血或羽毛落人家，凶，压之则吉。"人日夜里，家家户户敲打床铺和门窗，提起狗耳朵使它提高警惕，熄灭灯烛来驱除鬼鸟。

清嘉庆九年《湖北通志》："'人日'夜多鬼鸟，曰'夜行游女'。有小儿家不可露衣物，此鸟夜飞以血点之，儿辄痫。又有鬼车鸟，能入人家，收人魂气，荆楚人夜闻其声则灭灯，打门、捩狗耳，以厌之。"

清同治八年《直隶澧州志》卷二十六："初七日，童子剪彩为花胜戴顶上，或相赠遗，取成人之意。是夕若值阴雨，人家摇门户，拨狗耳，灭灯烛，爆竹于霄，以攘鬼鸟，一名九头鸟。"

（3）鸧（奇鸧、鸧鸘、鸧麋鸹、鸧鸹、逆鸧等）。

南朝萧统《昭明文选》中郭璞《江赋》："若乃龙鲤一角，奇鸧九头。"

明张自烈《正字通》："鹠鶹，一名鬼车鸟，一名九头鸟。状如鸺鹠，大者翼广许，昼盲夜了庹，见火光辄堕。"

明陈耀文《正杨》卷二："《尔雅》言鸹麋鸹是九头鸟也。"

明董斯张《广博物志》卷四十引《韩诗》："孔子与子夏渡江，见鸟而异之，人莫能名。孔子曰：'鸹，尚闻河上人歌云：鸹兮鹊兮，逆毛衰兮，一身九尾长兮。'"

清李汝珍《镜花缘》有关于"九头鸟"的详尽描写："忽听东林无数鸟鸣，从中撺出一只怪鸟，其形如鹅。身高二丈，翼广丈余，九条长尾，十颈环簇，只得九头。撺至山冈，鼓翼作势，霎时九头齐鸣。多九公道：'原来'九头鸟'出来了。'话说多九公指着九头鸟道：'此鸟古人谓之'鸹鸹'，一身逆毛，甚是凶恶。不知凤凰手下那个出来招架？'……这九头鸟本有十首，不知何时被犬咬去一个，其项至今流血。血滴人家，最为不祥。如闻其声，须令狗叫，他即逃走。因其畏犬，所以古人有'掩狗耳禳之'之法。'"

（4）姑获鸟（或女鸟）。

《玄中记》有："姑获鸟能收人魂气，今人一云乳母鸟。言产妇死化作之。能取人之子以为己子。胸前有两乳，有小子之家则血点其衣以为志，今时人小儿衣不欲露者，为此也……时人亦名鬼鸟。"

之所以会出现这么多不同名称，盖因"九头鸟"形象从楚地传开后，各个地区对其有不同称呼。

3. 楚人与"九头鸟"的渊源

凤是传说中的神鸟。在古代，楚人尤其崇拜凤。"九凤神鸟"是楚地的原始图腾。祝融是楚人祖先，《白虎通·五行篇》记载："祝融者，其精为鸟，离为鸾"，鸾即为凤。楚人对凤总存在着一种深厚的感情。他们尤其喜欢以凤比喻有圣德的人。楚庄王以鸟自喻"三年不蜚，蜚将冲天；三年不鸣，鸣将惊人"。

而"天上九头鸟，地下湖北佬"的由来是什么？

一种说法是春秋战国时期，楚庄王不臣服于名存实亡的周朝，让其他

诸侯国心生畏惧。到秦灭楚后，楚怀王客死他乡。楚人怀恨在心，散布着
"楚虽三户，亡秦必楚"的恐怖谣言，让世人对楚人心生恐惧，所以招来
"九头鸟"的骂名。这从另一个侧面也反映了楚人具有坚定的信念和敢于担
当的勇气。最终，一语成谶，到秦二世，农民纷纷起义，推翻了秦王朝。
陈胜、吴广、项羽、刘邦也都是楚人。

另一种说法与明朝湖北籍的宰辅张居正有关。他积极推行一系列改革
措施，整治贪官污吏，巩固国防，还引荐了九位湖北籍御史。改革卓有成
效，却引起了一些利益受害者的不满，因而咒骂他们为"天上九头鸟，地
下湖北佬"。但是，在这里"九头鸟"却是智慧、正义之鸟。

楚地自古人才辈出，"天上九头鸟，地下湖北佬"的称谓，则混杂着褒
贬不一的复杂情感。

（四）鼠嫁女

1. "鼠嫁女"的定义

鼠，甲骨文"🐀"是一个十分形象生动的象形字：尖嘴，利齿，弓背，
短腿；身旁还有吃剩的食物残渣。《说文》："鼠，穴虫之总名也。"在口语
中"鼠"称为"老鼠"。在中国"老"是尊称，在众多哺乳动物中，以"老"字
冠于其名之前的只有老虎和老鼠。老虎是百兽之王，自然符合人们的观
念。老鼠聪明、神通广大，与人类的"斗争"历史最长，让人产生敬畏之
情，故称其为"老鼠"。古书云："嫁，往也。自家而出谓之嫁，由女而出
为嫁也。"老鼠嫁女意为送鼠"自家而出，祛灾纳吉"，"鼠嫁女"也称"老鼠
娶亲""鼠纳妇"。此风俗至今在一些地区仍在保持。

2. "鼠嫁女"的语源

"鼠嫁女"的由来，《十二生肖的来历》记载，玉皇想通过生肖大会来给
动物排行次，老鼠出卖自己的朋友猫，捷足先登，还被封为十二生肖之
首。猫失去了列入十二生肖的机会，从此猫痛恨自私、无信的老鼠。老鼠
想要通过许配自己最漂亮的女儿来化解恩怨，猫假意答应。于是，老鼠选
择良辰吉日，又准备了小孩的虎头鞋给女儿当花轿，热热闹闹将女儿送到

猫窝。最后老鼠中了猫的圈套，女儿嫁到了猫的肚子里。我国旧时过年许多地方贴着《老鼠娶亲》或《老鼠嫁女》的年画或剪纸，模拟人类的婚礼，栩栩如生。

有关"鼠嫁女"的最早记载见于清代方浚师《蕉轩随录》："祀鼠鼠嫁女，汉昭帝元凤元年九月，燕有黄鼠衔尾舞于宫端门中。往视之，舞如故。王使夫人以酒脯祀鼠，舞不休。按：近俗每于除夕备酒果，置空室中饲鼠，谓可免鼠啮，盖有所本。又相传除夕为鼠嫁期，小儿女用馒头插通草花于上，散置僻处，谓之送嫁。某人曾有句云：'迨吉宛同人有礼，于归谁谓汝无家。'真妙绝也。"①

3. 明清时期"鼠嫁女"习俗活动

"鼠嫁女"具体日期因地而异，多在岁初或岁末。因为每年岁末年初是老鼠繁殖的高峰期。老鼠于岁末交配，开春即可生子，可见其生育速度惊人。有的地区在小年鼠嫁女，如清同治八年《江夏县志》云："是夕（十二月二十四夜），俗谓'鼠嫁女'。家以面饼、纸花置暗处，云为'添箱'，不舂不磨，恐惊之则一岁扰人也。"有些地区在除夕嫁鼠，如清同治六年《钟祥县志》卷二十载："'除夕'以花簪饼饵饲鼠，为嫁鼠，免鼠耗。"还有一些地区在元宵鼠嫁女。清光绪八年《孝感县志》卷二十四载："俗云是夕（元宵）鼠嫁女，人不得久坐喧闹，士子、织女皆辍业，云恐聒鼠，得一年鼠聒。又密令妇人以麻油燃灯一盏，置于床下，拜而低祝曰，'请红娘子看灯'，则一年无臭虫。"

4. "鼠嫁女"的文化心理

人们对待老鼠的感情是矛盾复杂的。一方面，传说老鼠咬开天地创世，把人类带出混沌，为人类引来日月光明，为人类偷来火种、谷种，帮助人们得以生存。老鼠适应能力、繁殖能力强，是人丁兴旺的象征。人民敬鼠、祭鼠。另一方面，老鼠是农业民族的大敌，是传染疾病的祸种，给人类生活造成极大的危害。千百年来，人类饱受鼠患的危害，对之恨

---

①　方浚师：《蕉轩随录》卷六，清同治十一年刻本。

之入骨，《诗·召南·行露》就有记载："谁谓鼠无牙，何以穿我墉？"老鼠是瘟疫、灾难、诡诈、阴暗的化身。关于鼠的成语都极尽贬义，如：胆小如鼠、鼠偷狗盗、鼠屎污羹、鼠啮虫穿、鼠目寸光、鼠肚鸡肠、鼠窜狼奔、贼头鼠脑等。人们在和老鼠斗争中积累了丰富的灭鼠经验，如烟熏水灌、毒饵诱杀、器械捕捉、天敌灭鼠等，但是在老鼠强大的适应力、繁殖力面前，效果甚微。事实证明，老鼠占据生物链的顽固一环，是很难被消灭的。

"老鼠嫁女"的风俗和传说生动地反映了人类与动物之间的微妙关系。钟敬文指出："在遥远的古代，人们对于老鼠是惧怕的，因为它虽然体型不大，但危害却不小——要偷吃人们的食粮和损坏衣物。它精灵而又狡猾，在人们智力还幼稚，实际上是还不能有效地制驭它的时候，就只有尊敬它，甚至热爱它，以冀'和平相处'。"老鼠为十二生肖之首，或许寄托了古人对生命延续的期盼。古人都祈求生命繁衍、子孙兴旺。"人多是福"是生命观，是社会发展的规律。老鼠繁殖能力强，于是便产生敬奉子鼠的多子多福的生育观。湖北江夏、孝感等地在除夕或元宵节为了"鼠嫁女"行便，一则停止喧闹、早早入睡，不耽误老鼠成亲的良辰；二则忌讳晚上点灯，怕老鼠"行嫁"时看不见路，因而摔死或撞死；三则在黑暗处放置面饼、黄豆、花生等为老鼠"添箱"，作为恭贺老鼠嫁女的礼品。"老鼠嫁女"习俗正是遥远古代对老鼠的既崇拜又害怕的矛盾心理的反映，希望人鼠各自平安、和谐相处，是古老且有趣的民族文化遗产的流存。

三、明清时期长江下游区域特色岁时节令民俗文化词语

"一方水土养一方人"，尤其在古代社会，人们对自然环境、生态环境的依赖十分强烈。自然条件的不同，必然产生不同的文化特征。明清时期的长江下游河流纵横交错、水系甚为发达，气候潮湿、土地肥沃，其民众在长期的历史过程中自然形成了独有的民俗特征。其特有的环境孕育了"饭稻羹鱼""桑麻遍野"的江南民俗生活特色。笔者着重选取"验水表""食黄鱼""刘猛将""照田蚕"四个特色民俗文化词语的考释来展现长江下游特

有的民俗文化。

（一）验水表

我国是世界上最早进入农耕生活的国家之一。农业生产要求准确掌握农事季节，而在上古时代，人们还没有完善的历法与计时工具，只能依靠对天象、气象和物象的观察来决定农时、指导生产、安排生活，即所谓"观象授时"。日月运行的规律，形成了人们对时间的量度观念。长江下游一带是我国主要的稻作区，为了窥知"天意"，当地百姓常常采用一些朴素的办法来预判晴雨旱涝，便有了元夕"验水表"。

1. "验水表"的语源

唐代以前便有验水表的风俗。据唐韩鄂《四时纂要》："楚俗，立春日立八尺表占候日景，影短则为旱，影长则为水。吴占则于正月望夜。"《负暄野录》云："大约据表之长而中分之为七寸半者二，若影适及七寸半，为中正，则是岁雨旸时若。又以两七寸半各十分，分影在七寸半以下为不及，主旱；影在七寸半以上为有余，主水。极有准的。"

"验水表"在清代大概在上元夜进行。《中国民俗辞典》："水表卜，亦称'验水表'。占卜方式。正月十五日夜月明时立一尺五寸之木棍于地，俗称水表，至子时察其所受霜露，卜一岁旱涝。旧时江南一带流行。"《清嘉录》卷一记载江苏验水表与楚俗占日影的关系："十五夜，月明时，立一尺五寸之表于地，至夜子正一刻候之，以卜旱涝。"案韩鄂《四时纂要》："楚俗，立春月立八尺表，占候日影。影短则为旱，长则为水。"吴占则于正月望夜。《九县志》记载："正月望夜，月中建表，候雨旸。"康熙年间《常熟县志》卷九详细记载验水表的占卜方法："（上元夜）立一尺五寸之表于地，子正一刻候之，据表之长而中分之，为七寸半者二。若影适及七寸半为中正，则雨旸时。若又以两七寸各十分分影，在七寸半以下为不及，主旱；影在七寸半以上为有余，主水。"

2. "验水表"的文化心理

验水表占验，是以对月亮的崇拜为基础。因为月是太阴之精，象上下弦阙形，自古被视作生育之神。屈原在《楚辞·天问》问道："夜光何德，死则又育？厥利维何，而顾菟在腹？"大意是：月亮具有什么特性，消亡了又再长起？那好处是什么，而抚育一个兔儿在怀里？表现诗人对月亮再生能力的困惑。"验水表"即验占农作的丰稔与否。此外，"验水表"的占事也与人们对影子的神秘观念有关，《庄子·渔父》："人有畏影恶迹而去之走者，举足愈数而迹愈多，走愈疾而影不离身，自以为尚迟，疾走不休，绝力而死。"意思是一个人害怕自己的影子，讨厌自己的脚印，想摆脱它们，便快步跑起来。可是跑得越快，脚印越多，影子追得越紧。他便更加拼命地跑下去，最后精疲力竭而累死。在"验水表"时，由于历法的误差会造成影子长短不同，会使人们产生困惑，往往会与年成联想到一起。

3. 明清时期以"验水表"为代表的多种占卜方式

在明清时期，用占卜验一年水旱的方式很多。具体有星象之占、气象之占、动物之占、器物之占、草木之占、水占、火占等。

（1）星象之占。古人认为，人间的许多方面都上应天象。许多星辰各有职司。如"看参星"，《清嘉录》卷一："八日昏时看参星，占水中之水旱。谚云：'参星参在月背上，鲤鱼跳在镬干上；参星参在月口里，种田种在石臼里'。"意思是参星对着弯月的弓背，则年丰，若对着月的缺口，则无获。《田家四时诗》："农家于正月八日验参星，过月西则旱，否则多水，春雨甲子主大水。"

（2）气象之占。在民间信仰中，雷电风雨霜雪寒暖等气象，往往预兆着某些自然现象或社会现象的发生。根据气象情况，推测将要发生的自然现象。① 根据风向占验，《清嘉录》卷二："二月二十八日为老和尚过江，必有风报，若吹南风，主旱。"《清嘉录》卷五："小暑日东南风主旱。"雷声占验，《田家四时诗》："小暑雷鸣主潦。"《清嘉录》卷一："农人岁朝晨起看风云，以卜田事。谚云：'岁朝东北，五禾大熟。岁朝西北风，打谁害农功。'"

---

① 赵杏根、华野：《中国民间占卜》，中国华侨出版社 1993 年版，第 3 页。

（3）动物之占。卜蛙鸣以占水旱亦称"田鸡报"，三月三日以蛙鸣时间卜岁丰歉。以为午前蛙鸣主雨量充足，高田不旱不涝；午后蛙鸣主雨水少，低田丰产。谚谓："田鸡叫拉午时前，大年在高田。田鸡叫拉午时后，低田不要愁。"或云，三月初三蛙鸣，主此年无水患。谚云："三月三的蛤蟆，禁口难开。"或云，以三月三的蛙声响亮与否，占这一年的水旱收成。民谚云："田鸡叫得哑，低田好稻把；田鸡叫得响，田内好牵浆。"即云"田鸡叫得哑"主这一年无涝灾，反之，有涝灾。《田家四时诗》："俗以三月三日，卜蛙鸣以占水旱。"即为此理。《清嘉录》卷六"山糊海幔"条引《禽经》："鸐仰鸣则晴，俯鸣则雨。"还有猫狗占岁，清同治八年湖北《江夏县志》："除夕……将曙，犬先鸣有灾，猫先鸣多鱼，闻者于此占岁。"还有鸟雀之占，清同治八年《续修永定县志》载："除日，并听鸟雀鸣，占来岁丰稔。"

（4）器物之占。如人们根据碗底蒸馏露气大小占验来年雨水多少。《扬州西山小志》："二十三四日送灶，以糯米饭上嵌以杂果，祀灶，后留至除夕接灶，验碗底露气之大小以卜明年雨水之多少，亦往往有验。"用针影占验，《越谚》："七夕前夜，盥水露置及午针置水面取影卜瑞。"用瓦砾卜幸获，清李斗《扬州画舫录》卷一记载："里人于清明时坟上放纸鸢，掷瓦砾于翁仲帽上，以卜幸获，谓之'飞堉'。"米面之占，清同治八年《江夏县志》："除日午炊，俗视米沉清则岁涝，浓而浮皆浆皮，或面有裂缝则旱；有则视方所在卜之，云验甚也。"豇豆之占，清光绪八年《孝感县志》载："又浸豇豆之十二子者以占岁水旱，每粒管一月，浸透则此月有雨，挨次验去，有润则用十三子者。"

（5）草木之占。常用某些花草的某些现象来进行占卜。插柳占验，《清嘉录》卷三："清明日，满街叫卖杨柳，人家买之，插于门上。农人以插柳日晴雨占水旱，若雨主水。谚云：'檐前插青柳，农夫休望晴。'"插麦叶占验，《昆、新合志》云："寒食日插麦叶于门户。"并云："是日宜雨。"谚云："雨打墓头田，高低好种田。"

（6）秤水之占。以秤水之法占水旱。自元日至十二，每日用一瓶汲满水秤之，十二日分别依次占验当年十二个月水旱。元日所秤水比重大，则正月多雨。初二所秤水比重大则二月多雨，以此类推至十二月，如此可占一年水旱情况。《中国风俗辞典》："秤水卜，自大年初一至正月十二日依次代表一岁之各月，每日以瓶汲水，秤其轻重，以卜岁中各月水旱。重则是月多雨，轻则少雨。"①《清嘉录》卷一："自岁朝至十二日，以瓶汲水，称其轻重，以卜岁中水旱。"案：王得臣《麈史》："江湖间人，常于岁除汲江水秤，于元日又秤，重则大水。"又《研北杂志》："浙西人以正月三日为田本命，秤水，以重为有年。"卢《志》云："自元旦至十二日当一岁之月，以瓶汲水，准其轻重，重则其月多水，轻则旱。"

（7）特定日期晴雨占全年水旱。正月、二月：《越谚》："即正月初八、二月初八，雨水晴则有年。"三月："三月十八日为白龙生日，前后旬日，阴晴不常，乡民以是日雨，卜白龙之归，谓龙归省母，则农有秋。"四月："土俗于四月十六日望晴雨以候岁，晴则水，雨则旱，惟阴云为佳。谚云：'有谷无谷，但看四月十六'。"五月："五月二十日为分龙。俗以分龙之次日雨，谓之分龙雨，主雨阳调顺，岁必有秋。"六月："夏至落雨做重霉，小暑落雨做三霉。"八月："中秋俗呼八月半，是夕，人家各有宴会，以酬佳节。人又以此夜之晴雨占次年元宵阴晴。"九月："十三日，俗祭钉靴，占一冬晴雨，晴则冬无雨雪。谚云：'九月十三晴，钉靴挂断绳。'"《江震志》亦云："是日晴，主一冬少雨，利收获。谚云：'九月十三晴，不用盖稻亭。'"十月："土俗又以月旦之雨晴占一冬寒暖。"十一月："俗以冬至前后逢雨雪，主年夜晴；若冬至晴，则年夜雨雪，道涂泥泞。谚云：'干净冬至邋遢年'。"

此外，还有火色占。如"照田蚕"根据火的颜色和旺度，卜知水旱年成。"爆孛娄"卜一年之运气，"孛娄"乃"卜流"谐音。还有"听响卜"又叫"镜听""听谶"，夜深人静，悄悄听人家说话，听到的第一句话得出此兆所示的吉凶祸福。

---

① 郑传寅、张健主编：《中国民俗辞典》，湖北辞书出版社1987年版，第387页。

（二）刘猛将

南宋以来，蝗灾祈禳有一个变化，就是驱蝗神刘猛将军的出现。驱蝗禳灾从上天转向了人间。到了清朝，刘猛将军这一江浙民间信仰才得到国家的认可，在北方也流行起来。

1. "刘猛将"的语源

清代方志、文人笔记中关于猛将会、猛将庙记述甚多，并对刘猛将的来历做了一些探索。关于刘猛将的来源，民间有以下几个传说。其一，指宋刘锜。宋景定四年，旱蝗，上敕刘锜为扬威侯天曹猛将之神，加封吉祥王，故庙名吉祥庵。敕云："飞蝗入境，渐食嘉禾，赖尔神灵，剪灭无余。"蝗遂殄灭。其二，指刘锜的弟弟刘锐。乾隆十六年刻本《昆山新阳合志》载："按神姓刘名锐，宋名将刘锜弟，殁而为神，驱蝗江淮间有功。"清顾禄《清嘉录·祭猛将》称刘猛将"则以刘武穆锜或其弟锐为近是"。其三，刘猛将名叫刘承忠，元代吴川人，传说元朝末年，江浙一带蝗虫泛滥成灾，朝廷张榜招贤。当时，任江淮指挥将军的刘承忠自荐，带领军队连夜赶赴灾区，与当地百姓众志成城歼灭蝗虫。最后，蝗虫被消灭了，但是"蝗虫灭光，地白田荒"，老百姓没有吃的。刘承忠又带领百姓下湖捕鱼捉鳖，因他不识水性，不幸溺水身亡。江淮人民为纪念他的灭蝗功绩，尊他为"刘猛将军"。后来，清同治帝又将他加封为"普佑上天王"。《同治上海县志》则载："神刘姓名承忠，元时官指挥，能驱蝗。元亡，自沉于河，世称刘猛将军。"其四，刘猛将是刘漫塘。汉学中吴派的代表人物惠栋《九曜斋笔记》引《居易录》曰："旧说江以南无蝗蝻，近时始有之。俗祀南宋刘漫塘，小为蝗神。刘，金坛人，有专祠，往祀之，则蝗不为灾，俗呼莽将，殊为不经。"

刘猛将这个形象，是数百年来广大农民群众包括民间艺人共同塑造的。无论是南宋刘锜、刘锐，还是元刘承忠、刘漫塘，都是文臣武将，都与殉节和驱蝗有关。刘猛将神的信仰在民间的流变十分复杂，但是作为江浙一带农业稻作神的身份原型始终不变。

2. 明清时期祭"刘猛将"习俗活动

每年农历八月十八，农民们会自发组织庙会，上午把神像从庙里请出来，由八个壮汉扛着，后面跟着扛杏黄旗的队伍和丝竹演奏队，浩浩荡荡地沿着垄沟从农田走上几圈，以保农田不受虫灾。《田家四时诗》载：正月迎赛猛将以驱蝗。明中叶怀柔遇蝗灾，"县南郑家庄、高家庄居民，鸣锣焚火，掘地当之，须臾蝗积如山。无分男女，尽出焚埋，两庄独不受害"。

在吴地除了祭刘猛将，以示对其虔敬外，与祭祀他神不同的是，还有另外独特的一种祭祀方式：各乡农抬像急奔，彼此相遇，不肯让畔，倾跌为乐，虽致纷争，是为了博得刘猛将一乐。"神怒蝗虫飞，神喜甘雨澎。"故意为之。《清嘉录》卷七亦载："是时（七夕）田夫耕耘甫毕，各醵钱以赛猛将之神。舁神于场，击牲设醴，鼓乐以酬。四野遍插五色纸旗，谓如是则飞蝗不为灾。"清袁景澜《吴郡岁华纪丽》卷一记载祭赛情况甚详："各乡村农于是日刑牲醑醴，抬象游行。结彩棚坐神于内，邀他祠之神共饮，人皆沾醉，谓之'待猛将'。舁舆急奔，越陌度阡，倾跌为乐，不嫌亵慢，谓之'赶猛将'。蠢蠢丁壮，举国若狂。逞酒意，任血气。铜角一声，两队并合前驱，赤棒纷争交击，杯盘对掷，巾帻飞坠。儿童骇窜，邻翁喊哑。"不过人们不很赞同这种做法，如《吴郡新年杂咏》："吴俗新年，村氓各迎赛猛将，彼此相遇，不肯让畔，往往哄击。又结彩设棚，坐神于内，邀他祠之神共饮，语言酬酢，皆人代之。盖古春社之遗风也。惟末俗浇漓，必致纷争而罢，为可恶耳。"

除了吴地盛行赛猛将神，上海地区每年八月十八也会祭猛将，以庆贺丰收。清代沈葵《紫堤村志》记载有上海祭赛猛将，当地群众则在农历八月十八日祭猛将神，乡间甚是热闹。

苏州的人们还相信，猛将神不仅能驱蝗，而且还司雨。据说旱时向他祈雨，往往很有灵验，所以民间又称他为"扬威侯"，后来又加封为"吉祥王"。《土风录》："吴俗通祀刘猛将，谓能祷雨驱蝗。"《清嘉录》卷一："（正月）十三日，官府致祭刘猛将之辰。相传神能驱蝗。天旱祷雨辄应。为福畎亩，故乡人酬答尤为心愫。前后数日，各乡村民击牲献醴，抬像游街，以赛猛将之神，谓之'待猛将'。穹窿山一带农人舁猛将奔走如飞，倾跌为乐，不为慢亵，名曰'迎猛将'。"

(三) 黄鱼

长江流域河网纵横、水产品丰富。黄鱼具有清热通淋、润肺健脾，补气活血的功效。早在东晋郭璞注《尔雅·释鱼》称："鳠，大鱼，似鳕而鼻短，口在颔下，甲无鳞，肉黄，大者长二三丈，今江东呼为黄鱼。"吴地端午日，居民争相购买黄鱼，作为祭先赏节之需。黄鱼肉味鲜美，极富营养，百钱足买十斤余，是百姓喜爱的食品。清沈榕城《枫泾竹枝词》："溪东锣鼓数声敲，堰上犹迎海舶抛。杵烂蒜泥郎自捣，釜烹石首妾为庖。"

1. "黄鱼"的多种称谓

由于黄鱼出水能鸣，夜视有光，鳞色黄如金，所以叫黄鱼。又因其头部有二石如玉，弱骨细鳞，内坚肥腴，亦名石首鱼。黄鱼又名黄花鱼，包括大黄鱼和小黄鱼，因通体金黄而得名。很多人以为大、小黄鱼是同一种鱼，其实是有差别的，小黄鱼只能长到20多公分，而大黄鱼能长到50多公分。黄鱼也叫王瓜鱼、王瓜、瓜鱼、黄瓜鱼。因为鱼在王瓜出产，故称"王瓜鱼"。王瓜、瓜鱼，是"王瓜鱼"的缩减形式。吴语区"王""黄"不分，王瓜鱼又被称为"黄瓜鱼"，"黄鱼"是"黄瓜鱼"的缩略形式。清代梁章钜《浪迹三谈》卷五："王瓜鱼。此鱼以四月王瓜生时出，吾乡因呼为王瓜，亦称瓜鱼，而他乡人多呼为黄瓜鱼，因复称为黄鱼，皆误也，其实古名石首鱼。瓜鱼乃常馔，甘美而清真。"《蕉轩随录》卷六："白鱼入撰嫩于鲥，紫蟹红虾伴玉卮。更有面条殊脆滑，冰鲜北地漫称奇（浚师按：黄瓜鱼出淮河，极鲜美，即京城之冰鲜也）。"《瀛壖杂志》卷一："石首鱼，俗呼为黄鱼。"[1]

2. 明清时期长江下游的食"黄鱼"习俗

黄鱼盛产于长江下游一代。每到鱼汛，举之如山，不能尽。俗谚谓

---

[1]　王宝红：《清代笔记小说俗语词研究》，四川大学博士学位论文，2005年。

"楝子花开石首来，笥中被絮舞三台"，意思是典卖了冬具买黄鱼，可见黄鱼为人所珍。自一月至三月为产汛的，名南洋鲜，又名春鱼，又名古堂鲜。自三月至四月下旬为产汛的，为北洋鲜，产于吕泗洋面。当鱼群至，绵亘数里，声响如雷。春鲜都用冰运，叫做冰鲜。《金陵物产风土志》：清沈朝初《忆江南》："苏州好，夏月食冰鲜。石首带黄荷叶裹，鲥鱼似雪柳条穿。① 到处接鲜船。"末汛以盐藏运销。一种春初先至而形体小的鱼，名梅鱼。迎梅而至，故名。清王鸣盛《练川杂咏》："绿树依微绣幕围，平桥细雨正霏霏。菜花开后梅鱼出，春浪潮时团尾飞。"俗称馒头鱼。秋冬捕得者，俗名火鲜。清秦荣光在《上海竹枝词》中写道："楝子花开石首来，花占槐豆盛迎梅，火鲜候过冰鲜到，洋面成群响可雷。"一般的鱼都有血，独黄鱼无血，故僧人谓作菩萨鱼，以至吃素斋之人也食之。过去捕捉黄鱼，俱从漺阙出海，三月间百市凑集，村落一时成为大镇。渔人以槐豆花卜鱼产多少。

3. 长江下游端午食"黄鱼"习俗发展

明代田汝成《西湖游览志余》卷二十四中记载：杭人最重江鱼，鱼首有白石二枚，又名石首鱼。每岁孟夏，来自海洋，绵亘数里，其声如雷，若有神物驱押之者。渔人以竹莆探水底，闻其声，乃下网截流取之，有一网而举千头者。明代诗人瞿宗吉有《竹枝词》云："荻芽抽笋棘花开，不见河豚石首来。早起腥风满城市，郎从海口贩鲜来。"可见钱江渔市之盛。

清代，我国长江流域，特别是长江下游一带，每逢端午家人团聚时，端上桌的菜是"黄豆芽""黄鱼""黄鳝""黄瓜"，饮的是"雄黄酒"。古人认为端午食用"五黄"，可以消病强身。端午时节馔具多用黄鱼，虽家贫，必买以烹。在上海宝山："端午，食角黍、石首鱼、饮雄黄酒、看龙船。"清康熙崇明知县王恭先《瀛洲竹枝词》："一年春汛是渔舟，短沪长罾杂沓收。最爱鱼头敲石子，却怜虾尾似银钩。"在江苏角黍必搭配石首鱼，"'端午'

① 此两句形容旧时买鱼鲜的两种情形：一种为鲜荷叶包裹，一为用柳条从鱼嘴中穿进，从鱼鳃后穿出，即可提拎而走。

为龙舟竞渡，户贴朱符，食角黍、石首鱼，饮雄黄、菖蒲酒，簪榴花、艾叶以辟邪。"又《姑苏竹枝词》："石首鱼市集，葑门海鲜行，端午日争买黄鱼入馔"。在浙江，端午肴膳必少不了黄鱼："端午，家家以雄黄、菖蒲泛酒，馔具多用黄鱼。"①

安徽地区黄鱼较少，就选择骨鲠的"鲥鱼"以祀先赏节：端午食尚麦酒、鲥鱼、子鹅、盐蛋诸品，谓之"赏午"。②南京鱼品以鲥鱼为最佳，鲥鱼产于长江下游，四月方出，他时皆无，因其产量少而称名贵。《儒林外史》第四十四回庄濯江送杜少卿的端午节礼有一尾鲥鱼，两只烧鸭，一百个粽子，二斤洋糖，拜匣里四两银子。

先前，长江下游，每年到春季都是极旺盛的黄鱼汛期，渔民称之为"黄花鱼汛"。鱼汛一至，满洋皆是，绵亘数里。此外，在八九月间还有小汛，渔民称之为"桂花黄鱼"。在这样得天独厚的条件下，百姓典当衣服也要买鱼烹食，"楝子花开石首来，筒中被絮舞三台"呈现的是热闹鼎沸的黄鱼市景象。

（四）照田财、照田蚕

1. "照田蚕"的语源

我国是世界上最早养蚕、缫丝和发明丝织的国家。甲骨文的🐛（蚕）字像是一只蚕形，上方是蚕的头部，下面是蚕弯曲的尾巴。先秦《书·禹贡》记载："桑土既蚕。"即宜于植桑的土地也适宜可以养蚕。汉代董仲舒《春秋繁露·立元神》奉劝君王："秉耒躬耕，采桑亲蚕，垦草殖谷，开辟以足衣食，所以奉地本也。"认为亲自耕地，采桑养蚕，除草播谷，开垦土地来丰衣足食，这就是奉地的本分。可见汉代耕种养蚕在农业社会中的地位。很长的历史时期，我国是以农桑立国，记载唐朝历史的纪传体史书《新唐书·韩瑗传》有"一夫耕，一妇蚕，衣食百人"之说，一个普通家庭，有一

---

① 李昱：《归安县志》卷十二，清光绪八年刻本。
② 朱大绅：《直隶和州志》卷四，清光绪二十七年活字本。

人耕种、一人养蚕丝织，可以养活百人，也可以从丝绸之路的开辟就能看到统治者对丝绸文化和丝绸贸易的依赖和重视。清康熙朝光织造衙门便设有"江宁织造""苏州织造"和"杭州织造"。明清时期，江苏、浙江等地生态条件很适合蚕品种的养殖，江浙蚕区通常以农历四月为"蚕月"，形成家家闭户、不相往来、专心养蚕的壮观局面。明代谢肇淛《西吴枝乘》记载："吴兴以四月为蚕月，家家闭户，官府勾摄及里闬往来庆吊，皆罢不行，谓之'蚕禁'。收蚕之日，即以红纸书'蚕禁'二字或书'蚕月知礼'四字帖于门，猝遇客至，即惧为蚕祟。"浙江吴兴一带农历四月是蚕月，有养蚕期间的禁忌。谚云："立夏三朝开蚕党"。可见"蚕"在明清老百姓生活中的地位之重要。

2. "照田蚕"习俗的发展

"蚕""财"读音相近，故"照田蚕"又称"烧田财""照田财"。"照田蚕"由民间祈祷风调雨顺、蚕茧丰产的风俗活动演化而来。

宋代有"照田蚕"习俗记载。南宋时期范成大的《腊月村田乐府》之《照田蚕词》中："乡村腊月二十五，长竿燃炬照南亩。近似云开森列星，远如风起飘流萤。今春雨雹茧丝少，秋日雷鸣稻堆小。侬家今夜火最明，得知新岁田蚕好。夜阑风焰西复东，此占最吉余难同。不惟桑贱谷芃芃，仍更苎麻无节菜无虫。"讲述的就是在腊月二十五，人们会通过"照田蚕"活动占卜来年收成丰歉。

自宋以后，吴地"照田蚕"习俗，盛行不衰。明代高启《高青丘集》之《照田蚕词》："东村西村作除夕，高炬千竿照田赤，老人笑祝小儿歌，愿得宜蚕又宜麦。明星影乱栖鸟惊，火光辟寒春已生。夜深燃罢归白屋，共说丰年真可卜。"讲的就是在除夕之夜，耕者将绑有火炬的长竿立于田野中，用以占卜来年蚕麦能否丰收。

清代，"照田蚕"习俗在长江中下游区域广为流传，活动形式大体相似，但活动的日期有不同，因地而异。浙江一带，活动一般是在腊月二十五举行，江苏一带一般除夕前后，上海一般在正月间，特别是正月十五活动达到最盛。《土风录》："农家上元夕以长竿燃灯插田谓之'照田财'，按范石湖吴郡志作'照田蚕'，在腊月二十五夜。"这里的"照田财"与"照田蚕"即一个意思。

清代袁学澜著《吴门岁暮杂咏》载："腊月二十五夜，村落则以秃帚，若麻秸竹枝辈燃火炬，缚长竿之杪以照田，烂然遍野，以祈丝谷。"吴地"照田蚕"习俗是在腊月二十五，祈求来年蚕丝与谷物丰收。清代顾禄《清嘉录》中录《吴江县志》说："乡村之人就田中立长竿，用蒿筱夹爆竹缚其上，四旁金鼓声不绝，起自初更至夜半，乃举火焚之，名曰'烧田财'，黎里、屯村为盛，盖类昔'照田蚕'之俗，但在正月二十夜。而《常昭合志》则云腊月二十四夜。"很好地证明了"烧田财"即是以前的"照田蚕"习俗，时间应该是在正月二十夜。

清代秦荣光《上海县竹枝词》："锣鼓年除夜闹街，照田蚕烛列村排，抱儿有个贫家妇，此夕还忙手做鞋。"上海一带，除夕时节举行"照田蚕"活动。又如《松江府志》："正月，农家争以束刍，遍烧田间，谓照田蚕。"清末华亭人朱霞也有《照田蚕行》，其中有句："田蚕之烧有年例，欢笑且复同妻祭。"

3. "照田蚕"习俗的变异

江南是桑蚕之乡。在一些地区，有"捉毛虫""放茅柴""照麻虫""照耗"等习俗，与"照田蚕"有相似，也可以说是"照田蚕"习俗的延续和变异。到后来，"照田蚕"习俗在演化中间，逐渐失去了本来的文化内涵，慢慢成了一种"闹花灯"的民众娱乐活动。

如清李联琇《好云楼集》卷二《元夕》诗云："村墟元夕走儿童，雪月光连炬火红。所唱棉铃如盏大，喧声万井捉毛虫。"其实，"捉毛虫"即是类似"照田蚕"的风俗。只是因为当地是以产棉为主，"捉毛虫"的目的是求得棉花的丰收，祝愿"棉铃如盏大"。又因毛虫是棉花的主要害虫，消除了毛虫，棉花就很有希望获得丰收。所以人们在照田蚕时，会大叫"捉毛虫"，就把"照田蚕"风俗转称作"捉毛虫"了。如《上海志》中："乡人秉高炬，谓照麻虫。"

江阴等地，历来就有在腊月二十四夜"放茅柴"之俗。谚云："廿四夜，放茅柴!"小儿辈们以稻草、秃帚等醮油点火作炬,将田野间的枯草、灌木烧除干净,烧死藏在草中过冬的虫害。

永平等地,在腊月二十三日晚,乡人手持火炬照田间,称"照耗"。这是为了驱除那些危害损耗庄稼的秽邪鬼怪。

再后来,"照田蚕"用的火把逐渐发展成了彩灯,而且越做越精致,"照田蚕"就演变成闹花灯的娱乐活动了。清代王鸣盛的《练川杂咏》说:"高点彩灯千百盏,年年此夕照田蚕。"这天晚上,大家拿着精巧玲珑的彩灯集中到上元桥,放鞭炮,放烟花,念赞词,祈求来年养蚕得利和五谷丰登,此处的形式多样的"彩灯"即慢慢替代火把式的"照田蚕"竿了。

4. "照田蚕"习俗的文化内涵

关于照田蚕习俗的形成,一方面是人们想用火杀死害虫,祈田蚕丰收,另一方面焚烧田间的残藁宿草,以利化草为肥,提高田地出产质量。烧田蚕,是蚕农用竹子、芦苇和树枝等物捆束成火把,一端缠些绵以便点燃。蚕农将火把点燃后,就浩浩荡荡开赴农田,一边挥舞火把,一边敲锣打鼓,鸣放鞭炮,真是"近似云开森列星,远如风起飘流萤"。火把烧得越旺,蚕田越好,最后烧到火把柄时,蚕农们便使劲将火把甩向田野,同时高呼一些随口编的赞词,以祈田蚕丰收,如"火把甩向南,今年养得好龙蚕"、"火把甩得高,廿四分蚕花稳牢牢"、"火把甩向西,亩亩收得三石米"等。火把甩向田里,将田间枯草点燃,顿时田野火苗四起,风吹火苗,火借风势,席卷田野,几成一片火海。①

"照田蚕"以火焰的高低来占卜新年是否丰收,火焰旺则预兆来年丰收。火的颜色与火势取决于燃料的成分和多少,与燃料湿度的大小当然也很有关系,燃料的湿度又与空气中的湿度有关。而这个时期空气的湿度,又与来年的水旱又有一定关系。而水旱和农作物的收成,当然是大有关系了。方鹏《昆山志》则云:"岁朝或次日,束薪于长竿,为高炬。视火色赤白,以占水旱。争取余烬置床头,谓宜蚕,名照天蚕。长、元志亦皆载,

---

① 林锡旦:《太湖蚕俗》,苏州大学出版社 2006 年版,第 80 页。

田家烧长炬，名照田蚕。"

民以食为天，人以田为本。"照田蚕"是腊月二十五前后在田间燃火炬的群体性活动，旨在祈求来年田之稻谷和蚕之茧丝丰收，深深寄托着原始农业社会民众的朴素愿望。

四、差异原因探析

综上所述，明清时期长江流域上、中、下游每个地区风俗各有其独特之处。岁时节令民俗文化词语同中有异，体现了中国传统文化具有博大的包容性，"有容乃大"，促使中华民族产生了强大的内聚力。这些差异的形成主要有以下几方面原因：

首先，自然环境原因。长江流域大多水乡泽国，每个地方的物产又不完全相同。长江上游地区山多林茂，交通受堵，人们一旦被分隔在山脉两端、水流两侧，很容易形成一个较为封闭的地理单元，久而久之，就会形成具有当地特色的语言及风俗。如长江上游地区的"火把节"还保存了古老社会火崇拜思想意识和某些礼仪的残留，弥足珍贵。"牛王会"歌颂了牛忠厚朴实、勤勤恳恳的优良品质，也体现这一地区稻作农业对耕牛的依赖，所以形成了较突出的耕牛崇拜习俗。"青苗会"及"嫁毛虫"代表在长江上游地区农业几乎是单一产业，主要从事农耕作业，以粮食丰收为主要夙愿。

其次，民间信仰的影响。长江流域各地的民众有着不同的生活态度、价值观念、民间信仰。《汉书》卷二八就说，"吴、粤之君皆好勇，故其民至今好用剑，轻死易发"；楚人"呰窳媮生，而亡积聚"，"信巫鬼，重淫祀"；巴蜀之俗"俗不愁苦，而轻易淫泆，柔弱褊阨"，这是各地的区域风格。长江中游"信巫鬼，重淫祀"，楚地尤甚，祭祀繁多。有关神话传说、傩舞史诗广为传播，深入人心。"司命"神由天神沦为与人们生活相关的家神。"九头鸟"更是家喻户晓，并成为称呼"湖北人"的代名词。"老鼠嫁女"的风俗和传说生动地反映了人们与动物之间的微妙关系。"急脚子"是古老傩文化在民间沿袭下来的古朴因子，是楚地文化的特征与烙印。

最后，经济原因。经济是引起社会变迁的根本原因。明清时期，我国的经济重心逐渐转移到长江流域，形成了"湖广熟，天下足"的富饶局面，长江下游地区城市繁荣，商品经济的兴起，以生产粮食为主的单一的农业结构开始向多种经营发展，有些地方甚至完全放弃粮食作物的种植。"环太湖诸山，乡人比户蚕桑为务。三四月为蚕月，红纸粘门，不相往来。多所禁忌。"随着商品经济的发展，商品贸易往来很是频繁。"楝子花开石首来，筒中被絮舞三台。""石首鱼市集，蕲门海鲜行，端午日争买黄鱼入馔"，意思是典卖了被絮去买黄鱼，充分显示出了当时市场的活跃、繁荣程度。

第六章 结 语

　　明清时期是我国一个特殊的历史发展时期。中国社会自唐朝，总体上处于持续高速发展阶段，政治、经济、文化达到了前所未有的高度。一方面，全国统一，封建集权制强盛；另一方面，几千年的封建统治也由盛转衰，显露出封建统治的逐渐没落。社会各方面在这一时期达到了又一个高峰，包罗万象。民俗文化承前启后，既有很好的传承又有切实的革新，可以说，明清是民俗文化的"集大成"时代。长江文明是中华文明的重要组成部分，长江流域具有吴越文化区域、荆楚文化区域、巴蜀文化区域三支重要文化圈。岁时节令是各类文化现象的总汇，内容充实而多样化，全面地反映了时代生活，价值甚高。《中国风土志丛刊》《中国地方志民俗资料汇编》中收录的多是明清各地的风土佳志，较为全面、准确地记录了所涉及地区的方言、民俗、文化等风土人情世故，而且刚好较为全面地覆盖了长江上游、长江中游、长江下游行政区域，两大类资料加上明清名著典籍的补充资料，以此为基础研究语料，可以很好地研究明清时期长江流域的岁时节令民俗文化词语发展状况。

　　每一个岁时节令民俗都要经历从不固定到固定、从形式单一到内容复杂、流行区域由局限到普及、从不完善到日臻完善的过程。长江流域岁时节令民俗从先秦时期发展到清代，岁时节令风俗带有其鲜明的特点。按照农事活动节令民俗词语、信仰禁忌节令民俗词语、庆贺祈福节令民俗词语、季节变化民俗词语、社交娱乐节令民俗词语五类内容划分，我们发现，明清长江流域岁时节令民俗文化词语印记着鲜明的农业文化的烙印，几乎所有节令都与农事生产有千丝万缕的联系。

从音节方面，双音节和三音节为明清时期长江流域的岁时节令民俗文化词语主要音节结构形式。究其原因，有"尚偶"心理对汉语词语音节的影响；有民俗词语的约定俗成性的因素，民俗词语在传承过程中，不断精炼、加工、沉淀，逐渐得到社会的普遍认可。

从词性方面，由于岁时节令民俗文化词语包含事物类和事件类两类，指称民俗事物的名词与描述民俗活动的动词性短语更能满足表达精准、凝练的需求。

从内部语法结构方面，偏正式、主谓式、动宾式三种结构形式是明清长江流域岁时节令民俗文化词语的主要结构方式。偏正式结构中的定中式偏正结构一般多为名词或名词性质，动宾式结构偏重于动作行为，又由于民俗事象多是人们在实践活动中约定俗成的，活动主体往往被省略，主谓式结构相对前两项稍少一些。

人类社会是丰富多彩的，岁时节令也随之多彩多姿。因此，岁时节令民俗文化词语在形式上也表现出多样性与丰富性的特点。一种岁时节令可以用多种民俗活动呈现，而某种民俗事象又不专属于某一类岁时节令，相互是多重对应关系，也相应地出现一种岁时节令风俗事象，会产生众多的民俗文化词语，而一个民俗文化词语又可对应于不同的岁时节令风俗。一些民俗语素具有较强的构词能力，表现在岁时节令民俗文化词语里，使民俗词语呈现出明显的系列性。同义词语的类聚、反义词语的类聚、上下位词语的类聚，凸显了这一时期民俗文化词语的显著的层次性和系统性特征。

我国是历史悠久的文明古国，丰富的岁时节令民俗像一剂强力的黏合剂，黏合着中华文明诸多元素，是民族亲和力与凝聚力的核心。中国的传统岁时节令丰富多彩，但在漫长的历史河流的冲刷、过滤中，一些活动被淘汰或发生变异，而一些节日被传承至今。我国的传统岁时节令蕴含着传统的价值观念、思维模式、伦理道德、行为规范、审美情趣，是中华民俗几千年的历史文化沉淀，具有很强的生命力和相对稳定性。但是，岁时节令民俗文化词语是随着社会的发展而不断更新的，节日的信仰传承正在向社会性和文娱体育性转化，有些民俗词成为古词语，有些岁时节令民俗词语被赋予新的意义和内容。岁时节令民俗词语的稳定性是相对的，变异性是绝对的。

岁时节令民俗文化词语词义的发展和演变主要有词语意义的"扩大""缩小"和"转移"三种形式。由于人们的认识不断地向前发展，接触的事物逐渐增多，把具体的概念进行抽象化概括，形成了词义具体到一般、部分到整体的变化，导致了词义的扩大，如"回残"一词。而又由于人们认识的发展和词语使用的固化，当习惯于用一个词语表示一个事物时，很容易在它们之间人为地建立起一一对应的关系，而把原来属于这个范围的其他事物用别的词代替，从而缩小了原来词语的意义范围，如"花灯"。词义的转移是指词义所指称的客观事物发生了新旧更替的变化，如"欢喜团"。

把长江流域相同、相近、相关、相属的词语进行聚类，形成一个个词群，可以发现长江流域具有深厚的历史积淀的稻作文化，深深渗透进了当地的民情风俗。由于知识水平的限制，对一些不能解释的现象，都归结为鬼神作祟，就产生了不同方式的驱鬼辟邪活动。我国封建社会，对于生育子女的心理渴望经历数千年仍未改变，发展到清代"男尊女卑""重男轻女"的观念深入人心，不时地映射到岁时节令民俗文化词语中去。明清时期岁时节令习俗多为娱人或自娱。名目繁多的娱乐活动构成了多元化的消闲方式与游戏娱乐的广泛选择，组成了绚丽多彩的消闲娱乐世界。明清时期岁时节令，沿着游乐性方向发展，娱乐性的"良辰佳节"逐渐冲淡禁忌、禳除等神秘氛围。

"在了解中国民间传统节日的时候，除了要综合地从纵向来看传统节日习俗，同时还要从横向来看不同地区节日习俗的差别，承认岁时节令文化的多元性，寻找其中的深层次原因。"①明清时期长江流域岁时节令的形式和内容是大同小异的，共性的形成与移民有很大关系，移民文化的碰

---

① 李科：《中国民间传统节日》，巴蜀书社 2011 年版，第 7~8 页。

撞、冲突与吸纳，像一台巨大的搅拌机，使得移民与移民、移民与原住民之间的文化交融，造就了长江流域岁时节令的共性。"江西填湖广，湖广填四川"是明清时期特有的文化融合形式。"大端午"的带状交融分布、巴蜀各地的众多湖广会馆，几乎都是移民文化的产物。此外，明清时期长江流域岁时节令同中有异，体现了中国传统文化具有博大的包容性，这些差异的形成主要有方言差异、自然环境、民间信仰以及经济原因。其中，经济原因是最主要的。明清时期的江南市镇发展及其大面积崛起，江南地区出现初期的资本主义萌芽。

在研究过程中，由于本人对古代汉语、方言地理等理论研究知识的掌握还不够完备，对一些问题的分析尚未深入。对于长江流域与同时期的黄河流域比较，明清时期长江流域的谚语等内容都值得继续深入研究，但精力有限，本书并未涉及。针对以上局限，在今后的研究工作中，本人将进一步扩大资料范围，加强理论修养，尽量对明清时期的民俗文化词语进行更加深入的探究。

参 考 文 献

一、字典、辞典

陈勤建. 中国风俗小辞典[Z]. 上海：上海辞书出版社，2008.

达世平，沈光海. 古汉语常用字字源字典[Z]. 上海：上海书店出版社，1989.

谷衍奎. 汉字源流字典[M]. 北京：语文出版社，2008.

汉语大字典编辑委员会. 汉语大字典[Z]. 成都：四川辞书出版社，2010.

李荣. 现代汉语方言大词典[Z]. 南京：江苏教育出版社，2002.

乔继堂，朱瑞平. 中国岁时节令辞典[Z]. 北京：中国社会科学出版社，1998.

石汝杰，宫田一郎. 明清吴语词典[Z]. 上海：上海辞书出版社，2005.

唐祈. 中华民族传统节日辞典[Z]. 成都：四川辞书出版社，1990.

吴连生，骆伟里. 吴方言词典[Z]. 上海：汉语大词典出版社，1995.

许宝华，宫田一郎. 汉语方言大词典[Z]. 北京：中华书局，1999.

叶大兵，乌丙安. 中国风俗辞典[Z]. 上海：上海辞书出版社，1990.

周一平，沈茶英. 岁时纪时辞典[M]. 长沙：湖南出版社，1991.

朱彰年，薛恭穆. 宁波方言词典[Z]. 上海：汉语大词典出版社，1996.

二、专著

(汉)班固. 汉书[M]. 北京：中华书局，1962.

[日]波多野太郎. 中国方志所录方言汇编[M]. 横滨市立大学纪要，1965.

蔡丰明. 祈财民俗[M]. 天津：天津人民出版社，2011.

蔡郎与，杨燕. 中国民俗十讲[M]. 成都：西南交通大学出版社，2013.

蔡东洲，文延海. 关羽崇拜研究[M]. 成都：巴蜀书社，2001.

彩万志. 中国昆虫节日文化[M]. 北京：中国农业出版社，1998.

[日]长泽规矩也. 明清俗语辞书集成[M]. 上海：上海辞书出版社，1987.

常建华. 岁时节日里的中国[M]北京：中华书局，2006.

常敬宇. 汉语词汇文化(增订本)[M]. 北京：北京大学出版社，2009.

曹宝麟. 多义词[M]. 合肥：安徽教育出版社，1989.

曹雪芹，高鹗. 红楼梦[M]. 北京：中华书局，2005.

曹炜. 现代汉语词汇研究[M]. 北京：北京大学出版社，2004.

曹志耕. 汉语方言地图集[M]. 北京：商务印书馆，2008.

陈文华. 长江流域茶文化[M]. 武汉：湖北教育出版社，2004.

陈世松. 大迁徙"湖广填四川历史解读"[M]. 成都：四川人民出版社，2016.

陈宝良. 明代社会生活史[M]. 北京：中国科学出版社，2004.

(明)陈耀文. 天中记[M]. 清文渊阁四库全书本.

崔高维. 礼记[M]. 沈阳：辽宁教育出版社，2000.

崔荣昌. 四川方言与巴蜀文化[M]. 成都：四川大学出版，1996.

丁世良，赵放. 中国地方志民俗资料汇编[M]. 北京：北京图书馆出版社，1991.

董淑慧. 民俗文化语汇通论[M]. 天津：天津古籍出版社，2004.

范玉春. 移民与中国文化[M]. 桂林：广西师范大学出版社，2005.

范致明. 岳阳风土记[M]. 北京：中华书局，1991.

方培元. 楚俗研究[M]. 武汉：湖北美术出版社，1993.

[德]费尔迪南·索绪尔著，高名凯译. 普通语言学教程[M]. 北京：商务印书馆，1985.

符淮青. 现代汉语词汇(增订本)[M]. 北京：北京大学出版社，2004.

符淮青. 词义的分析和描写[M]. 北京：外语教学与研究出版社，2006.

高尔基. 论文学[M]. 北京：人民文学出版社，1987.

高朴实. 巴蜀述闻[M]. 上海：上海书店，1992.

高名凯，王安石. 语言学概论[M]. 北京：中华书局，1963.

高守纲. 古代汉语词义通论[M]. 北京：语文音像出版社，1994.

高梧. 民间文化研究[M]. 成都：巴蜀书社，2005.

高有鹏. 庙会与中国文化[M]. 北京：人民出版社，2008.

高诱. 吕氏春秋注[M]. 上海：上海古籍出版社，2014.

葛本仪. 汉语词汇学[M]. 济南：山东人民出版社，2003.

葛本仪. 现代汉语词汇学[M]. 济南：山东人民出版社，2001.

葛剑雄. 中国移民史[M]. 福州：福建人民出版社，1997.

郭兴文. 民俗史话[M]. 北京：社会科学文献出版社，2011.

马世之. 中原楚文化研究[M]. 武汉：湖北教育出版社，1995.

韩养民，郭兴文. 中国古代节日风俗[M]. 西安：陕西人民出版社，1987.

何九盈，蒋绍愚. 古汉语词汇讲话[M]. 北京：中华书局，2010.

胡明扬. 语言学概论[M]. 北京：语文出版社，2000.

胡长贵，李崇琛，胡孝红. 三峡民俗风情概说[M]. 武汉：湖北人民出版社，2010.

胡朴安. 中华全国风俗志[M]. 上海：上海科学技术文献出版社，2008.

胡雅丽. 尊龙尚凤：楚人的信仰礼俗[M]. 武汉：湖北教育出版社，2003.

黄涛. 语言民俗与中国文化[M]. 北京：人民出版社，2002.

黄凤春. 浓郁楚风[M]. 武汉：湖北教育出版社，2001.

黄伯荣，廖序东. 现代汉语[M]. 北京：高等教育出版社，2002.

黄尚军. 四川方言与民俗[M]. 成都：四川人民出版社，1996.

霍巍. 长江上游早期文明的探索[M]. 成都：巴蜀书社，2002.

洪成玉. 古汉语词义分析[M]. 天津：天津人民出版社，1985.

侯友兰. 《越谚》点注[M]. 北京：人民出版社，2006.

侯精一. 平遥方言民俗语汇[M]. 北京：语文出版社，1995.

蒋绍愚. 古汉语词汇纲要[M]. 北京：北京大学出版社，1989.

蒋绍愚. 近代汉语研究概要[M]. 北京：北京大学出版社，2005.

蒋冀骋. 近代汉语词汇研究[M]. 长沙：湖南教育出版社，1991.

柯杨. 中国风俗故事集(上)[M]. 兰州：甘肃人民出版社，1985.

蓝勇. 西南历史文化地理[M]. 重庆：西南师范大学出版社，1997.

(清)李宝著，黄仁寿校注. 蜀语校注[M]. 重庆：巴蜀书社，1990.

李冬英. 明清风气与李渔小说创作[M]. 太原：山西人民出版社，2008.

李海霞. 汉语动物命名考释[M]. 成都：巴蜀书社，2005.

李惠芳. 湖北民俗[M]. 兰州：甘肃人民出版社，2003.

李德复，陈金安. 湖北民俗志[M]. 武汉：湖北人民出版社，2002.

李朝正. 明清巴蜀文化论稿[M]. 成都：四川大学出版社，1997.

李科在. 中国民间传统节日[M]. 成都：巴蜀书社，2011.

李建中. 中国文化概论[M]. 武汉：武汉大学出版社，2005.

林锡旦. 太湖蚕俗[M]. 苏州：苏州大学出版社，2006.

刘晓峰. 东亚的时间：岁时文化的比较研究[M]. 北京：中华书局，2007.

刘玉堂，张硕. 长江流域服饰文化[M]. 武汉：湖北教育出版社，

2005.

刘叔新. 词汇学和词典学问题研究［M］. 天津：天津人民出版社，1984.

刘叔新. 汉语描写词汇学［M］. 北京：商务印书馆，1990.

刘叔新. 词汇研究［M］. 北京：外语教学与研究出版社，2006.

刘和惠. 楚文化的东渐［M］. 武汉：湖北教育出版社，1995.

卢英顺. 现代汉语语汇学［M］. 上海：复旦大学出版社，2007.

路遇，滕泽之. 中国人口通史［M］. 济南：山东人民出版社，2000.

罗启荣，阳仁煊. 中国传统节日［M］. 北京：科学普及出版社，1986.

林永仁. 巴楚文化［M］. 北京：华文出版社，1999.

蒙宪，郭辉. 中国少数民俗风俗与传说［M］. 海口：南海出版公司，1991.

［英］帕默尔著，李荣、王菊泉校. 语言学概论［M］. 北京：商务印书馆，1983.

皮远长. 荆楚文化［M］. 武汉：武汉大学出版社，2000.

潘竟翰. 反义词［M］. 合肥：安徽教育出版社，1989.

屈原. 九歌［M］. 北京：人民文学出版社，1979.

曲彦斌. 中国民俗语言学［M］. 上海：上海文艺出版社，1996.

曲彦斌. 民俗语言学［M］. 沈阳：辽宁教育出版社，2004.

曲彦斌. 语言民俗学概要［M］. 郑州：大象出版社，2015.

曲彦斌. 俚语隐语行话词典［M］. 上海：上海辞书出版社，1996.

屈小强. 巴蜀文化与移民入川［M］. 成都：巴蜀书社，2009.

钱玉莲. 现代汉语词汇讲义［M］. 北京：北京大学出版社，2006.

桥本万太郎. 语言地理类型学［M］. 北京：世界图书出版公司，1985.

秦永洲. 中国社会风俗史［M］. 济南：山东人民出版社，2000.

卿希泰，唐大潮. 道教史［M］. 北京：中国社会科学出版社，1994.

任放. 明清长江中游市镇经济研究［M］. 武汉：武汉大学出版社，2003.

舒新宇. 破解屈原溆浦之谜[M]. 上海：东方出版社，2007.

孙和平. 四川方言文化[M]. 成都：巴蜀书社，2007.

孙晓芬. 清代前期的移民填四川——四川人的祖先来自何方[M]. 成都：四川大学出版社，1997.

孙晓芬. 明清的江西湖广人与四川[M]. 成都：四川大学出版社，2005.

宋兆麟，边人. 木里俄亚：融化在金沙江魂魄中的异俗[M]. 北京：外文出版社，2005.

(明)宋诩. 竹屿山房杂部[M]. 清文渊阁四库全书本.

谭汝为. 民俗文化语汇通论[M]. 天津：天津古籍出版社，2004.

陶立璠. 民俗学概论[M]. 北京：中央民族学院出版社，1987.

汤一介主编，高丙中撰. 中华文化通志·宗教与民俗典·民间风俗志[M]. 上海：上海人民出版社，1998.

田晓岫. 中国民俗学概论[M]. 北京：华夏出版社，2003.

王希杰. 修辞学通论[M]. 南京：南京大学出版社，1996.

王定璋. 猜拳·博戏·对舞：中国民间游戏赌博习俗[M]. 成都：四川人民出版社，1993.

王辉. 中国古代娱乐[M]. 北京：中国商业出版社，2015.

王稼句. 晚清民风百俗[M]. 南京：江苏人民出版社，2005.

王建辉，刘森淼. 荆楚文化[M]. 沈阳：辽宁教育出版社，1998.

王娟. 民俗学概论[M]. 北京：北京大学出版社，2002.

王军. 汉语词义系统研究[M]. 济南：山东人民出版社，2005.

王立廷，沈基松. 缩略语[M]. 北京：新华出版社，1998.

王美英. 明清长江中游地区的风俗与社会变迁[M]. 武汉：武汉大学出版社，2007.

王明. 抱朴子内篇校释[M]. 北京：中华书局，1985.

王敏红.《越谚》与绍兴方俗语汇研究[M]. 北京：中国社会科学出版社，2009.

王韬. 瀛壖杂志[M]. 台湾：新兴书局，1986.

王玉德. 长江流域的巫文化[M]. 武汉：湖北教育出版社，2005.

王志伟，阮智富. 语言学百科词典[M]. 上海：上海辞书出版社，1993.

汪青玉. 四川风俗传说选[M]. 成都：四川民族出版社，1992.

温端政，周荐. 二十世纪的汉语俗语研究[M]. 太原：书海出版社，2000.

温端政. 汉语语汇学教程[M]. 北京：商务印书馆，2006.

巫瑞书. 南方传统节日与楚文化[M]. 武汉：湖北教育出版社，1999.

乌丙安. 中国民俗学[M]. 沈阳：辽宁大学出版社，1985.

吴敬梓. 儒林外史[M]. 北京：华夏出版社出版，2013.

吴子慧. 吴越文化视野中的绍兴方言研究[M]. 杭州：浙江大学出版社，2007.

吴冠民. 德清旅游文化[M]. 北京：当代中国出版社，2002.

武文. 中国民俗学古典文献辑论[M]. 北京：民族出版社，2006.

肖建华. 民俗语言初探[M]. 北京：中国社会出版社，2009.

萧放. "岁时"传统中国民众的时间生活[M]. 北京：中华书局，2002.

萧汉明. 道家与长江文化[M]. 武汉：湖北教育出版社，2005.

夏日新. 长江流域的岁时节令[M]. 武汉：湖北教育出版社，2004.

谢振岳. 宁波节令风俗[M]. 北京：当代中国出版社，2001.

邢福义，汪国胜. 现代汉语[M]. 上海：华东师范大学出版社，2009.

许慎撰，段玉裁注. 说文解字[M]. 北京：中华书局，1963.

许威汉. 汉语词汇学引论[M]. 北京：商务印书馆，1992.

徐华龙. 上海风俗[M]. 上海：上海文艺出版社，2009.

徐文武. 楚国宗教概论[M]. 武汉：武汉出版社，2001.

徐中舒. 论巴蜀长江文化[M]. 成都：四川人民出版社，1982.

杨琳. 汉语词汇与华夏文化[M]. 北京：语文出版社，1996.

杨景震. 中国传统岁时节日风俗[M]. 西安：西北大学出版社，2006.

杨茂勋. 普通语言学[M]. 厦门：厦门大学出版社，1993.

杨永生. 中外民间节日[M]. 南宁：广西人民出版社，1982.

杨振兰. 现代汉语词彩学[M]. 济南：山东大学出版社，1996.

严可均. 全汉文[M]. 北京：商务印书馆，1999.

姚伟钧. 长江流域的饮食文化[M]. 武汉：湖北教育出版社，2004.

叶蜚声，徐通锵. 语言学纲要[M]. 北京：北京大学出版社，1981.

叶书宗. 长江文化与中华民族[M]. 上海：上海书店出版社，1996.

余远国. 三峡民俗文化[M]. 武汉：中国地质大学出版社，2015.

袁宾，徐时仪. 二十世纪的近代汉语研究[M]. 西安：书海出版社，2001.

袁庭栋. 巴蜀文化[M]. 沈阳：辽宁教育出版社，1991.

曾良. 明清通俗小说语汇研究[M]. 南昌：江西教育出版社，2009.

宗力，刘群. 中国民间诸神[M]. 石家庄：河北人民出版社，1986.

[日]志村良治著，江蓝生，白维国译. 中国中世语法史研究[M]. 北京：中华书局，1995.

郑传寅，张健主编. 中国民俗辞典[M]. 武汉：湖北辞书出版社，1987.

张昌尔. 文化湖北[M]. 武汉：湖北人民出版社，2004.

张斌. 现代汉语描写语法[M]. 北京：商务印书馆，2010.

张国维. 明清时期两湖移民研究[M]. 西安：陕西人民教育出版社，1995.

张国雄. 生生不息长江流域的人口迁衍[M]. 武汉：武汉出版社，2006.

张国雄. 长江人口发展史论[M]. 武汉：湖北教育出版社，2006.

张海英. 中国传统节日与文化[M]. 太原：书海出版社，2006.

张建民，鲁西奇. 历史时期长江中游地区人类活动与环境变迁专题研究[M]. 武汉：武汉大学出版社，2011.

张维张. 汉语社会语言学[M]. 贵阳：贵州人民出版社，1991.

张紫晨. 中国民俗与民俗学[M]. 杭州：浙江人民出版社，1985.

张紫晨. 中国民俗学史[M]. 长春：吉林文史出版社，1993.

张志毅，张庆云. 词汇语义学[M]. 北京：商务印书馆，2001.

赵殿增，李明斌. 长江上游的巴蜀文化[M]. 武汉：湖北教育出版社，2004.

赵克勤. 古汉语词汇概要[M]. 杭州：浙江教育出版社，1987.

赵克勤. 古代汉语词汇学[M]. 北京：商务印书馆，1994.

赵逵. 湖广填四川移民通道上的会馆研究[M]. 南京：东南大学出版社，2012.

赵世瑜. 狂欢与日常：明清以来的庙会与民间社会[M]. 北京：生活·读书·新知三联书店，2002.

赵文林，谢淑君. 中国人口史[M]. 北京：人民出版社，1988.

赵杏根，华野. 中国民间占卜[M]. 北京：中国华侨出版社，1993.

赵杏根. 中华节日风俗全书[M]. 合肥：黄山书社，2011.

赵玉东. 中华传统节庆文化研究[M]. 北京：人民出版社，2002.

周荐. 汉语词汇结构论[M]. 上海：上海辞书出版社，2004.

中华文化通志编委会. 中华文化通志[M]. 上海：上海人民出版社，1998.

钟敬文. 话说民间文化[M]. 北京：人民日报出版社，1990.

钟敬文. 民俗文化的民族凝聚力[M]. 北京：中央民族大学出版社，1994.

钟敬文. 民俗学概论[M]. 上海：上海文艺出版社，1998.

钟敬文. 中国民俗史[M]. 北京：人民出版社，2008.

仲富兰. 水清土润：江南民俗[M]. 上海：上海人民出版社，2010.

庄福林. 论萨满教"神"的实质[M]. 长春：吉林人民出版社，2006.

三、期刊

常建华. 论明代社会生活性消费风俗的变迁[J]. 南开学报，1994(4).

陈原. 社会语言学的兴起、生长和发展前景[J]. 中国语文, 1982(5).

陈真.《吴下方言考》的作者胡文英[J]. 辞书研究, 1984(1): 170-173.

晨风. 古代的飞帖拜年[J]. 文史知识, 2013(2).

董晓萍. 俗语辞书《土风录》[J]. 浙江学刊, 1985(2): 49-52.

[日]稻耕一郎. 历代地方志中习俗记载的利用价值及其问题——以"佛诞节"习俗为例论明代社会生活性消费风俗的变迁[J]. 中国典籍与文化, 2008(3).

[日]稻耕一郎.《清嘉录》著述年代考——兼论著者顾禄生年[J]. 新世纪图书馆, 2006(1).

丁旺.《红楼梦》岁时节令描写的文学功能研究综述[J]. 北方文学(下旬刊), 2014(6).

顾农. 邗江三百吟[J]. 寻根, 2009(4): 59-61.

郭夏云. 近代华北妇女婚姻心理的发展演变[J]. 中国地方志, 2015(12).

龚义龙. 前清"湖广填四川"迁蜀移民原籍考证[J]. 岭南文史, 2009(4).

韩佳琦.《俚言解》研究[J]. 文化学刊, 2008(4): 109-114.

何道明. 汉水风俗文化研究的生态型范本——《三省山内风土杂识》内涵解读[J]. 郧阳师范高等专科学校学报, 2014(5): 11-14.

何红一. 人日节与"鼠嫁女"[J]. 民俗研究, 2000(3).

贺闱. 宋代节日词研究: 一个文献综述[J]. 重庆社会科学, 2013(2): 79.

侯钦民. 贴春联[J]. 人民周刊, 2016(5).

侯友兰.《越谚》的构成[J]. 湖州师范学院学报, 2006(3): 25-29.

侯友兰, 徐阳春.《越谚》词语的结构、注音与释义[J]. 绍兴文理学院学报, 2007(5): 46-51.

胡文彬.《红楼梦》与清代民俗文化[J]. 学习与探索, 1997(1).

黄锡之. 顾禄对清代江南民俗记述与研究——《清嘉录》、《桐桥倚棹录》述评[J]. 安徽史学, 2003(6): 101-103.

黄敏. 《吴下方言考》略述[J]. 辞书研究, 1984(1): 139-144.

黄永堂. 司命·灶神与楚人族源[J]. 金筑大学学报(综合版), 1999(1)

金毅. 试析民族节日文化的特征[J]. 黑龙江民族丛刊, 1998(4).

贾艳红. 略论古代民间的司命神信仰[J]. 三明高等专科学校学报, 2003(1).

贾雯鹤, 欧佩芝. 清代四川民间信仰研究综述[J]. 中国俗文化研究, 2016(1).

蒋鑫. 对比分析南北方春牛图的文化内涵与艺术特色[J]. 装饰, 2015(2).

来新夏. 清人笔记随录——《清嘉录》[J]. 图书馆杂志, 1983(2): 51-53.

蓝勇. 明清时期西南地区城镇分布的地理演变[J]. 中国历史地理论丛, 1995(1).

蓝勇. 清代四川土著和移民分布的地理特征研究[J]. 中国历史地理论丛, 1995(2).

林继富. 灶神形象演化的历史轨迹及文化内涵[J]. 华中师范大学学报(哲学社会科学版), 1996(1).

李惠芳. 传统岁时节日的形成及特点[J]. 武汉大学学报, 1994(5).

李寿冈. 也谈打春牛和寒食的习俗[J]. 民俗研究, 1988(3).

李寅生. 从汉诗看中国节日习俗对日本的影响[J]. 长江学术, 2009(4).

刘晓晨. 浅析中西方岁时风俗中体现的历史变迁与文化差异[J]. 华北水利水电学院学报(社科版), 2009(4).

刘佳慧. 《越谚》民俗语汇的绍兴地方特色研究[J]. 文化学刊, 2009(4): 103-107.

刘瑞明. 灶神神话研究补说[J]. 四川大学学报(哲学社会科学版), 2003(1).

刘守华. 屈原传说与端午习俗[J]. 长江大学学报(社会科学版), 2014 (7).

刘玉红.《俚言解》中的民俗[J]. 文史杂志, 2010(3): 76-78.

刘卓英. 中国民俗学研究的基础文献——《中国地方志民俗资料汇编》 [J]. 文献, 1992(2): 282-285.

梁勇. 清代四川移民史研究的回顾与前瞻[J]. 西华师范大学学报(哲学社会科学版), 2011(4).

吕红艳. 南方北方"二月二"习俗比较分析[J]. 边疆经济与文化, 2006 (4).

马恕凤. 俗语辞书《土风录》对大型语文辞书失收词条的补正[J]. 兰台世界, 2014(23): 143-144.

马学良, 李耀宗. 论民俗语言[J]. 中央民族大学学报, 1994(5).

曲彦斌. 明清俗语辞书集成[J]. 辞书研究(三), 1984.

曲彦斌. 民俗语言学概说[J]. 语文建设, 1993(12): 18.

曲彦斌.《土风录》摭议[J]. 寻根, 2014(6): 98-103.

曲彦斌. 郝懿行与《证俗文》[J]. 寻根, 2013(4): 88-95.

石泉, 张国维. 明清时期两湖移民研究[J]. 文献, 1994(1).

孙宜志. 民俗词语刍议[J]. 民俗研究, 2000(3): 115.

宋立中. 论明清江南节日消费及其经济文化意义[J]. 苏州大学学报, 2006(5).

谭继和. 巴蜀文化共同体的形成与发展[J]. 西华大学学报(哲学社会科学版), 2009(3): 13-17.

王明. 清代长沙地区岁时民俗考[J]. 湘潮(理论版), 2014(4).

王利华. "照天蚕"试探[J]. 中国农史, 1997(3).

王越. 独具特色的火把节[J]. 瞭望, 2015(29).

王芸辉. 汉江流域明清会馆的文化传承与创新[J]. 中华文化论坛,

2016（1）．

王祖霞．《清嘉录》的语言学资料及辞书编写价值［J］．西华大学学报（哲学社会科学版），2009（3）：55-62．

蔚文，任如．董伟业和《扬州竹枝词》［J］．扬州师院学报（社会科学版），1989（1）：130-135．

文廷海．论明清时期世俗社会的关帝崇信［J］．西南民族学院学报（哲学社会科学版），2002（11）．

吴滔，周中建．刘猛将信仰与吴中稻作文化［J］．农业考古，1998（1）．

吴芬芬．《红楼梦》与中国传统节日文化［J］．华夏文化，2008（2）．

吴静瑾．从《清嘉录》看清中后期吴地的城市民俗［J］．温州师范学院学报（哲学社会科学版），2004（4）．

吴子慧．从《越谚》看绍兴方言词汇一百年来的变化［J］．浙江学刊，2011（6）：103-107．

巫瑞书．"迎紫姑"风俗的流变及其文化思考［J］．民俗研究，1997（2）．

夏日新．大端午节与逐疫［J］．湖北民族学院学报，2010（5）：28．

萧放．明清民俗特征论纲［J］．中国文化研究，2007（1）．

萧乾．花灯［J］．语文教学与研究，2016（18）．

徐复，唐文．方言词汇探源大有可为——读《吴下方言考》［J］．江苏师院学报，1981（2）：17-19．

徐龙梅．南京岁时节令习俗［J］．江苏地方志，1997（4）．

徐时仪．汉语词汇双音化的内在原因考探［J］．语言教学与研究，2005（2）．

徐永辉．写春联［J］．大观（东京文学），2016（6）．

许富宏．略论二司命的祭祀对象及命名来源［J］．南通师范学院学报，1999（4）．

杨景震．中国传统节日风俗的形成及其特征［J］．中华文化论坛，1998（3）．

杨扬．《中国地方志民俗资料汇编》问世［J］．文献，1989（1）：106．

杨振兰. 民俗词语探析[J]. 民俗研究，2004(3)：133.

杨成志. 民俗学的起源、发展和动态[J]. 民族研究，1983(5).

叶涛. 岁时节日风俗综述[J]. 民俗研究，1986(1).

余云华. 重庆文化主源头：来自伏羲族的"蛇"巴[J]. 重庆社会科学，2006(8)：126-130.

喻继红. 民族文化的镜像折射——试论汉语俗语的民族文化特色[J]. 现代语文，1999(11).

袁红，王英哲. 从文化视角探讨九头鸟形象对湖北人形象塑造的价值[J]. 湖北社会科学，2013(12).

云小帆. 登高[J]. 中华诗词，2015(8).

赵国权. 日本关帝文化的嬗变及其价值取向[J]. 日本研究，2011(2).

赵日新. 试论方言民俗词[J]. 民俗研究，1994(1).

赵小东，黄尚君. 巴蜀习俗——嫁毛虫[J]. 龙门阵，2004(11).

张军. 司命与灶神沿合考[J]. 甘肃社会科学，1999(1).

张丑平. 明清时期立春节日演剧习俗考[J]. 阅江学刊，2015(5).

张丽霞. 郝懿行《证俗文》"东齐"方言考[J]. 管子学刊，2013(3)：36-39.

张敏，柯立. 明末清初"湖广填四川"人口迁徙及其影响[J]. 常熟理工学院学报，2008(5).

张旗. 从《扬州画舫录》看康乾时期的扬州餐饮[J]. 扬州大学烹饪学院，2002(4)：13-17.

张清宏. 古代的爆孛娄[J]. 烹调知识，1999(9).

张晓红. 《红楼梦》岁时节日研究述评[J]. 红楼梦学刊，2012(4).

张晓舒. 迎紫姑习俗起源新论[J]. 中南民族学院学报(人文社会科学版)，2001(4).

张一楠. 绵阳龙门镇牛王会起源考[J]. 绵阳师范学院学报，2014(3).

张英. 论晚清上海居民思想观念的嬗变[J]. 周末文汇学术导刊，2006(02)：89-91.

张艳敏.《中国地方志民俗资料汇编》所载民俗探微——以山东莘县和河南新乡为例[J]. 赤峰学院学报（汉文哲学社会科学版），2013（3）：207-208.

张子才. 郝懿行的《证俗文》[J]. 辞书研究，1990（5）：130-138.

郑维宽. 清代民国时期四川社会风气演变的过程及特点[J]. 成都大学学报（社会科学版），2004（4）.

周晴. 岁时习俗的生态民俗学考察：以江南"照田蚕"为中心[J]. 民俗研究，2013（2）.

周荣. 明清时期长江流域商品经济的发展的区域性特点[J]. 社会科学动态，2000（3）：54-57.

周志锋. 论《越谚》方俗字[J]. 古汉语研究，2011（4）：43-49.

周志锋.《越谚》方俗字词考释[J]. 语言研究，2011（3）：15-18.

周志锋.《越谚》方俗字词选释[J]. 中国语文，2011（5）：476-478.

钟穗. 江南人家除夕煖锅[J]. 饮食科学，2015（2）.

朱晓敏.《扬州画舫录》建筑类词语研究的意义[J]. 安徽文学，2012（7）：106-107.

朱世学. 巴文化与三峡地缘文化的关系探析[J]. 湖北民族学院学报（哲学社会科学版），2009（01）：40-44.

曾昭聪. 清代俗语辞书《直语补证》研究[J]. 古汉语研究，2013（1）：39-47.

曾昭聪. 明清俗语辞书中的外来词研究——以《证俗文》为例[J]. 绵阳师范学院学报，2012（6）：1-8.

曾昭聪，刘玉红. 明清俗语辞书的语料价值与缺失——以《俚言解》为例[J]. 汉语史研究集刊，2010（00）.

曾昭聪. 读明清俗语辞书札记[J]. 古籍整理研究学刊，2003（5）.

曾昭聪. 明清俗语辞书研究的回顾与展望[J]. 辞书研究，2009（4）.

武小军. 蜀地古语词的流变、分层与思考[C]. 曾德祥主编. 蜀学（第一辑）. 重庆：巴蜀书社，2006.

四、学位论文

奥德玛. 蒙古国与中国民俗词语对比研究[D]. 呼和浩特：内蒙古师范大学，2015.

冯丽弘. 李斗及其《扬州画舫录》研究[D]. 山西：山西师范大学，2014.

郜晶. 董伟业与《扬州竹枝词》研究[D]. 上海：上海师范大学，2014.

郭广辉. 移民、宗族与地域社会[D]. 成都：西南民族大学，2012.

胡鹤宁. 跨文化视角下对外汉语教学中节日类名词研究[D]. 武汉：华中师范大学，2012.

刘若涵. 唐宋春季岁时节日民俗词语研究[D]. 青岛：山东大学，2011.

廖宏艳. 俗语辞书《证俗文》[D]. 上海：上海师范大学，2011.

李达仁. 湖南民间土地歌研究[D]. 湘潭：湘潭大学，2003.

李珊珊. 《北平风俗类征》"岁时"部分民俗词语研究[D]. 青岛：山东大学，2012.

李莹莹. 《证俗文》研究[D]. 广州：暨南大学，2011.

李文青. 明清四川岁时习俗的区域差异研究[D]. 重庆：西南大学，2009.

刘慧. 《土风录》研究[D]. 广州：暨南大学，2010.

刘倩. 中国地方志中的民间演剧活动研究[D]. 淮北：淮北师范大学，2011.

梁雯雯. 近代南京岁时节日民俗变迁研究[D]. 南京：南京师范大学，2010.

单长梅. 从岁时语词看古代风俗[D]. 济南：山东师范大学，2008.

沈伟. 《吴下方言考》研究[D]. 南京：南京师范大学，2014.

宋国庆. 明清时期长江中游稻作民俗研究[D]. 南京：南京农业大学，2010.

谈辉. 清代苏州岁时节日文化研究——以《清嘉录》、《吴郡岁华纪丽》为基础[D]. 苏州：苏州大学，2009.

王宝红. 清代笔记小说俗语词研究[D]. 四川：四川大学，2005.

王新生.《俚言解》整理与研究[D]. 上海：上海师范大学，2013.

吴昊.《邗江三自吟》与清代扬州娱乐文化[D]. 扬州：扬州大学，2012.

吴玉凤. 明清华南竹枝词民俗文化词语与熟语研究[D]. 青岛：山东大学，2011.

吴静瑾.《清嘉录》与清代中期江南地区岁时民俗生活[D]. 北京：北京师范大学，2005.

赵娟. 云南竹枝词民俗词语研究[D]. 青岛：山东大学，2011.

钟芸.《土风录》研究[D]. 上海：上海师范大学，2012.

朱晓敏.《扬州画舫录》建筑类词语研究[D]. 南京：南京师范大学，2013.

附录1：《中国风土志丛刊》中明清长江流域岁时节令民俗文化词语辑录情况一览表

序号	书名	作者	朝代	简介
1	华夷风土志	胡文焕	清代	全书四卷：卷一 北直隶，卷二 陕西省，卷三 湖广省，卷四 广西省。明代钱唐人胡文焕编辑。
2	土风录	顾雪亭	清代	内容记述了清时苏州的岁时节令、游艺、服饰、器物、饮食、称谓等，并释其词义、探其原委，展现吴地风俗之变迁。时人评价：其铺叙节物，则《阳羡风土》《荆楚岁时》之遗也；其诠释器服，则匡谬正俗事物记原之例也；其考证方语，则《释名》《释常谈》之亚也。
3	称谓录	梁章钜	清代	书中多引用史、志或笔记，体例完备，资料丰富，是一部全面详述中国古今称谓的专著。
4	证俗文	郝懿行	清代	全面记述清时日常俗语并释其词义，探其原委，并附按语，论其心得。
5	俚言解	环中迁叟	明代	主要介绍日常俗文常谈，如：拜年、耳边风、梅雨、市井、新婚打喜等，释其字义、考辨原委。

序号	书名	作者	朝代	简介
6	里语徵实	唐训方	清代	汇录前人书中里巷鄙语近千条，按字数多少先后排列。释其大意，探其原委。
7	古今谚	杨慎	明代	按朝代先后为序排列，采集从上古黄帝至明嘉靖期间民间流传的谚语。
8	古今风谣	杨慎	明代	按朝代先后为序排列，采集从上古尧时至明嘉靖期间民间流传"多出自妇孺之口"的风谣。
9	风物纪	高孔霖	清代	记述安徽西北部，淮河北岸、颖河下游地区地理沿革、风土民情、地方人物等。
10	三省山内风土杂识	严炳文	清代	记述了陕西、四川、湖北三省的地理沿革、军事、民风、土俗等。
11	鄱阳湖棹歌	王其淦	清代	此书针对上至梁代、下迄清代的著名文人，收录其在江西游历所创作的风土诗、游记散文等。
12	古州杂记	林溥	清代	本书针对上至梁代、下迄清代的著名文人，收录其在贵州游历所创作的风土诗、游记散文等。
13	滇南新语	张泓	清代	此书针对上至梁代、下迄清代的著名文人，收录其在云南游历所创作的风土诗、游记散文等。
14	黔语	吴振棫	清代	此书针对上至梁代、下迄清代的著名文人，收录其在贵州游历所创作的风土诗、游记散文等。
15	邗江三百吟	林苏门	清代	此书介绍清代歌咏，江苏扬州的风土诗词集，记载扬州当时风俗、饮食、服饰、方言等。

续表

序号	书名	作者	朝代	简介
16	扬州竹枝词	董伟业	清代	此书记载反映扬州当时风俗、景物等的内容。
17	扬州西山小志	林溥	清代	此书着重反映扬州丘陵山地乡村的风土人情，其中唱词中方言俚语，提供了研究当地方言的珍贵资料。
18	扬州画舫录	李斗	清代	此书记载扬州城的城市沿革、河道变迁、园林景物、名胜古迹、风俗民情、书院学宫、梨园酒肆、文人传记、词章学说、工艺商业、轶事遗闻等，全书为笔记式体裁。
19	太仓风俗记	程穆衡	清代	记录江苏太仓一地的风俗专志。笔记体例。
20	梓里述闻	刘椒泉	清代	记录江苏南通一地的风俗专志。
21	寓畼杂咏	顾张思	清代	记录江苏太仓一地的风俗专志。笔记体例。
22	西石城风俗志	陈庆年	清代	分婚姻、丧葬、祭祀、宾客、节令五章，是江苏地区仅有的一部系统、真实记载一个村落风俗的专志。
23	秦淮画舫录	捧花生	清代	记南京名妓小传、轶事、掌故。
24	金陵物产风土志	陈作霖	清代	介绍南京的风俗。
25	锡山景物略	王永积	清代	以名胜景地为目，首载沿革，次载诗文。
26	清嘉录	顾禄	清代	记述苏州的节令风俗，每月一卷，引录大量有关诗词，共二百四十二则。并对诗词进行旁征博引的征引，反映苏州的社会状况和民情风俗。它与《西石城风俗志》同被我国民俗界公认为是反映苏州地区风土民情的重要著作。
27	吴俗讽喻诗	袁学澜	清代	介绍自宋代至清代吴地的风物、人文等的诗文集。

序号	书名	作者	朝代	简介
28	吴门岁暮杂咏	袁学澜	清代	介绍自宋代至清代吴地的风物、人文等的诗文集。
29	吴郡新年杂咏	袁学澜	清代	介绍自宋代至清代吴地的风物、人文等的诗文集。
30	田家四时诗	袁学澜	清代	介绍自宋代至清代吴地的风物、人文等的诗文集。
31	吴风录	黄省曾	明代	按照时代先后记述吴地的社会风气和现象的大事记内容。
32	吴下方言考	胡文英	清代	是较早研究吴方言的专著,专门介绍江南一带方言俗语。
33	西吴里语	宋雷	明代	记录吴兴的史实掌故、风土民情、有人物、有诗文。
34	吴门画舫录	西溪山人	清代	收录江苏苏州一带名妓小传、佚事、掌故等。
35	采风类记	张大纯	清代	记述了苏州府、吴县、长洲、昆山、常熟、吴江、嘉定、太仓、崇明等地的沿革、府治、寺观,及四时风俗等。基本是一部苏州志地之书。
36	林屋民风	王维德	清代	介绍宋代至清代江苏吴县风物民情。
37	斜塘竹枝词	倪以埴	清代	介绍宋代至清代江苏斜塘风物民情。
38	姑苏竹枝词及续	袁学澜	清代	介绍宋代至清代江苏苏州风物民情。
39	胜溪竹枝词	柳树芳	清代	介绍宋代至清代江苏吴江县风物民情。
40	云间百咏	汪子超	清代	介绍宋代至清代上海松江县风物民情。
41	沪城岁事衢歌	张春华	清代	记录旧日上海习俗风物。

续表

序号	书名	作者	朝代	简介
42	沪游杂记	葛元煦	清代	以笔记体形式记述上海风俗人情、名胜特产、交通信息。
43	上海县竹枝词	秦温毅	清代	介绍以诗词形式歌咏上海建置、形胜、岁时、风俗、民业、城池、街坊、园林、物产等。
44	南汇县竹枝词	倪斗南	清代	歌咏上海原南汇邑的名人古迹、风俗方言，再现了当时上海诸多名楼胜景和社会生活。
45	松江竹枝词	顾翰	清代	歌咏上海松江县的名人古迹、风俗方言。
46	松江竹枝词	黄霆	清代	歌咏上海松江县的名人古迹、风俗方言。
47	唐栖志略	何琪	清代	记述杭州大镇唐栖的山水、古迹、梵刹、园圃、寓公、风俗。
48	东城杂记	厉鹗	清代	杭州城东地的风土名物、掌故轶闻，以诗歌、随笔、杂记等形式记载当时都城风貌。
49	东郊土物诗	朱点辑	清代	记录浙江杭州城东清波一带佛院神祠、街坊琐事、掌故趣闻。
50	江乡节物诗	吴存楷	清代	记录浙江江乡一带佛院神祠、街坊琐事、掌故趣闻。
51	清波小志；清波小志补	徐逢吉（清代）；陈景钟（清代）	清代	记录浙江杭州一带佛院神祠、街坊琐事、掌故趣闻。
52	越谚	范寅	清代	多汇辑浙江绍兴方言俗语，上卷语言；中卷名物，按照词义分为天部、地部、时序、民俗等条目；下卷音义。
53	直语补证	梁同书	清代	介绍旧地吴地的风物，并介绍了广引经史杂说，记录杭城街巷俗语。
54	新坂土风	陈鳣	清代	以诗百首记述浙江海宁掌故、土风。

序号	书名	作者	朝代	简介
55	广会稽风俗赋	陶元藻	清代	记述浙江绍兴风物人情。
56	湖墅杂诗	魏标	清代	浙江杭州一带名胜的诗词本。
57	金牛湖渔唱	张云趒	清代	浙江杭州西湖一带名胜的诗词本。
58	南屏百咏	朱彭	清代	浙江杭州西湖一带名胜的诗词本。
59	武林新年杂咏	吴锡麒	清代	歌咏浙江杭州名胜、风土、民情的诗词典籍。
60	西溪百咏	释大善	明代	歌咏浙江杭州名胜、风土、民情的诗词典籍。
61	句余土音补注	全祖望	清代	汇集浙江句余历朝四明乡人有关记述地方文献的作品,涉及诗词、风物介绍等,以志其里社之言,故名土音。内容有竹枝诗词、物产、风景名胜介绍等。清代陈氏又作补注,旁搜趣事轶闻、地方掌故以充实内容。

附录 2：《中国地方志民俗资料汇编》版本目录一览表

省份	县志	版本	卷数
四川省	重修成都县	清同治十二年刻本	十六卷
	华阳县志	清嘉庆二十一年刻本	四十四卷
	金堂县志	清道光二十四年杨得质补刻本	九卷
	重修长寿县志	清光绪元年刻本	十卷
	巴县志	清同治六年刻本	四卷
	綦江县志	清道光六年刻本	十二卷
	温江县志	清嘉庆二十年刻本	三十六卷
	郫县志	清同治九年刻本	四十四卷
	增修灌县志	清光绪十二年刻本	十四卷
	彭县志	清嘉庆十八年刻本	四十二卷
	彭县志	清光绪六年刻本	十三卷
	什邡县志	清嘉庆十八年刻本	五十四卷
	汉州志	清嘉庆二十二年刻本	四十卷
	新都县志	清道光二十四年刻本	十八卷
	新津县志	清道光九年刻本	四十卷
	蒲江县志	清光绪四年刻本	五卷
	卭州直隶州志	清嘉庆二十三年刻本	四十六卷
	增修崇庆州志	清光绪三年刻本	十二卷
	直隶绵州志	清同治十二年刻本	五十五卷

省份	县志	版本	卷数
四川省	江油县志	清道光二十年刻本	四卷
	彰明县志	清同治十三年刻本	五十七卷
	广元县志	清乾隆二十二年刻本	十三卷
	三台县志	清嘉庆二十年刻本	八卷
	盐亭县志	清乾隆五十一年刻本	八卷
	射洪县志	清光绪十年刻本	十八卷
	遂宁县志	清光绪五年刻本	六卷
	蓬溪县志	清道光二十五年刻本	十六卷
	蓬溪县续志	清光绪二十五年刻本	十四卷
	中江县新志	清道光十九年刻本	八卷
	德阳县新志	清道光十七年刻本	十二卷
	续修罗江县志	清同治四年刻本	二十四卷
	石泉县志	清乾隆三十三年刻本	四卷
	续增乐至县志	清光绪九年刻本	四卷
	安岳县志	清道光十六年刻本	十六卷
	威远县志	清乾隆四十年刻本	八卷
	荣县志	清道光二十五年刻本	三十八卷
	叙州府志	清光绪二十二年刻本	四十三卷
	隆昌县志	清道光三年刻本	四十一卷
	南溪县志	清嘉庆十七年刻本	十卷
	江安县志	清嘉庆十七年刻本	六卷
	纳溪县志	清嘉庆十八年刻本	十卷
	合江县志	清同治十年刻本	五十四卷
	珙县志	清乾隆三十八年刻本	十五卷
	筠连县志	清同治十二年刻本	十六卷
	屏山县志	清乾隆四十三年刻本	八卷
	嘉定府志	清同治三年刻本	四十八卷

省份	县志	版本	卷数
四川省	夹江县志	清嘉庆十八年刻本	十二卷
	洪雅县志	宁波天一阁藏明嘉靖本影印	五卷
	洪雅县志	清嘉庆十八年刻本	二十五卷
	丹棱县志	清光绪十八年刻本	十卷
	眉州属志	清康熙五十六年刻本	五卷
	眉州属志	清嘉庆五年刻本	十九卷
	彭山县志	清嘉庆十九年刻本	六卷
	井研县志	清嘉庆元年刻本	十卷
	峨眉县志	清嘉庆十八年刻本	十卷
	铜梁县志	清光绪元年刻本	十六卷
	合州志	清光绪四年刻本	十六卷
	璧山县志	清同治四年刻本	十卷
	江津县志	清嘉庆十七年刻本	二十二卷
	荣昌县志	清光绪九年增刻同治四年本	二十二卷
	涪州志	清同治九年刻本	十六卷
	丰都县志	清光绪九年增续重刻同治本	四卷
	秀山县志	清光绪十八年刻本	十四卷
	黔江县志	清光绪二十年刻本	五卷
	彭水县志	清光绪元年刻本	四卷
	夔州府志	清道光七年刻本	三十六卷
	万县志	清同治五年刻本	三十六卷
	大宁县志	清光绪十一年刻本	八卷
	奉节县志	清光绪十九年刻本	三十六卷
	云阳县志	清咸丰四年刻本	十二卷
	忠州直隶州志	清道光六年刻本	八卷
	梁山县志	清光绪二十年刻本	十卷
	南充县志	清咸丰七年洪璋增修本	八卷

省份	县志	版本	卷数
四川省	阆中县志	清咸丰元年刻本	八卷
	仪陇县志	清同治十年刻本	六卷
	广安州志	清咸丰十年刻本	八卷
	定远县志	清光绪元年刻本	六卷
	太平县志	清光绪十九年刻本	十卷
	邻水县志	清道光十五年刻本	六卷
	大竹县志	清道光二年刻本	四十卷
	巴州志	清道光十三年刻本	十卷
	雅州府志	清乾隆四年刻本	十六卷
	名山县志	清光绪二十二年刻本	十五卷
	会理州志	清同治十三年刻本	十二卷
	盐源县志	清光绪二十年刻本	十二卷
	冕宁县志	清咸丰七年刻本	十二卷
	直隶理番厅志	清同治七年刻本	六卷
	绥靖屯志	清道光五年刻本	十卷
	章谷屯志略	清同治间刻本	不分卷
	里塘志略	清嘉庆十五年刻本	二卷
	里塘志略	清抄本	二卷
	马边厅志略	清嘉庆十二年刻本	六卷
	雷波厅志	清光绪十九年刻本	三十六卷
	越嶲厅全志	清光绪三十二年铅印本	十二卷
贵州省	遵义府志	清道光二十一年刻本	四十八卷
	湄潭县志	清光绪二十五年刻本	八卷
	增修仁怀厅志	清光绪二十八年刻本	八卷
	铜仁府志	清道光四年刻本	十一卷
	普安直隶厅志	清光绪十五年刻本	二十二卷
	黔西州志	清嘉庆八年刻本	八卷

续表

省份	县志	版本	卷数
贵州省	平远州志	清光绪十六年刻本	二十卷
	平远州续志	清光绪十六年刻本	八卷
	安顺府志	清光绪十七年刻本	五十四卷
	安平县志	清道光七年刻本	十卷
	永宁州志	清道光十七年刻本	十二卷
	清平县志	清道光十八年刻本	六卷
	黎平府志	清光绪十八年刻本	八卷
	古州厅志	清光绪十四年刻本	十卷
	荔波县志	清光绪元年抄本	十一卷
云南省	云南通志	清乾隆元年刻本	三十卷
	滇志	清抄本	三十三卷
	云南府志	清康熙三十五年刻本	二十六卷
	昆明县志	清光绪二十七年刻本	十卷
	呈贡县志	清光绪十一年增刻雍正本	八卷
	昆阳州志	清道光十九年刻本	十六卷
	南宁县志	抄本	十卷
	宣威州志	抄本	八卷
	平彝县志	清康熙四十四年刻本	十卷
	师宗州志	清雍正七年增刻康熙本	二卷
	路南县志	抄本	十卷
	嵩明州志	抄本	八卷
	寻甸府志	宁波天一阁藏明嘉靖刻本影印	二卷
	沾益洲志	清光绪十一年刻本	六卷
	罗平州志	抄本	四卷
	陆凉州志	清乾隆十年刻本	六卷
	陆凉州志	抄本	八卷
	新兴州志	清乾隆十五年增刻本	十卷

省份	县志	版本	卷数
云南省	续修玉溪县志	抄本	十四卷
	普洱府志稿	清光绪二十六年刻本	五十一卷
	续修顺宁府志稿	清光绪三十一年刻本	三十八卷
	腾越州志	清光绪二十三年刻本	十三卷
	腾越厅志稿	清光绪十三年刻本	二十卷
	广南府志	清光绪三十一年补刻本	四卷
	广西府志	清乾隆四年刻本	二十六卷
	弥勒州志	清乾隆四年本	二十七卷
	阿迷州志	清康熙十二年刻本	不分卷
	蒙自县志	清乾隆五十六年刻本	六卷
	石屏州志	清乾隆二十四年刻本	八卷
	楚雄县志	抄本	十二卷
	武定府志	清康熙二十八年刻本	四卷
	镇南州志略	清光绪十八年刻本	十一卷
	大姚县志	清道光二十五年刻本	十六卷
	白盐井志	抄本	四卷
	定远县志	抄本	八卷
	黑盐井志	抄本	八卷
	南安州志	抄本	六卷
	浪穹县志略	清光绪二十九年刻本	十三卷
	邓川州志	清咸丰三年杨炳锃刻本	十六卷
	鹤庆州志	清光绪二十年刻本	三十二卷
	云南县志	清光绪十六年刻本	十二卷
湖北省	湖北通志	清嘉庆九年刻本	一百卷
	大冶县志	清同治六年刻本	十八卷
	孝感县志	清光绪八年刻本	二十四卷
	黄陂县志	清同治十年刻本	十六卷

续表

省份	县志	版本	卷数
湖北省	云梦县志略	清道光二十年刻本	十二卷
	应山县志	清同治十年刻本	三十六卷
	汉阳县志	清嘉庆二十三年刻本	三十六卷
	应城县志	清光绪八年蒲阳书院刻本	十四卷
	德安府志	清光绪十四年刻本	二十卷
	安陆县志	清道光二十三年刻本	四十卷
	安陆县志补	清同治十一年刻本	二卷
	黄州府志	清乾隆十四年刻本	二十卷
	黄冈县志	清光绪八年刻本	二十四卷
	黄安县志	清道光二年刻本	十卷
	罗田县志	清光绪二年刻本	八卷
	蕲水县志	清光绪六年刻本	二十二卷
	蕲州志	清光绪八年麟山书院刻本	三十卷
	黄梅县志	清光绪二年刻本	四十卷
	广济县志	清同治十一年活字本	十六卷
	咸宁县志	清光绪八年刻本	八卷
	通山县志	清同治七年心田局活字本	八卷
	通城县志	清同治六年活字本	二十四卷
	江夏县志	清同治八年刻本	八卷
	武昌县志	清乾隆二十八年刻本	十卷
	崇阳县志	清同治五年活字本	十二卷
	蒲圻县志	清道光十六年刻本	十卷
	荆州府志	清光绪六年刻本	八十卷
	续修江陵县志	清光绪三年宾兴馆刻本	六十五卷
	荆门市志	清乾隆十九年宗陆堂刻本	三十六卷
	钟祥县志	清同治六年刻本	二十卷
	京山县志	清光绪八年刻本	二十七卷

省份	县志	版本	卷数
湖北省	监利县志	清同治十一年刻本	十二卷
	石首县志	清乾隆六十年刻本	八卷
	沔阳州志	清光绪二十年刻本	十二卷
	公安县志	清康熙六十年刻本	六卷
	松滋县志	清同治八年刻本	十二卷
	东湖县志	清乾隆二十八年刻本	三十卷
	远安县志	清同治五年刻本	八卷
	当阳县志	清同治五年刻本	十八卷
	宜都县志	清同治五年刻本	四卷
	枝江县志	清同治五年刻本	二十卷
	长乐县志	清同治九年补刻本	十六卷
	长阳县志	清同治五年刻本	七卷
	兴山县志	清同治四年刻本	十卷
	施南府志	清道光十四年刻本	三十卷
	释南府志续编	清光绪十年施南府新旧志合编本	十卷
	巴东县志	清光绪六年刻本	十六卷
	鹤峰州志续修	清同治六年刻本	十四卷
	宣恩县志	清同治二年刻本	二十卷
	来凤县志	清同治五年刻本	三十二卷
	咸丰县志	清同治四年刻本	二十卷
	郧县志	清同治五年刻本	十卷
	房县志	清同治四年刻本	十二卷
	竹溪县志	清同治六年刻本	十六卷
	郧西县志	清同治五年刻本	二十卷
	襄阳县志	清同治十三年刻本	七卷
	随州志	清同治八年刻本	三十二卷
	谷城县志	清同治六年刻本	八卷

省份	县志	版本	卷数
湖北省	枣阳县志	清乾隆二十七年修抄本	二十四卷
	枣阳县志	清同治四年刻本	三十卷
	宜城县志	清同治五年刻本	十卷
	光化县志	清光绪十年刻本	八卷
湖南省	长沙县志	清嘉庆二十二年增刻本	二十八卷
	善化县志	清嘉庆二十三年刻本	三十卷
	善化县志	清光绪三年刻本	三十四卷
	岳州府志	清乾隆十一年刻本	三十卷
	巴陵县志	清同治十一年刻本	三十卷
	平江县志	清同治十三年刻本	五十五卷
	华容县志	清光绪八年刻本	十五卷
	湘潭县志	清嘉庆二十二年修道光四年校补本	四十卷
	浏阳县志	清嘉庆二十四年刻本	四十卷
	醴陵县志	清同治九年刻本	十四卷
	攸县志	清同治十年刻本	五十五卷
	茶陵州志	清嘉庆二十四年刻本	二十七卷
	茶陵州志	清同治十年刻本	二十四卷
	鄘县志	清乾隆三十一年刻本	二十三卷
	湘乡县志	清同治十三年刻本	二十三卷
	安仁县志	清同治八年刻本	十六卷
	永兴县志	清光绪九年刻本	五十五卷
	兴宁县志	清光绪元年刻本	十八卷
	桂东县志	清同治五年刻本	二十卷
	桂阳县志	清嘉庆二十二年刻本	十卷
	临武县志	清同治六年增刻本	四十七卷
	耒阳县志	清光绪十一年刻本	八卷
	衡州府志	清光绪元年补刻本	三十三卷

省份	县志	版本	卷数
湖南省	清泉县志	清乾隆二十八年刻本	三十六卷
	衡山县志	清道光三年刻本	五十五卷
	祁阳县志	清嘉庆十七年刻本	二十四卷
	永州府志	清康熙三十三年刻本	二十四卷
	永州府志	清道光八年刻本	十八卷
	零陵县志	清光绪二年刻本	十五卷
	新田县志	清嘉庆十七年刻本	十卷
	宁远县志	清嘉庆十六年刻本	十卷
	宁远县志	清光绪元年崇正书院刻本	八卷
	蓝山县志	清同治六年刻本	十六卷
	江华县志	清雍正七年刻本	十一卷
	道州志	清光绪四年刻本	十二卷
	武冈州志	清同治十二年刻本	五十四卷
	城步县志	清同治六年刻本	十卷
	新化县志	清同治十一年刻本	三十五卷
	黔阳县志	清同治十三年刻本	六十卷
	辰溪县志	清道光元年刻本	四十卷
	沅陵县志	清光绪二十八年刻本	五十卷
	淑蒲县志	清同治十二年刻本	二十四卷
	会同县志	清光绪二年刻本	十四卷
	靖州直隶州志	清光绪五年刻本	十二卷
	晃州厅志	清道光五年刻本	四十四卷
	芷江县志	清同治九年刻本	六十四卷
	麻阳县志	清同治十三年刻本	十四卷
	永顺府志	清乾隆二十八年刻本	十二卷
	桑植县志	清同治十一年刻本	八卷
	续修永定县志	清同治八年刻本	十二卷

续表

省份	县志	版本	卷数
湖南省	凤凰厅志	清道光四年刻本	二十卷
	永绥厅志	清宣统元年铅印本	三十卷
	保靖志稿辑要	清同治八年多文堂活字本	四卷
	龙山县志	清光绪四年刻本	十六卷
	常德府志	宁波天一阁藏明嘉靖刻本影印	二十卷
	常德府志	清嘉庆八年刻本	四十八卷
	武陵县志	清同治七年刻本	三十二卷
	直隶澧州志	清同治八年刻本	二十六卷
	安乡县志	清乾隆十三年刻本	八卷
	安福县志	清道光三年刻本	三十二卷
	桃源县志	清光绪十八年刻本	十七卷
	慈利县志	宁波天一阁藏明万历本影印	十八卷
	慈利县志	清同治八年刻本	十四卷
	石门县志	清嘉庆二十三年刻本	五十五卷
	益阳县志	清同治十三年刻本	二十五卷
	沅江县志	清嘉庆十五年刻本	三十卷
	宁乡县志	清同治六年刻本	四十四卷
江西省	南昌府志	清同治十二年刻本	六十六卷
	南昌县志	清同治九年刻本	三十六卷
	新建县志	清道光二十九年刻本	九十卷
	安义县志	清同治十年活字印本	十六卷
	进贤县志	清光绪二十四年补刻本	二十五卷
	乐平县志	清同治九年翥山书院刻本	十卷
	浮梁县志	清道光十二年增补刻本	二十二卷
	萍乡县志	清同治十一年遵敬堂刻本	十卷
	分宜县志	清同治十年刻本	十卷
	九江府志	清嘉庆二十三年刻本	三十卷

省份	县志	版本	卷数
江西省	德化县志	清同治十一年刻本	五十四卷
	德安县志	清乾隆二十一年刻本	十五卷
	瑞昌县志	清同治十年瀼溪书院刻本	十卷
	湖口县志	清嘉庆二十三年刻本	十八卷
	彭泽县志	清同治十二年刻本	十八卷
	武宁县志	清同治九年刻本	四十四卷
	星子县志	清同治十年刻本	十四卷
	上饶县志	清同治十一年刻本	二十六卷
	玉山县志	清同治十二年刻本	十卷
	铅山县志	清同治十二年刻本	三十卷
	广丰县志	清同治十一年刻本	十卷
	兴安县志	清同治十年刻本	十六卷
	婺源县志	清乾隆五十二年刻本	三十九卷
	余干县志	清同治十一年东山书院刻本	二十卷
	德兴县志	清道光三年刻本	十二卷
	安仁县志	清道光六年刻本	三十二卷
	袁州府志	清乾隆二十五年刻本	三十八卷
	瑞州府志	清同治十二年刻本	二十四卷
	高安县志	清同治十年刻本	二十八卷
	上高县志	清同治九年刻本	十四卷
	清江县志	清同治九年刻本	十卷
	新喻县志	清乾隆十五年刻本	三十卷
	奉新县志	清同治十年刻本	十六卷
	丰城县志	清道光五年刻本	二十四卷
	靖安县志	清道光五年刻本	十六卷
	崇仁县志	清同治十二年刻本	十卷
	金溪县志	清道光六年刻本	二十六卷

续表

省份	县志	版本	卷数
江西省	宜黄县志	清道光五年刻本	三十二卷
	东乡县志	清同治八年刻本	十六卷
	建昌府志	天一阁藏明代方志选刊	十九卷
	南城县志	清同治十二年刻本	十卷
	新城县志	清同治十年刻本	十二卷
	广昌县志	清同治六年刻本	十卷
	泸溪县志	清雍正九年刻本	十一卷
	泰和县志	清光绪四年周之镛续修刻本	三十卷
	永丰县志	清同治十三年刻本	四十卷
	龙泉县志	清同治十二年刻本	十八卷
	万安县志	清道光四年刻本	十二卷
	永宁县志	清同治十三年刻本	十卷
	永新县志	清同治十三年刻本	二十六卷
	新淦县志	清同治十二年活字印本	十卷
	峡江县志	清同治十年刻本	十卷
	赣州府志	清同治十二年刻本	七十八卷
	雩都县志	清光绪二十九年许金策补刻本	十六卷
	信丰县志续编	清道光四年刻本	十六卷
	兴国县志	清道光四年刻本	四十六卷
	会昌县志	清同治十一年刻本	三十二卷
	安远县志	清同治十一年刻本	十卷
	长宁县志	清光绪二年刻本	四卷
	长宁县志	清光绪二十七年活字印本	十六卷
	瑞金县志	清光绪元年刻本	十六卷
	龙南县志	清道光六年刻本	八卷
	定南厅志	清道光五年刻本	八卷
	南康县志	清同治十一年刻本	十四卷

省份	县志	版本	卷数
江西省	上犹县志	清光绪十九年刻本	十八卷
	崇义县志	清光绪二十一年刻本	九卷
上海	松江府志	清嘉庆二十二年刻本	八十四卷
	上海县志	清乾隆四十九年刻本	十二卷
	上海县志	清同治十年刻本	三十二卷
	华亭县志	清光绪五年刻本	二十四卷
	娄县志	清乾隆五十三年刻本	三十卷
	川沙抚民厅志	清道光十六年刻本	十二卷
	川沙厅志	清光绪五年刻本	十四卷
	奉贤县志	清乾隆二十三年刻本	十卷
	金山县志	清乾隆十七刻本	二十卷
	枫泾小志	清光绪十七年铅印本	十卷
	青浦县志	清乾隆五十三年刻本	四十卷
	青浦县志	清光绪五年尊经阁刻本	三十卷
	蒸里志略	清宣统二年铅印本	十二卷
	嘉定县志	明万历三十三年刻本	二十二卷
	嘉定县志	清乾隆七年刻本	十二卷
	嘉定县志	清光绪八年刻本	三十二卷
	宝山县志	清光绪八年学海书院刻本	十四卷
	罗店镇志	清光绪十五年铅印本	八卷
江苏省	江宁府志	清康熙七年刻本	三十四卷
	正德江宁县志	抄本	十卷
	六合县志	清光绪六年修十年刻本	八卷
	苏州府志	清光绪八年江苏书局刻本	一百五十卷
	姑苏志	明嘉靖间刻本	六十卷
	元和县志	清乾隆二十六年刻本	三十六卷
	甫里志	清乾隆三十年刻本	二十四卷

省份	县志	版本	卷数
	周庄镇志	清光绪八年元和陶氏仪一堂刻本	六卷
	元和唯亭志	清道光二十三年刻本	二十卷
	具区志	清康熙二十八年受采堂刻本	十六卷
	昆山郡志	清宣统元年太仓缪氏《汇刻太仓旧志五种》本	六卷
	昆山县志	明万历四年申恩科刻本	八卷
	昆新两县志	清道光六年刻本	四十卷
	太仓州志	清康熙十七年补刻本	十五卷
	直隶太仓州志	清嘉庆七年刻本	六十五卷
	太仓州志	清宣统元年太仓缪氏《汇刻太仓旧志五种》本	十卷
	茜泾记略	清同治九年增补抄本	不分卷
	璜泾志略	抄本	不分卷
	常熟县志	明崇祯十二年纂抄本	十五卷
	昭文县志	清雍正九年刻本	十卷
江苏省	常昭合志稿	清光绪三十年活字本	四十八卷
	吴江志	明弘治元年刻本	二十二卷
	吴江县志	明嘉靖四十年刻本	二十八卷
	震泽县志	清光绪十九年刻本	三十八卷
	黎里志	清嘉庆十年吴江徐氏孚远堂刻本	十六卷
	平望志	清光绪十三年吴江黄兆柽重刻本	十八卷
	震泽镇志	清道光二十四年刻本	十四卷
	锡金识小录	清光绪二十二年刻本	十二卷
	无锡金匮县志	清嘉庆十八年刻本	四十卷
	无锡县志	清乾隆十六年刻本	四十二卷
	江阴县志	宁波天一阁藏明嘉靖刻本	二十一卷
	江阴县志	清道光二十年刻本	二十八卷
	宜兴县旧志	清嘉庆二年刻本	十卷
	常州府志	清康熙三十四年刻本	三十八卷

省份	县志	版本	卷数
江苏省	武进、阳湖县合志	清道光二十三年刻本	三十六卷
	武进、阳湖县志	清光绪五年刻本	三十卷
	丹阳县志	清光绪十一年鸿凤书院刻本	三十六卷
	句容县志	清光绪二十六年杨世沅刻本	十卷
	续纂句容县志	清光绪三十年刻本	二十卷
	扬州府志	明万历三十三年刻本	二十七卷
	重修扬州府志	清嘉庆十五年刻本	七十二卷
	江都县志	清乾隆八年刻本	三十二卷
	甘泉县志	清乾隆八年刻本	二十卷
	高邮州志	清道光二十五年刻本	十二卷
	兴化县志	抄本	十卷
	重修兴化县志	清咸丰二年刻本	十卷
	泰州志	明崇祯六年刻本	十卷
	泰州志	清道光七年刻本	三十六卷
	续修泰兴县志	清嘉庆十八年刻本	八卷
	泰兴县志	清光绪十二年刻本	二十六卷
	靖江县志	清康熙二十二年刻本	十八卷
	直隶通州志	清乾隆二十年刻本	二十二卷
	海门县志集	宁波天一阁藏明嘉靖本影印	六卷
	如皋县志	清嘉庆十三年刻本	二十四卷
	白蒲镇志	抄本	十卷
	淮安府志	清咸丰二年刻本	三十二卷
	清河县志	清乾隆十五年刻本	十四卷
	安东县志	抄本	十七卷
	盱眙县志	抄本	二十四卷
	盱眙县志	清同治十二年刻本	六卷
	东台县志	清嘉庆二十一年刻本	四十卷
	睢宁县志稿	清光绪十二年刻本	十八卷

续表

省份	县志	版本	卷数
浙江省	钱塘县志	清康熙五十七年刻本	三十六卷
	富阳县志	清光绪三十二刻本	二十四卷
	临安县志	清光绪十一年活字印本	四卷
	临安县志	清宣统二年活字本	八卷
	昌化县志	清乾隆十三年刻本	二十卷
	严州府志	清乾隆二十一年刻本	三十五卷
	建德县志	清道光八年刻本	二十一卷
	淳安县志	宁波天一阁藏明嘉靖刻本影印	十七卷
	淳安县志	清光绪十年刻本	十六卷
	遂安县志	抄本	四卷
	桐庐县志	清乾隆二十一年刻本	十六卷
	分水县志	清光绪三十二年刻本	十卷
	新城县志	抄本	四卷
	萧山县志	清乾隆十六年刻本	四十卷
	嘉兴府志	明万历二十八年刻本	三十二卷
	嘉兴府志	清嘉庆六年刻本	八十卷
	嘉兴县志	清光绪三十四年刻本	三十七卷
	嘉善县志	清光绪二十年刻本	三十六卷
	平湖县志	清光绪十二年刻本	二十五卷
	海盐县图经	清乾隆十二年刻本	十六卷
	海盐县志	清光绪三年刻本	二十二卷
	海昌外志	抄本	八卷
	海宁县志	清康熙十四年修、二十二年续修刻本	十三卷
	桐乡县志	清嘉庆四年刻本	十二卷
	石门县志	清光绪五年刻本	十一卷
	乌程县志	清乾隆十一年刻本	十六卷
	归安县志	清光绪八年刻本	五十二卷

省份	县志	版本	卷数
浙江省	菱湖镇志	清光绪十九年临安孙氏刻本	四十四卷
	南浔镇志	清同治二年刻本	四十卷
	武康县志	宁波天一阁藏明嘉靖刻本影印	八卷
	武康县志	清乾隆十二年刻本	八卷
	湖州府志	清乾隆四年刻本	五十卷
	湖州府志	清同治十二年爱山书院刻本	九十六卷
	安吉县志	清同治十三年刻本	十八卷
	长兴县志	清嘉庆十年刻本	二十八卷
	宁波府志	明嘉靖三十九年刻本	四十二卷
	宁波府志	清乾隆六年色超补刻本	三十六卷
	鄞县志	清光绪三年刻本	七十五卷
	奉化县志	清乾隆三十八年刻本	十四卷
	忠义乡志	清光绪二十七年刻本	二十卷
	象山县志	清乾隆二十四年刻本	十二卷
	象山县志	清道光十四年刻本	二十二卷
	定海县志	明嘉靖四十二年刻本	十三卷
	镇海县志	清乾隆四十五年周樽增补印本	八卷
	慈溪县志	清雍正八年刻本	十六卷
	余姚县志	清光绪二十五年刻本	二十七卷
	宁海县志	明崇祯五年刻本	十二卷
	宁海县志	清光绪二十八年刻本	二十四卷
	定海厅志	光绪十一年黄树藩刻本	三十卷
	定海县志	清康熙五十四卷刻本	八卷
	绍兴府志	明万历十五年刻本	五十卷
	诸暨县志	清乾隆三十八年刻本	四十四卷
	上虞县志	清康熙十年刻本	二十卷
	上虞县志校续	清光绪二十五年刻本	五十卷

续表

省份	县志	版本	卷数
浙江省	新昌县志	宁波天一阁藏明万历刻本影印	十三卷
	临海县志	清康熙二十二年刻本	十五卷
	天台县志	清康熙二十三年刻本	十五卷
	黄岩县志	宁波天一阁藏明万历刻本影印	七卷
	太平县志	清康熙二十二年刻本	八卷
	太平县志	清光绪二十二年刻本	十八卷
	玉环志	清雍正十年刻本	四卷
	玉环厅志	清光绪六年刻本	十四卷
	汤溪县志	清康熙五十五年刻本	十卷
	兰溪县志	清嘉庆五年刻本	十八卷
	兰溪县志	清光绪十五年刻本	八卷
	武义县志	清康熙三十七年刻本	十二卷
	永康县志	清康熙三十七年刻本	十六卷
	永康县志	清道光十七年刻本	十二卷
	衢州府志	清光绪八年刘国光刻本	四十卷
	西安县志	清嘉庆十六年刻本	四十八卷
	开化县志	清雍正七年刻本	十卷
	常山县志	清光绪十二年刻本	六十八卷
	江山县志	清同治十二年文溪书院刻本	十二卷
	永嘉县志	清光绪八年刻本	三十八卷
	乐清县志	清光绪二十七年东瓯郭博古斋	十六卷
	瑞安县志	清嘉庆十三年刻本	十卷
	平阳县志	清乾隆二十五年刻本	二十卷
	泰顺县志	清雍正七年刻本	十卷
	泰顺分疆录	清光绪五年林氏望山堂刻本	十二卷
	处州府志	清光绪三年刻本	三十卷
	丽水县志	清同治十三年刻本	十五卷

省份	县志	版本	卷数
浙江省	景宁县志	清乾隆四十三年刻本	十二卷
	景宁县志	清同治十二年刻本	十四卷
	青田县志	清雍正六年增刻康熙本	十二卷
	缙云县志	清乾隆三十二年刻本	八卷
	松阳县志	清乾隆三十四年刻本	十二卷
	遂昌县志	清光绪二十二年尊经阁刻本	十二卷
	云和县志	清同治三年续修刻本	十六卷
	龙泉县志	清乾隆二十七年刻本	十二卷
	庆元县志	清嘉庆六年刻本	十二卷
安徽省	合肥县志	清嘉庆九年刻本	三十六卷
	巢县志	清道光八年刻本	二十卷
	含山县志	清乾隆十三年刻本	十六卷
	和州志	明万历三年刻本	八卷
	直隶合州志	清光绪二十七年活字本	四十卷
	无为州志	清乾隆八年刻本	二十五卷
	庐江县志	清雍正九年刻本	十二卷
	庐江县志	清光绪十一年活字本	十六卷
	安庆府志	清康熙二十二年刻本	十八卷
	怀宁县志	清康熙二十五年张君弼增订刻本	三十六卷
	怀宁县志	清道光五年刻本	二十八卷
	望江县志	清康熙五十四年刻本	四卷
	望江县志	清乾隆三十三年刻本	八卷
	太湖县志	清道光十年刻本	四十卷
	潜山县志	清康熙十四年刻本	十二卷
	六安州志	明万历十二年刻本	八卷
	六安州志	清乾隆十六年刻本	二十四卷
	霍邱县志	清乾隆十九年刻本	十二卷

省份	县志	版本	卷数
安徽省	霍邱县志	清同治九年活字本	十六卷
	寿州志	宁波天一阁藏明嘉靖刻本影印	八卷
	舒城县志	清康熙三十九年刻本	二十卷
	霍山县志	清光绪三十一年活字本	十五卷
	颍州府志	清乾隆十七年刻本	十卷
	阜阳县志	清乾隆二十年刻本	二十卷
	亳州志	清乾隆三十九年刻本	十二卷
	颍上县志	清光绪四年补刻本	十二卷
	宿州志	清康熙五十七年刻本	十二卷
	宿州志	清道光五年刻本	四十二卷
	萧县志	清嘉庆二十年刻本	十八卷
	帝乡纪略	明万历二十七年刻本	十一卷
	虹县志	清康熙十七年增刻本	二卷
	泗虹合志	清光绪十四年刻本	十九卷
	怀远县志	清嘉庆二十四年活字印本	二十八卷
	五河县志	清光绪二十年刻本	二十卷
	凤台县志	清光绪十八年活本字	二十五卷
	滁阳志	明万历四十二年刻本	十四卷
	滁州志	清康熙十二年刻本	三十卷
	来安县志	明天启元年刻本	十卷
	凤阳县志	清光绪二年刻本	十六卷
	太平府志	清康熙十二年刻本	四十卷
	建平县志	清雍正九年刻本	二十二卷
	广德直隶州志	清乾隆五十七年刻本	五十卷
	广德州志	清光绪七年刻本	六十卷
	绩溪县志	抄本	十卷
	绩溪县志	清嘉庆十五年刻本	十二卷

续表

省份	县志	版本	卷数
安徽省	歙县志	清康熙二十九年刻本	十二卷
	休宁县志	清康熙三十二年刻本	八卷
	祁门县志	清同治十二年刻本	三十六卷
	池州府志	宁波天一阁藏明嘉靖刻本影印	九卷
	贵池县志	清光绪九年活字本	四十四卷
	青阳县志	清乾隆四十七年刻本	八卷
	太平县志	清光绪三十四年真笔版重印本	十二卷
	石埭县志	明嘉靖三十五年刻本	八卷
	建德县志	清乾隆十九年刻本	十卷
	建德县志	清乾隆四十三年刻本	八卷